# 中国股市

## 新观察

董少鹏 著

人民出版社

# 序　言

党的二十大为新时期我国经济社会发展擘划了新蓝图，也为中国股市高质量发展提供了重要指引。与全面建设社会主义现代化国家的整体进程同步，中国股市将迎来广阔发展空间，创造新的发展业绩。

中国股市是一个走过了艰辛、积累了经验、大有希望的市场，是一个走在高质量发展路上的市场，站在新的历史起点上，我们应当一起建设她，推动她茁壮成长。

从1992年7月起，笔者参与到中国股市建设当中，亲历了诸多历史性事件，深知其中的甜酸苦辣、起伏动荡。何谓公平公正公开，何谓诚信理性，又如何抵达比较完善的治理目标，三十多年来，笔者聆听了汗牛充栋的意见建议，也亲历了多轮改革试验，深切感受到，浸入市场当中，研究真问题，拿出引领性的改革建设举措，殊为不易。

中国股市从局部试验到全面推广，从股权分置到全流通改革，从单一主板格局到多层次市场格局，从有限度开放到更具深度开放，从较长时期量的扩张阶段到更注重质的提升阶段，从政策多变到制度相对成型，全市场已经发生了深刻的历史性变化。但从市场内外人们的评价来看，中国股市还远未进入发展的"舒适圈""常态段"，这说明，其制度性、基础性的顽疾仍需化解，长期投资理念、长期发展预期仍需塑造，市场主体成长仍任重道远。

股市是经济金融全局的重要组成部分，是枢纽型资源平台，是国家和社会发展进步的一个重要领域。股市生机勃勃、生龙活虎，富有创造力和生长力，就能给经济社会发展全局注入正能量，增添新动力。不断除旧布新，不断创造革新，为全社会资源有序流动和优化配置服务，成为广受信赖、辐射全体的投资市场，是中国股市发展的方向。

希望通过这本书，与所有市场参与者一起，思考中国股市发展历史的得失，观照未来改革的道路，推动再造更美好的市场。

董少鹏

2022 年 10 月

# | 目 录 |

# 第 一 章

# 中国股市为何挑战这么多

2022 年，中国股市发展进入第 33 个年头，市场规模已多年居全球第二位，市场结构也形成了多层递进互补模式，投资者数量为全球第一。中国经济高质量发展和人民生活高品质塑造，为股市成长打开了巨大空间。但从目前的市场状况来看，从上市主体、中介机构到各类投资者，再到监管者，甚至整个股市运行的状态，都不那么令人满意。人们都盼望中国股市能够呈现一种雄风永驻、活力满满、起伏有度的状态。一些机制性问题仍然需要下力气认真破解。

核心问题是，中国股市走势与中国经济发展的大趋势存在不小的反差，即经济长期稳定发展，但股市却牛短熊长。虽然经过多轮改革，机构投资者持股比例显著提升——基金等投资机构持有股票市值的比例已近 20%。但大家都认识到，机构资金不完全等于中长期资金。从市场表现来看，一方面，中长期资金的比重还没有达到稳定军心的要求，市场不稳定的情况仍非常突出；另一方面，上市公司和中介机构不诚信、不尽责，甚至造假的情况仍不断出现，低效运行、低效操作情况并不罕见。

如何破解中国股市的发展困境，使中国股市与宏观经济、产业实体、金融体系、科技创新的脉动相互匹配，形成良性互动循环，是一个重大时代课题。2013 年以来，针对股市基础制度的短板，主要是上市公司治理体系不够完备，信息披露质量不够高，发行定价机制不够科学，上市标准缺乏包容性，中长线资金供给不足，退市通道不够畅通，并购重组机制不够灵活，市场主体违法成本过低等问题，监管层相继推出了一系列改革举措。在此过程中，也形成了一些新的重要共识，主要是：必须持续加强基础性制度建设，必须大幅度增加违法违规成本，必须显著增强市场主体的诚信意识和竞争实力。但对于如何实现上述改革目标，也存在不同的思路，在实践中也经常遇到挑战、争议和迷惑，操作层面遇到不少新情况、新问题、新矛盾。

为此，决策者、监管者和市场主体，唯有回归初心，坚持用法治的、市场的、综合和宏阔的思维，进一步深入分析我国股市发展所处的基础环境特征和经济社会生态特征，充分认识有利条件和约束条件，客观理性地确定发展方略和具体对策，也要辨析中国股市和国际金融环境的关系、中国股市与他国股市的同和异，确定并坚定走好自己的发展之路。

## 一、经典股市体系与资本主义制度有深厚的渊源关系

在什么样的文化环境下、在什么样的土地上搞股市，希望股市发展成什么样的状态，不是一件简单的事。建设和发展中国股市，首先应当深入了解和认识经典股市的来龙去脉。

股市的早期雏形出现在 17 世纪初的荷兰；18 世纪后半段，英国、美国相继建立了股票交易所；又经过一个世纪的发展，即在 19 世纪后半段，逐步形成了现代版的股票市场。大的历史逻辑是，股市是资本主

义经济发展到一定阶段，为适应资本自由定价、大规模流动之需，通过各主体特别是金主们相互博弈，在博弈中构建规制，并经过持续塑造而形成的，服务于资本份额化交易的市场。因股市在资本主义经济体系当中具有标识价格波动、资源流动、创新动力涌动的巨大作用，有经济运行晴雨表的功能，其也被当作现代自由市场经济的典型代表。

股票市场的突出特点是，投资者可以根据自己的风险收益偏好，直接选择投资哪一家企业、持有多少股权份额，并依法行权，监督企业运营管理；上市公司则通过公开披露财务和经营信息、召开股东大会、接受股东问询等机制回应投资者的诉求；企业的经营绩效、企业经营环境的周期性变化和突发变化，会通过股票价格波动反映出来，投资者可以结合自己的判断随时买进或卖出。这种机制的好处是，投资者和上市公司能够较为快捷地获取并消化市场信息，形成双向约束，包括价格约束、市场约束、资本约束、诚信约束，促进市场资源向优势企业流动，实现资源优化配置，减少低效或无效配置。

中国下决心搞社会主义市场经济，引入股市这套机制是迟早的事。

新中国成立后至 1978 年党的十一届三中全会前，我国先经历了国民经济恢复阶段和社会主义改造阶段，之后长期实行计划经济模式。十一届三中全会之后，从原来的计划经济体制逐步转向市场经济体制，可谓风起云涌，时势造英雄，一批又一批企业成为市场大潮中的先行者、成功者、收获者。

在 20 世纪 80 年代中期，虽然"给资本定价"和"让资本规模化流动"的需求已经出现，并且在逐步上升，但总体来看，这个需求还不属于"显性需求"，还处在比较模糊的阶段。那时候，遮挡现代市场经济的薄雾正在拨开，有远见的政治家和经济学家已经意识到，中国应当建立一个现代化的股市。1986 年，小规模的柜台交易尝试开始出现。1988 年，即改革开放的第十年，建立规范的证券交易所的需求，已经由朦胧阶段走到了现实构建阶段，北京、深圳、上海相继提出有关设想。可见，时势比人强。

由于中国的市场经济与传统的资本主义市场经济有一个显著区别，即与社会主义制度相结合，所以，在中国大地上搞的市场经济定义为社会主义市场经济。这就决定了中国股市具有一些与经典资本主义国家股市不同的制度性特征。

在中国股市早期建设时期，不少专家和官员对此认识不清晰；即使到了今天，也还有不少人认为中国股市不应当强调中国特色，跟着美国走就万事大吉了。显然，这种思路是违背实事求是基本原则的，也是与经济社会发展大势相逆的，因为，美国股市是长期形成的，是有其发展路径的，也是市场经济和美国主权相结合的产物。那么，建设中国股市，也不可能脱离中国的传统底蕴、民族性格、经济结构和市场基础条件。

中国股市必须遵循和顺应一般的市场经济规律，但同时要体现社会主义制度更加注重社会公平，更加注重维护普通老百姓利益的基本特征。从资源配置角度来看，股市要遵循市场供需调节规律，依靠价格机制、公平交易机制实现资源配置；从社会主义更加注重社会公平的角度来看，股市要在信息透明度、公众参与度、资源配置和社会公正等方面优于资本主义制度下的股市。

这就形成了一对现实中的矛盾：从市场机制的发展完善来讲，我们要多向经典的资本主义国家学习借鉴；但从社会主义制度和股市的结合来讲，我们只能自己创造性推进。这必然会形成"成长的烦恼"，挥之不去。

既要承认中国股市在体制机制建设上与美欧股市的差距，加快制度建设和"接轨",也要深刻洞悉美欧股市存在的制度性缺陷,通过我们自身创造性、创制性的工作,补上制度短板,构建起统筹效率和公平、公平度更高的股市制度,这应当成为中国股市建设的基本遵循。

一方面,在资本主义制度体系下,自由市场经济理论占主导,个人利益至上,有钱就有权,钱多权就大。"资本承载的权力"向社会治理的方方面面渗透。经典资本主义的股市,本质是资本说了算,众多普通百姓很难从股市的金钱游戏中获得好处。而资本为了获得超额利润,在博弈过程中,不可能完全服从"账面公平""买卖公平"等的制度约束,尽管这是基础性的,也是必须的;资本出于无限逐利的本性,必然驱动财务造假、信息欺诈、价格操纵等行为,打法律擦边球实施资产争夺也是必然之势。所以,无论哪个国家、哪个地方的股市,都必然存在违法违规行为,这是资本的特性决定的。另一方面,在资本主义制度体系下,大资本的控制者希望掌控更大范围、更大规模的资本。如果整个股市的信誉度降低,也必然阻碍其吸纳外部资源,阻碍其长期发展,限制其在经济社会治理中的基本功能。所以,各国政府和股市监管部门都明确反对弄虚作假、欺诈操纵,不断完善相关立法和监管措施,对市场主体实行必要约束,同时努力保持其活力。

所以,设立股市,就意味着接受资本的正向和负向两种功能。要激励资本通过市场发挥价值引领、价值发现、价值创造、资源优化配置的功能,限制资本通过市场掠夺资源、强者通吃、遏制竞争、欺压弱者的破坏性行为。可见,股市建设和治理是长期与人性之争共存的,而不可能仅仅是一个简单的市场化故事。

美国股市的治理平衡也不是一下子就实现的。美国在经历多轮金融危机和股市大动荡之后,从1933年起,在联邦议会、联邦政府层面制定了《1933年证券法》(*The Securities Act of 1933*)、《1934年证券交易法》

（*Securities Exchange Act of 1934*），1934 年成立联邦政府直属的证券交易管理委员会（SEC）。

在具有联邦法律效力的《1933 年证券法》之前，美国各州制定的证券法，被统称为"蓝天法"（或"蓝天法案"），作为各州监管证券发行上市的基本法。但"蓝天法"不能约束跨州的证券发行和交易，所以，资本的负向功能在跨州证券活动中充分释放出来，作假、欺诈泛滥成灾，金融泡沫越吹越大，最终导致全美股市在 1929 年 10 月崩盘。正是认识到地方政府层面分散立法不足以解决严重的股市违法问题，联邦政府和立法机构才走上前台。

不少中国人认为，美国的"蓝天法"是青天大老爷的意思，代表着公平正义；其实不然，蓝天法的本意是"制止划一片蓝天来销售"，是禁止欺诈的意思。当时，美国有的公司画饼充饥，其股票发行没有对应的资产支撑，就像把蓝天划出几块出售一样，纯属欺诈发行。出台蓝天法，目的是打击欺诈发行等违法行为。

可见，股票市场从诞生之初，就是与弄虚作假、欺诈操纵相互伴随的。一方面，要通过法律和制度约束，确保证券发行交易信息透明、公开、有效；另一方面，要保障资本自由流动，允许适度投机和价值投资并存，保持市场活力。但这不是那么容易实现的。

在 1933 年美国联邦议会和政府出台一系列全国性证券法律时，对于"由政府监管机构对证券投资价值进行实质性审核"还是"以信息披露为原则向私人投资者提供充分信息"，政界和市场两个层面都展开了激烈争论。最终，在罗斯福总统以及有关专家主导下，形成了以信息披露为基本原则的注册制立法体系。

1933 年，美国国会通过了《1933 年证券法》，联邦法院据此监管联邦一级的跨州证券销售。该法原则上禁止所有跨州的证券买卖行为，除非该证券经过注册或者属于豁免情形。由此，确立了证券发行注册制的基本制度框架。

按照《1933年证券法》的规定，任何一家公司要发行股票并上市，首先要建立一份注册登记表，主要内容包括：招股说明书、股票发行的基本信息、公司业务介绍、经过审计的财务报表。在注册登记表上签字的发行人、主承销商、会计师事务所、律师事务所及相关人员，对文件内容的真实性、完整性负责。如果存在重大谎报和遗漏情形，将被追究"注册陈述缺陷责任"，投资者可以起诉所有相关人员。

在撰写本书时，笔者对美国股票发行注册制的历史也形成了一些新的认识，即注册制和核准制不是截然分开的，而是先后承接的。美国从1911年出台第一部"州证券法"到1933年出台"联邦证券法"，历经22年，这段时间股票发行一直实行核准制。《1933年证券法》总结前期经验教训，决定放弃政府监管部门实质性审核的"父爱主义"，遵循"阳光是最好的防腐剂，电灯是最好的警察"的理念，实行注册制。就是说，注册制是吸纳了核准制中的合理部分，同时强化了信息披露原则、创新了披露规则体系的发行审核制度。把注册制和核准制说成完全对立、没有承接关系，是不符合历史实际的。随着人们对股市功能、机制、发展历史、治理逻辑的认识不断深化，体系化的股市法治思维趋于成熟，"以信息披露为核心"成为共识，在实践当中得到普遍遵循。

那么，进一步的问题是，如何做到信息披露充分、全面、及时？如何加强监管？答案依然是五花八门，因为信息披露这一行为毕竟是由市场主体来操作的。市场主体往披露材料里兑水、掺沙子，在表述上绕弯子，总是有办法的。完善股市治理，并不是靠一套文件，甚至也不是靠一套看起来很完美的监管体系来保障的。既要有相对完备的法律法规体系，有专业高效的监督执法队伍，更要有高质量的、能够依法行权维权的市场主体。执法者与被执法者，猫和老鼠，潜在的侵权者和可能被侵权者，矛盾的双方的素质同时提高，戏才能唱好，才能唱得下去。

因此，一个国家的股市要真正达成完善有效的治理，市场主体（上市公司、投资者以及专业机构）真正达到较高的质量水平，除了老生常谈的加强监管、对违法违规行为零容忍之外，市场的成长还是需要积累一定的"课时"的。过去三十多年股市发展积累的"课时"是必需的，其中有些深刻教训也是加强治理的必要历练。不经过这些历史性的历练，是不可能提高股市治理质量的。未来三十年，中国股市治理还需要继续积累"课时"，要按夯实基础、严格执法、注重涵养的思路推进，不可急躁冒进。

## 二、中国股市必须与中国特色社会主义制度和 基本国情相结合

中国股市要引入和吸收发达国家股市治理的成熟做法，但同时，制度安排也与其他国家股市有所不同，根本原因在于，中国股市是在中国这片土地上建立和发展的，需要正视这里的文化传承、法律环境、经济结构、发展阶段和市场基础情况，必须把一般股市发展规律和这片土地上的经济社会实践统筹起来考虑。固然，市场发展的一般规律是一样的，各地的文化、法律、经济结构、市场差异总体上要服从市场发展的一般规律。但总体结论是，要增强不同市场互联互通的观念，坚持有差异但可以在公平公正基础上相互交流互动的思路，避免简单照抄照搬，更不能幻想各个市场的制度都完全一样。

中国特色社会主义市场经济是一个伟大创造。其本质是坚持中国共

产党的领导，将社会主义制度与市场经济有机结合起来。中国特色社会主义市场经济包括如下内容：党对经济工作集中统一领导，公有制为主体、多种所有制经济共同发展，按劳分配为主体、多种分配方式并存，实行社会主义市场经济体制。注重宏观审慎管理，加强规划的科学性前瞻性，鼓励市场主体多层、多元、多样，推进统一大市场建设，坚持高水平开放，不断提升资源配置效率，不断提升监管水平。这就需要继续深化改革，解决好市场主体活动和政府综合管理职能的关系问题。市场主体既要竞相发展，又要遵规守矩，防止经营风险和违法风险外溢；政府既要简政放权，又要实现有效监管。该管的要管好，该放的要放到位。放的部分要有市场力量承接，不能一放就乱。

我国以公有制为主体、多种所有制经济共同发展的体制特征，决定了相当一部分大中型上市公司是国有资本控股的，包括工农中建交等大型银行，也包括石油化工、电力交通、航空航天、造船造车、通信物流、信息基础设施等领域的大型企业。这些企业的运营管理体制与资本主义国家私有制下的企业是有显著差异的，包括国有股东代表的任命、董事会成员的构成、管理层的决策程序等，都要在党管干部、尊重市场规律、权为民所用的理念下不断塑造，坚持政治方向，提升市场绩效，参与全球竞争。

经过改革开放以来的不断改革完善，目前国有企业、国有控股企业已经形成了一套行之有效的运营管理体制，同时也存在一些需要解决的问题，包括能否市场化聘用高级管理人才，经营管理决策是否能充分响应市场需求，是否能维护好公司长远发展利益，是否能把握好经济效益和社会效益的平衡。这些方面改革的空间还很大。

要用好中国经济治理模式的优势。中央政府集中统一管理涉及全局性的经济事务，可以集中力量办大事、办难事、办急事，可以更好调动力量服务国家和人民的整体与长远利益。这个牌打好了，部分市场主体急功近利的行为可以得到有效遏制，从总体上提高资源配置效率，也有利于均衡发展。如果这个牌打得不好，有可能助长国有企业的管理惰性，即不管企业经营绩效如何，高管都能够继续坐在位子上，继续享受高待遇；这会制约国有企业的经营管理效率，形成社会资源浪费和错配。所以，国有控股上市公司治理，既关系到股市运行的方向问题，也关系到整体经济的运行质量问题，还关系到国家长治久安。要通过完善国有控股上市公司的治理，增强股市活力，引领股市公平，释放国家治理福利。

"资本文化""股权文化"不足是我国经济社会发展的一个基本情况，也是一块短板。对此，要有充分认识，力争扬长避短，在股市功能塑造、金融风险防范、国家竞争力提升三者之间找到平衡、维护平衡。

一个不容忽视的事实是，尽管中国股市已经运行了三十多年，但历史仍然相对较短，上市公司、中介机构、各类投资者对资本利益的追逐普遍存在短期化倾向，对证券机构、上市公司等的考核有鲜明的短期化倾向。这是股市治理的重大隐患。

从我国市场经济的文化积累来说，人们对美欧发达国家的经济运行、股市运行缺少实际体验，主要通过媒体或者书本来了解。那些实际参与了美国股市、买卖过美国股票的人，则普遍有"既然美国股市这么好，索性直接照抄"的想法。

不少中国人对美国股市的"成功"有迷信的一面，认为只要用了某种措施手段，就能够达到相应的治理结果；而对中国市场经济如何规范发展、如何完善监管、如何有效防控风险等，并未形成相对稳定的认知。这就需要参与股市的人们通过实践不断深化认识，一起促进本土股市生态的完善。

正是由于对股市存在"崇洋迷信"和"现实的知识短板",不少普通居民对买股赚钱存在不切实际的想法。于是,不法机构和不法人员就利用老百姓这种急功近利的心态,利用监管漏洞、制度漏洞,对中小投资者进行欺诈。还有一些大的市场主体,通过贿赂监管人员、利用学界代理人游说、动用舆论力量等,迫使立法部门、监管部门不作为、少作为——疏于对市场不当行为的监管,误导立法部门、监管部门"放水"——放任影响破坏市场公正的行为,以达到大规模欺诈、侵害中小投资者的目的。资本逐利的特性,决定了资本的持有主体必然有挑战秩序、破坏公平的冲动,所以,有效监管是一个永恒的课题。

从我国整体经济环境来说,"新兴加转轨"的特征十分明显,市场主体质量管控、立法执法程序和质量、风险防范手段和机制等都存在经验积累不足的问题。笔者认为,单纯靠借鉴他国经验,是不可能实现中国股市有效治理的。

从国际环境来看,一些外国势力出于利益博弈的需要,对中国资本市场的现状极力贬低,对一些问题作出扭曲解释,以当"教师爷"的方式谋取额外利益。一些外国势力要求中国股市立即采取与美国等发达市场一样的管理模式,甚至列出步骤"清单",以"改革"之名行干涉之实。在内部,有相当一部分市场主体艳羡发达经济体的相对平衡的治理状态,对消除自身体制上的不足急于求成,指望削足适履,这种自我贬低、自我否定的心理倾向应当引起注意。

上述博弈和反博弈的严肃性,给中国股市发展和治理带来了错综复杂的压力。

**▋▋数据镜鉴** 近年来我国股市新增资金入市情况

2019年,我国居民的权益类资产配置比例为2%,远低于美国的

34%、德国的 12%、日本的 9%。

据海通证券测算，2014—2015 年居民资金在股市资金流入项中的占比不到 50%，而 2019—2021 年约 6 成的资金流入来自居民。2021 年前三季度，居民通过银证转账入市的资金规模达 2800 亿元。从上交所公布的开户指标来看，2021 年前 11 个月 A 股新增开户数接近 3100 万户，这是自 2003 年以来的第二高峰，仅次于 2015 年、2016 年。

截至 2021 年 12 月 27 日，偏股型基金发行规模达 2.2 万亿元，创下有史以来新高。购买基金的主力是居民。居民借道公募基金入市的趋势在不断强化：2019 年以来居民入市资金中约 80% 来自公募基金，而 2014 年至 2015 年这一比例只有 10%。

截至 2020 年年底，美国保险类资金（包括养老金和商业保险）投资权益的比例约为 40%，而我国险资投资权益类资产的比例仅 10% 多一点。

2019 年至 2020 年，A 股市场险资权益投资的占比从 11.7% 提升至 13.7%。2021 年这一占比有所下降，但仍高于 2018 年和 2019 年的平均水平。

截至 2021 年上半年，银行理财的资产配置结构中权益类资产的占比约为 4%，其中配置于纯股票资产的比例会更低一些。

《中国银行业理财市场半年报告（2021 年上）》中指出，目前银行和理财公司正在通过发行 FOF 类产品加强权益类资产布局。2021 年年初，银行及理财公司 FOF 型理财产品存续规模不到 200 亿元，在整体净值型理财产品中的占比仅约 0.1%。2021 年 6 月底，这一规模已经扩张至 1144 亿元，占净值型理财产品整体规模的比重升至约 0.6%，其中股票型基金 + 混合型基金规模合计占投资公募基金规模的 37%。

## 三、中国股市存在多重的主体建设短板

股市健康运行和可持续发展，是一项长期性、整体性的工程。这一目标能否实现，要看市场的融资功能是否完备，投资者权益是否得到保护，监管执法是否有效，市场生态是否达到进出平衡、起落平衡、活力与约束平衡。

股市状态好，并不等于行情一路上涨、没有震荡调整甚至较深程度的调整；也不意味着人人赚钱、不发生侵权案件。恰恰相反，市场根据经济基本面情况涨跌是其基本功能。只要企业能够按照市场供需情况和市场规则发行上市、增资扩股、并购、退出，进行资产运作，服务于实体运营；投资者能够根据上市公司基本面进行价值判断并买入和卖出，二级市场股价总体上围绕上市公司基本面价值上下波动；一旦发生财务造假、信息欺诈、价格操纵等情况，监管能够及时发现和处理，这就是健康有效的市场生态。如果市场主体建设的思路、路径、方法论出现了整体性、系统性的问题，市场主体的整体质量就会下降，市场生态就遭到损害，市场参与者的信心就受到抑制。

市场主体中最主要的是上市公司。因为上市公司既是统筹市场资源，完成投资、生产、流通、交易、消费、风险管控、利润形成等环节的运营主体，又是调节生产再生产规模、协调经济部类合理布局的社会化的经济主体，其活动贯穿和连接经济领域的微观、中观、宏观各个层面，上市公司群体质量是股市治理最具根本性的问题。

从 1990 年中国股市创立以来，企业上市一直被人们看作"造富"行为。因为企业上市后，它的价值就迅速放大了，可以进一步融资了。曾经一段较长的时期，投资者只要买了股票，就能够赚到钱。可以说，

在这个时期，上市公司、中介机构、投资者等多个方面下意识地构建起了"企业上市等于一部分人暴富"的认知模式。

但放在更长的时间轴线上观察，这是认知上的偏差。这种偏差对中国股市长期发展和治理形成了不小的困扰，因为一拨又一拨新股上市，暴涨后逐级下跌，其实是在消耗社会资源。所以，消除"上市造富"这一认知偏差的影响是需要付出一定代价的。

我们经常说的"追涨杀跌""暴涨暴跌"现象，都是上述认知偏差的现实投射。投资者因为公司治理水平高、运营绩效优良而去追捧一家公司，没有蔚然成风，而常常是雨过地皮湿。更多的情况是，一些机构打着价值投资的旗号推高股价，通过发布形形色色的研究报告为投机炒作推波助澜。虽然也有部分蓝筹公司实现了市值持续稳定增长，树立起行业龙头形象，但与中国股市的整体规模相比，其所占的比重还不算高。

那么，投机炒作和稳健投资究竟有什么差异呢？衡量的标准很简单：如果一家公司运营稳健，能够持续创造利润，那么，它的股价曲线与利润增长曲线应该是总体吻合的。而我们看到的很多情况是，新股上市初期被爆炒，两三年之后股价就持续下跌，跌回发行价附近甚至更低。还有的上市公司，靠突发性消息来提升股价，利润水平并未发生大的变化；消息过后，概念光环消失，股价退回原形甚至更低。这两种情况，都是违反股价由基本面决定这个基本逻辑的。

第二个重要主体就是投资者。我国股市创立早期，个人投资者比较多，既有资金量相对小的"小散"，也有一些大户。除了证券公司这个机构投资者"正规军"，也有投资公司、财务公司、一般企业法人等"非正规军"。发展壮大规范的机构投资者，一直是监管者的案头大事。

从1991年开始，我国开展了公募基金试点。1991年至1997年，公募基金缺乏统一的监管规范，普遍存在运作规范程度低、规模小、资产质量不高、信息披露不规范，以及投机性严重等问题。根据1997年全国金融工作会精神，监管部门对老基金进行了清理和规范。从1998年开始，公募基金进入规范发展的新时期，规范的封闭式公募基金大规模发行，成为机构投资者队伍中的主角。2001年起，开放式公募基金走上历史舞台，这一群体迅速替代封闭式基金，成为机构投资者的主流。实践证明，公募基金因其管理标准化和进出便利的特点，受到中国普通投资者的广泛欢迎，发行规模持续快速增长。从2012年起，私募基金也正式列入证监会监管体系，进入规范发展的快车道。

不过，我们也要冷静认识到，尽管机构投资者的监管规则、运营模式、风险控制等模式已比较成熟，但其引领市场投资方向、稳定市场局面的定盘星作用还没有形成。主要表现是：市场投资热点不持续，短线炒作风依然浓厚，机构抱团取暖现象突出，遇到突发消息时市场稳定性不足，本土市场看美国股市脸色的情况时常出现。不少机构投资者存在"散户化"倾向，不但自己追涨杀跌，还通过其分析师、投资顾问等向散户传授追涨杀跌之术。机构投资者具备渠道优势、研究优势和账户多的优势，它们背离价值投资理念，带头跟风炒作，必然透支市场红利，带来价值判断紊乱，危害很大。

从2001年第一只开放式公募基金建立之时，监管部门就高度注重这一群体的市场示范作用，陆续出台了一系列法律规范，努力打造机构投资者"头雁"部队。2004年9月，《证券投资基金法》《证券投资基金管理公司管理办法》等法规相继颁布，公募基金发展进入快车道。到2010年前后，在经历牛熊轮回之后，公募基金长线投资模式逐步得到市场确认。随着2014年下半年新一轮行情到来，公募基金的优势日益凸显。截至2021年年末，我国公募基金数量已达到9288只，基金规模达到 25.56 万亿元。产品类型涵盖股票型基金、混合型基金、债券型基金、货币市场基金，以及 ETF 基金、FOF 基金等。

由于公募基金发行对象为不特定投资者，涉及广大投资者利益，监管制度相对严格，其持仓比重、投资品种等均有"强考核约束"，客观上制约了其根据市场变化调节持仓结构的空间。应当在多大程度上约束其持仓比重、投资品种及结构，需要进一步探讨。

私募基金具有"定制"优势，可以根据市场情况制定更有激励性的分配政策（对投资人和基金管理人都是如此），投资决策和操作的灵活度更高。20 世纪 80 年代后期至 2000 年，私募股权基金、创业投资基金主要依赖国资机构和外资机构推动。当时，政府对私募证券投资基金的制度规范并不明确。一部分私募证券投资管理机构与信托公司合作，形成了较为规范的运作模式。但也有一些机构打着私募证券投资基金的旗号，进行市场化募资，并投向股市。由于其信息透明度比较低，进行暗箱操作的空间也更大。部分灰色私募基金与上市公司私下"勾兑"，操纵信息发布节奏，进而操纵股价，成为行业毒瘤。它们长期处于无人监管、自生自灭的状态。

2012 年，私募机构逐步进入正规化、阳光化监管阶段。6 月，中国证券投资基金业协会成立。12 月，全国人大常委会修订《证券投资基金法》，将私募基金纳入法律规范管理。2014 年 1 月，中国基金业协会发布私募基金登记备案的具体要求，2 月正式启动相关登记备案工作。基金业协会还从私募基金管理公司设立条件、公司治理、持续监管、信息披露、违法违规处理等方面完善了监管规则。

截至 2022 年 3 月 31 日，已登记管理人 2.46 万家，已备案私募基金产品 12.9955 万只，管理规模 20.38 万亿元。截至 2020 年第三季度，私募股权基金、创业投资基金累计投资于境内未上市未挂牌企业股权、新三板企业股权和再融资项目数量达 13.2 万个，为实体经济形成股权资本金 7.88 万亿元。

2020 年 12 月，证监会发布《关于加强私募投资基金监管的若干规定》，进一步明确私募基金须坚守"非公开募集"的本质，夯实"合格投资者"制度基石。细化重申了私募基金募集过程中的禁止性行为要求，包括不得违反合格投资者要求募集资金，不得通过互联网等载体向不特定对象宣传推介，不得向投资者承诺保本保收益、夸大宣传、虚假宣传，不得设立以从事资金募集活动为目的的分支机构以及突破投资者人数限制，等等。

除了以上的证券投资基金，还有一类风险偏好较低的机构投资者，主要是全国社保基金、保险资金。它们更加注重上市公司的长期稳定收益，偏爱蓝筹公司。当然，随着时代的变迁，蓝筹公司已经不仅局限于金融、工业制造、电力通信、交通运输等企业，还包括一些科技含量较高的新经济企业，如新能源汽车企业、氢能源企业、网络技术企业等。

一般来说，全国社保基金、保险公司是稳健投资的风向标。但由于我国股市的生态还不够完善和稳定，违法成本一度很低，即使被称为稳健投资者的机构，也可能参与投机。如 2014 年和 2015 年，一些保险公司背离长期投资理念，大肆参与短炒。有的保险公司挪用客户保费、将理财产品资金"短钱长用"、与其他机构搞资金套作，对上市公司"野蛮举牌"。这些肆意炒作行为暴露了监管短板和制度漏洞。2016 年至 2017 年，监管部门痛定思痛，补上了制度短板，也为新版证券法提高违法成本提供了经验。完善了保险公司和商业银行参与股市的管理措施，包括保险公司设立专门的保险资管公司、商业银行设立专门的理财子公司，将证券投资业务与两类机构的主业隔离开来，并加强对资金来源的监管，收紧保险资金持股的尺度。2021 年 12 月，根据市场情况，银保监会下发《关于修改保险资金运用领域部分规范性文件的通知》，放宽了 2017 年收得过紧的险资投资股市的限制。

个人投资者是我国股市中一个十分重要的投资群体。到 2022 年 4 月 30 日，我国个人投资者数量已达 20322.29 万人。个人投资者中，少量属于专业大户（不排除其背后是一个机构），大多数属于普通散户。一些中介机构为了扩大代理交易规模，多赚佣金，争夺市场话语权，对散户的追涨杀跌、频繁交易持纵容态度，还有的诱导散户频繁交易。有的不法机构利用散户的盲目性，诱导散户给自己抬轿子。这强化了散户追涨杀跌的行为特征。

股市中还有一组特殊的市场主体——证券公司。它们身兼两个功能，既是专业中介机构，也是重要投资者。作为中介机构，它们要向投资者保荐上市公司，相当于向投资者推荐投资产品。会计师事务所、律师事务所、评估机构等，与证券公司一起，承担核查上市公司信息的职责。在利益驱动下，一些中介机构"重量不重质"，只图把单子做大。只要上市企业没有大问题，就推上市，所谓"上市大吉"。而对上市公司是否存在做假情况，缺乏深挖、深究的专业精神，主动作为不足。这种情况并不罕见，迄今已有大量带病保荐、带病上市的案例。一些可以通过中介机构严格核查发现的问题，被蒙混过关了。

作为重要投资者，证券公司主要通过自营盘买卖股票，同时代理客户理财账户，收取代理费。由于证券公司既保荐企业，又投资股市，其信息优势可助其精准选择标的，但也存在违规风险。因此，监管规定证券公司投行业务和投资业务必须隔离开来。

## 四、如何科学理性地借鉴美国股市治理经验

在中国股市三十多年发展历程中，如何看待和学习借鉴美国股市治理经验，一直是缠绕广大投资者的重要话题，像美梦，也像梦魇。

美国现代股市体系是经过一百多年逐步形成的，包括基础的法律制度、市场运作流程、文化和金融生态等。需要特别指出的是，美国现代股市还与美国在全球政治经济乃至军事地位紧密关联，不能简单地把美国股市与任何一个国家的股市做单一维度的比较。

美国股市大体经历了四个时期。一是从 18 世纪末到 1886 年，是其初创时期。1817 年，美国纽约证券交易所（以下简称"纽交所"）成立。到 19 世纪 50 年代，华尔街以纽交所为中心，聚集了大量投资银行、商业银行等金融机构，形成全美股票交易的乐园。二是从 1886 年至 1929 年，是其快速发展期。当时，美国铁路、制造业和采矿业企业加速融资，大规模发行股票。纽交所地位加快上升。这一时期，市场操纵和内幕交易大行其道；但这种野蛮生长促使美国迅速发展成为世界政治和经济的中心。三是从 1929 年大萧条以后至 1954 年，是其重要的规范发展期。1929 年 8 月，道琼斯工业指数最高达到 380 点，1932 年最低跌到 42 点，跌幅接近 90%。大量债券违约，全美近 40% 的银行倒闭（直到 25 年之后，道琼斯工业指数才重新回到 380 点）。为了遏制市场大混乱，美国联邦政府出台一系列法律规范，引领市场进入以信息披露为核心的规范发展阶段，价值投资也逐步成为市场主流。四是从 1954 年至今，市场结构丰富而稳定，机构投资者迅速壮大并主导投资方向，市场供需治理平衡成为常态。

中国从 1990 年创办股市至今，大量借鉴和引进了美国股市的制度

元素，同时借鉴和引进了香港地区股市的一些制度元素，逐步形成符合自身实际的市场体系。我们搞符合中国实际、有中国特色的股市，既要借鉴国际市场的最佳经验，也不能简单复制他国股市模式。比如，在分红问题上，一般都认为美国更注重分红，美国股市的繁荣是靠分红支撑起来的。其实不尽然，美国上市公司既有成熟型公司，也有创业成长型公司。成长型公司在一定阶段是不分红或者很少分红的；而成熟型公司则每年、每季度分红，但分红水平也是有区别的。

还有一个问题不可忽视：美国大型上市公司多数属于跨国公司，其利润来源于全球市场。它们拥有其所属行业的全球定价权，甚至决定着全球贸易的主导权，其利润调节空间很大，完全可以做到"东方不亮西方亮"。而中国绝大多数上市公司并不具备这样的能力。

又如独立董事制度。在美国，上市公司独立董事是由社会贤达来担任的。在不少上市公司的董事会中，独立董事的席位比非独立董事的席位还要多。这在中国是不可思议的，因为中国人的理念是：董事会成员理所应当由股东委派，不应当由大量外部人员担任董事。这些都是典型的国情差异。

再如散户和机构投资者的占比问题。谈到美国股市和中国股市的差别，很多人会强调美国股市是由机构投资者主导的，而中国股市中散户占比太大，所以，学习借鉴美国模式，就应当迅速地把投资者结构调整为以机构投资者为主。但事实上，美国股市最初也是一个典型的"散户市场"，散户的交易量最高曾达到90%以上。直到20世纪70年代，美国股市的散户交易量仍占到70%左右。美国股市真正走向机构化，并形成较大影响力，是从20世纪70年代开始的。那时，公募基金和私人养老金进入股市，并形成最重要的资金来源，才改变了美国股市的格局。

美国在 1981 年 11 月实施 401（K）计划，即私人养老金计划，标志美国模式的养老金市场正是确立。1981 年年底，美国私人养老金储备规模突破 1 万亿美元。同期，美国开放式基金迅速壮大起来，净值规模首次突破 2000 亿美元。到 2019 年年底，美国私人养老金储备规模突破 30 万亿美元，开放式基金净值规模突破 20 万亿美元。这两支力量既是美国家庭理财的支柱，也成为美国股市做大做强的支柱。

美国股市的这个经验的确值得中国学习，因为，机构投资者主导的市场意味着股票的定价和流动可以更加符合价值波动基本规律，市场运行更趋理性。但另一方面，机构投资者和个人投资者是相辅相成的关系，个人投资者是否形成相对稳定的投资文化，对于个人投资者与机构投资者的"鱼水关系"至关重要。该如何构建中国的机构投资队伍？是否挤压散户就可以实现投资者机构化？笔者认为，还是应当坚持务实原则，尊重市场规律，逐步加以探索，不要急功近利。

美国股市有二百多年的历史，经历过腥风血雨洗礼，最终形成了较为成熟的以信息披露为核心的制度体系。在美国，如果上市公司说假话、做假账，无论是投资者，还是律师、媒体等，都会义愤填膺、穷追不舍。证监会和法院的追究也是严厉的。还有一批专业做空机构，盯着上市公司信息披露的漏洞，一旦发现就咬住不放。所以，美国上市公司在信息披露上都不敢轻举妄动，即使粉饰也要大费周章，做得尽量隐秘。

当然，我们也不要因此过度美化、甚至神话美国股市，而应当客观地、历史地看待它。在美国股市历史上，弄虚作假的上市公司是很多的。经过 200 多年的发展，美国股市所有参与方，包括上市公司、投资者、监管者都认识到，信息披露是能够让大家认账、服气的最佳办法，于是下大力气完善信息披露制度。可以说，信息披露已成为美国股市的灵魂，各个市场主体对信息披露内容的识别、判断已到了十分纯熟的地步。他们不仅法律意识很强，有专业知识，博弈能力也很强。安然公司因财务造假一夜间倒闭，既是监管有效、执法有力的表现，也是投资者、律师等市场主体行权、维权能力强大的表现。就是说，法律和监管体系强不强，是与市场主体行权、维权能力相互匹配的。单谈行政监管和执法力量，是不能解释监管体系的全貌的。

还要说明的是，即便在美国，股市各主体之间的矛盾也不能都交给证监会和法院处理。大量的证券侵权案件需要通过行政和解途径来解决。这是因为：第一，证券市场天然具有博弈特性，靠时间差、价格差、信息差，就可以获得巨大收益。而大型专业机构总是处于有利地位。第二，如果每个案子都交给证监会和法院，则可能消耗大量监管资源和司法资源，并且耗时很长，当案子判决时，可能黄花菜都凉了。将涉案各方拖入调查过程中，也会消耗他们的时间和精力，这会在客观上影响市场的运行效率。所以，美国监管者创造了行政和解的方式，即涉嫌侵权者在监管者的监督下，拿出一笔和解金，用于赔偿相对人。相对人接受赔偿金后，不再诉讼。美国证监会在执法工作中将和解结案列为案件成功解决的情形之一，和解比例高达90%。美国法学会关于证券行政和解执法的权威研究报告甚至认为，和解执法的有效性直接决定了美国证监会的执法整体效率。

行政和解的具体流程是，行政监管机关（如中国证监会）在对涉嫌违法违规个人、机构等进行调查执法过程中，根据对方的申请，与其进行协商达成行政和解协议，并据此终止调查执法程序的行为。涉嫌违法违规个人、机构等提出申请的要件是，愿意并能够采取措施改正涉嫌违法行为，消除涉嫌违法行为不良后果，交纳行政和解金补偿投资者损失等。

我国在 2015 年就启动了证券期货领域的行政和解试点。为规范试点相关工作，证监会制定了《行政和解试点实施办法》，证监会会同财政部制定了《行政和解金管理暂行办法》，两个规章均于 2015 年 3 月 29 日起施行。

根据规定，行政和解的适用范围与条件是：行政相对人涉嫌实施虚假陈述、内幕交易、操纵市场或欺诈客户等违反证券期货相关法律、行政法规和相关监管规定的行为，并符合以下全部条件的，才可以适用行政和解程序：中国证监会已经正式立案，且经过了必要调查程序，但案件事实或法律关系尚难完全明确；采取行政和解方式执法有利于实现监管目的，减少争议，稳定和明确市场预期，恢复市场秩序，保护投资者合法权益；行政相对人愿意采取有效措施补偿因其涉嫌违法行为受到损失的投资者；以行政和解方式结案不违反法律、行政法规的禁止性规定，不损害社会公共利益和他人合法权益。

关于行政和解金的管理和使用，《行政和解试点实施办法》明确，行政相对人交纳的行政和解金由行政和解金管理机构进行专户管理。行政相对人因行政和解协议所涉行为造成投资者损失的，投资者可以向行政和解金管理机构申请补偿。

行政和解制度可以既保障市场有效运行，又保障受损害人的合法权益、惩戒违法违规者。行政合法制度并不能替代行政执法、民事赔偿、刑事处罚等措施，但它确实可以"省略掉"一系列调查、审核、复议程序，在对损害程度形成一致判断的情况下，涉嫌违法侵权人和监管部门快速达成协议，缴纳和解金并作出承诺。

2019 年新修订的《证券法》，针对行政和解事宜增加如下规定，"被调查的当事人书面申请，承诺在国务院证券监督管理机构认可的期限内纠正涉嫌违法行为，赔偿有关投资者损失，消除损害或不良影响的，国务院证券监督管理机构可以决定终止调查"。这为行政和解制度提供了法律依据。在前期试点的基础上，国务院于 2021 年 10 月颁布了《证券期货行政执法当事人承诺制度实施办法》，自 2022 年 1 月 1 日起施行。按照行政和解办法，行政执法当事人（涉嫌违法侵权当事人）作出承诺，交纳和解承诺金；和解承诺金用于赔偿投资者损失。这一制度能够尽快实现案结事了、定纷止争，妥善化解社会矛盾，及时恢复市场秩序，稳定预期。

美国股市的成功之处：一是法治约束和市场约束比较完备，对市场主体形成有效制衡；二是实行充分的信息披露机制，靠透明度取信于民；三是机构主导定价和投资方向，资金主力可以稳定市场。这些都是我们应当学习借鉴的。但也要注意，学习美国股市经验要坚持科学理性，把美国经验与中国的市场实际情况、经济发展阶段、文化特点等结合起来，融会贯通，形成自己的体系，而不能简单复制。任何一个市场都离不开它所依托的经济、文化、政治、社会制度，也离不开民族性格这个基础背景。

美国股市二百多年的发展历史是我们办好股市的重要参照，但我们也不能拘泥于他国的历史。进一步说，在经济全球化背景下，各国股市不可能相互隔离、独善其身，加强互联互通、增进交流合作是大势。但同时，股市作为国家金融体系的重要部分，也具有主权属性和安全属性，不能因全球化而淡化其涉及国家主权、安全的一面。既能够相互联通，又各成体系、各有特色，这是各国经济和资本市场应有的状态。对此，我们应当有清醒的认识。

**▌▌执法镜鉴** 高盛亚洲、高华证券行政和解案

2013 年 10 月 8 日至 2015 年 7 月 3 日期间，高盛亚洲自营交易员通

过在高华证券开立的高盛经纪业务账户进行交易，同时向高华证券自营交易员提供业务指导。双方于 2015 年 5 月至 7 月期间的 4 个交易日的部分交易时段，从事了其他相关股票及股指期货合约交易。

2016 年 7 月，中国证监会对高盛亚洲的上述行为正式进行立案调查。

2019 年 4 月 23 日，证监会发布公告称，根据《行政和解试点实施办法》，证监会与高盛（亚洲）有限公司、北京高华证券公司以及两公司的相关工作人员等 9 名行政和解申请人达成行政和解协议。根据和解协议，这些申请人已交纳行政和解金人民币 1.5 亿元，且申请人已采取必要措施加强公司的内控管理，并在完成后向证监会提交书面整改报告，证监会因此终止对申请人有关行为的调查、审理程序。

**▌▌执法镜鉴** 上海司度行政和解案

2015 年 1 月 1 日至 2015 年 7 月 31 日期间，司度（上海）贸易有限公司(以下简称"上海司度"）委托资产管理机构设立多个资产管理计划，并控制、使用资产管理计划开立的账户进行了交易，其行为涉嫌违反账户管理使用的有关规定。富安达基金管理有限公司（以下简称"富安达基金"）、中信期货有限公司（以下简称"中信期货"）、北京千石创富资本管理有限公司（以下简称"千石资本"）、国信期货有限责任公司（以下简称"国信期货"）为满足上海司度交易需求，为其设立资产管理计划，供委托人控制、使用，其行为涉嫌违反资产管理业务的有关规定。

2016 年，证监会正式对"司度案"进行立案调查。

2019 年 12 月 31 日，中国证监会与司度案相关涉案申请人达成行政和解，其中上海司度及其相关工作人员已交纳行政和解金人民币 6.7 亿元，富安达基金及其相关工作人员已交纳行政和解金人民币 180 万元，中信期货及其相关工作人员已交纳行政和解金人民币 1000 万元，千石资本及其相关工作人员已交纳行政和解金人民币 235 万元，国信期货及其相关工作人员已交纳行政和解金人民币 100 万元。

## 五、货币政策应该充分考虑股市建设发展

股市作为现代金融的核心部分，直接反映流动性松紧、资产价格高低、创新驱动强弱等经济变动情况，具有先行指标的功能。而货币活动是决定股市走势最直观、最管用的因素。股市运行也会反作用于货币政策。就央行货币政策主动性而言，应当充分考虑股市的正常运行和健康发展。

我国货币政策与股市良性互动的条件是具备的。不过，从股市运行的三十多年历史来看，货币政策形成机制、货币政策与股市运行的正反校正机制，都需要进一步深入研究，用改革的办法加以完善。

我国的中央银行制度建立较晚。1983 年，中央决定设立中央银行；1984 年 1 月 1 日起，中国人民银行开始专门行使中央银行的职能；1995 年，八届全国人大三次会议通过《中国人民银行法》，从法律上确立了中国人民银行作为中央银行的地位。从历史积累来说，我国的中央银行制度和货币政策体系与美国是有较大差距的。与美国相比，我国的中央银行制度有自己的特点：第一，中国人民银行作为中央银行，是在党中央、国务院领导下开展工作的，这对我们统筹经济社会发展各方面因素决定货币政策，是一个重要而有利的因素。第二，中国人民银行履行中央银行职责，设立货币政策委员会，根据市场实际情况独立作出货币政策决策，以实现既定的政策目标。

一般认为，货币政策有四大功能，即稳定物价、充分就业、经济增长和国际收支平衡。随着时代演变，后来又增加了一个金融稳定功能。实践证明，同时实现这些政策目标是不可能的。所以，各国央行都选择所谓的"最优政策目标组合"，锁定某一个或某几个目标，而不追求达到所有目标。

从美国股市实践来看，美联储的货币政策与股市运行是互相反馈、互相作用的，并且有立竿见影的效果。虽然美联储长期宣传其没有直接干预和影响股市的意图，但事实上，美国股市一刻也没有离开过美联储政策信号和政策措施的影响。货币政策最直接的逻辑就是，货币政策宽松则股市上涨，货币政策紧缩则股市下跌。2020年以来美国新冠肺炎疫情持续恶化，美联储释放了天量货币增量，推动道琼斯工业指数轮番上涨，涨得投资者目瞪口呆。统计数据显示，美联储的资产负债表由2020年1月时的4.2万亿美元，扩张到了2021年年底的8.7万亿美元，两年间翻了一番多，可谓史无前例。

中国股市作为一个新兴市场，经历了从小到大的发展过程，其与货币政策的相互关系是逐步增强的。由于早期市场规模占GDP的比重很低，其对宏观经济运行的辐射作用、渗透作用都有限。货币政策即使对股市运行有影响，也主要体现在对交易心态的影响上，其与股市的互动关系还没有那么重要。到了2000年，中国股市市值达到年度GDP的48%，货币政策对股市走势的影响明显增强。2001年7月起，股市长时间低迷，股市市值与年度GDP的比值持续走低，2006年恢复到41%，2007年达到123%，2021年为80%。纵观中国股市的历史，在较长的时间里，货币政策对股市运行的考量并不充分。因货币政策调整导致股市短期剧烈震荡的情况屡有发生；在股市呼唤流动性时，货币政策表现冷淡的情况也多次出现。其实，货币政策松和紧并不是直接作用在二级市场的，而是通过上市公司、金融机构的行为向二级市场传导的。由于中国经济处在结构调整的进程中，货币政策的结构性指引、结构性发力是十分必要的。大水漫灌不可取，简单拧紧水龙头也有害。近年来，结构性政策经过试点，取得实实在在的成果，是可喜的。

固然，货币政策的主要目标是物价、就业、经济增长和国际收支平衡等宏观目标，但由于股市是信息市场和信心市场，货币政策通过股市传导给市场主体，直接影响以上目标的实现。对这一传导链条的作用切不可低估。历史上，多次出现"股市政策积极"但"货币政策消极"的情况，事实上削减了政策合力。这是宏观调控政策的教训。

党的十八大之后，中央对股市的重视程度进一步提升，对股市牵涉面广、辐射力大、渗透力强的枢纽型功能形成全新认识，高度重视货币政策与股市运行的关系。虽然货币政策不会单纯为资本市场而设计，但政策制定者已经将股市稳定放在重要位置，在政策表述上增加了稳定股市预期的相关表述。即便如此，从 2015 年股市异常波动的情况来看，货币政策当局参照股市运行情况使用货币政策工具的能力仍显不足。应当以史为鉴，加强货币政策引导股市稳定运行的能力，完善相关体制机制。

股市是现代市场经济、现代金融的核心领域，具有牵一发而动全身的地位，货币政策如果不关照它，就是不完善的、跛脚的政策。如果经过评估，确认了流动性不足影响了股市系统性运行，就应当采取针对性措施，释放恰当的信号。如何进一步做好货币政策和股市预期管理的良好互动，以及如何创新政策工具，是摆在金融界专业人士、决策者面前的一个非常重要的问题，应当进一步深化认识，深入实践。

# 第 二 章

# 中国股市如何披荆斩棘

中国股市作为一个新兴加转轨的市场，必然要经历一个逐步成长的过程，最重要的是建立基础制度和培育市场主体。首先要把证券交易所办好。从1990年上交所成立，到1992年深圳发生抢购股票抽签表风波，再到1994年暴涨暴跌，使中国的股市参与者首尝成长的烦恼，也引发了各方面的一些忧虑。中国股市早期的拓荒者们，坚持把上市公司作为股市的基石，加强现代企业制度建设，同时，加快构建机构投资者制度，包括建立证券投资基金、引导保险等机构资金入市等。

从监管部门到金融机构，再到学界和社会公众，都认识到，如果不加快发展直接融资市场，中国的市场经济就是不完整的，企业发展也会遇到融资瓶颈。但在社会主义条件下发展股票市场，是前无古人的，注定是一个披荆斩棘的过程。在2005年至2006年实行股份分置改革之后，中国股市进入了一个制度更趋完备的发展阶段。

## 一、从局部试点到全面推广的路径选择

中国股市先在沪深两地进行局部试点，逐步向全国拓展，形成全国

性市场。这与"先试点后推广""先易后难"的改革开放思路是一致的。如何在社会主义条件下发展股市，当时没有可供参考的经验，只能先试点，再推广。

1984 年，一些企业开始试点发行股票，并由此催生了上海、深圳、沈阳等地的柜台交易场所。1988 年，一批从美国回来的年轻人和部分国内金融人士作为"民间力量"，着手推动创办股市。在有关部门支持下，他们组建了"证券交易所研究设计小组"，向中央提出设立"北京证券交易所"的建议，提交了关于发展中国证券市场的研究报告。综合各种因素，中央最终决定在上海、深圳启动试点。当时，两地政府也展开了竞争，都想争办第一家证券交易所。最终，中央决定把第一家证券交易所放在上海，于 1990 年 12 月 19 日正式开业。但事实上，深圳证券交易所也在 1990 年 6 月开始试运行了，其正式开业时间定在 1991 年 7 月。

沪深交易所早期选取的上市公司主要是街道企业、乡镇企业，大多属于集体所有制企业，规模也比较小。当时这样做，是因为国有企业上市受到意识形态制约，还需要逐步统一认识。

1994 年起，按照统一分配上市额度的方式，各地相继推动国有企业和集体所有制企业改制上市。到 1997 年 12 月，中央提出"用三年左右的时间，通过改革、改组、改造和加强管理，使大多数国有大中型亏损企业摆脱困境，力争到 20 世纪末大多数国有大中型骨干企业初步建立起现代企业制度"（即"国有企业三年脱困"），国有企业上市形成一个阶段性高潮，股市也从此成为真正意义上的全国市场。

1997 年，300 亿元规模的 A 股、B 股及 H 股发行，重点支持国家确定的 1000 家重点企业、120 家企业集团以及 100 家全国现代企业制度试点企业。经过三年的改革特别是改制上市，一批大型国有企业实现了脱困。

这一时期上市的国有控股企业中，相当一部分具有行业竞争力，借助资本市场机制实现了规模扩张和效益提升，巩固了市场地位。但也有的公司在上市之初就先天不足，资产结构不完整，比如仅靠一条生产线就撑起一家公司；还有的资产价格高估甚至虚估，为后来发展埋下了隐患。10 年后，也就是 2006 年开始，通过鼓励控股股东、实际控制人将优质资产、优质项目向上市公司集中，鼓励国有控股企业开展市场化的并购重组，这些隐患得以解决。

针对这段历史，当时出现一种说法，即中国利用股市为国有企业脱困，背离了资本市场的基本逻辑。笔者在当时就给予了批评。笔者认为，在任何时候，资本市场都应该服务国家的总体发展战略。当时国有企业脱困是重大战略任务，股市提供支持不是问题，是应尽之责。当然，在具体操作上，应当尊重经济规律，服从市场基本规则。

随着各地企业相继在沪深交易所上市，两个交易所的全国属性得以确立，加强法治、提升治理水平势在必行。1994 年 7 月 1 日《公司法》实施（之前由《股份有限公司规范意见》等法规作为监管依据），1999 年 7 月 1 日《证券法》实施（之前由《股票发行与交易管理暂行条例》等法规作为监管依据），标志着股市进入在全国范围规范发展的历史阶段。特别是在《证券法》实施后，进一步提升股市的法治化市场化水平成为重要议题。

中国证监会成立以后，为了壮大机构投资者队伍，着力发展证券投资基金。1997 年 11 月，国务院证券委颁布了《证券投资基金管理暂行办法》，标志着证券投资基金进入规范化发展阶段。此后历经 5 年，证券投资基金初具规模，持有股市流通市值约 6%。在总结前期发展经验教训的基础上，2003 年 10 月，《证券投资基金法》颁布，对基金管理人、基金托管人、基金募集、基金份额的申购与赎回、基金的运作与信息披露、基金份额持有人权利等规定进一步完善，相关条款与国际接轨。证券投资基金进入新的规范发展阶段。

为了推动股票发行市场化定价，加强对上市公司等各类公司的规范化治理，2004年8月，《公司法》《证券法》作了小幅修正。2005年10月，《公司法》《证券法》全面联动修订。这些立法步骤，对支持市场创新、加大监管力度、营造良好的营商环境、维护市场主体的合法权益，提供了有效法律保障。为了打击证券犯罪，加大对违法行为的处罚力度，2006年6月和2009年2月相继颁布了《刑法修正案（六）》和《刑法修正案（七）》。

当时，管理层希望推动解决历史存量问题，化解"一个市场、两类股权"的问题。1999年和2001年，有关部门先后两次尝试推进国有股减持试点改革。由于当时一些理论问题不能得到清晰阐释，定价机制难以得到市场参与者普遍认同，试点工作最终搁置下来。

虽然股市存量改革遭遇了瓶颈，但历经从地方试点到向全国推广、从局部上市到整体上市、从以个人投资为主到机构投资者与个人投资者并重、从法治供给不足到法治化程度提高、从发行审批制到核准制，中国股市已经找到了全面建设和发展的基本路径，即夯实市场基础性制度、提高市场主体的质量和竞争力、严格监管和执法、保护投资者合法权益、壮大机构投资者队伍等。可以说，探索中国特色股市发展路径的任务，已基本完成了。

资本市场的快速发展给经济生活带来了一系列改变。一是改变了企业生态，股份公司成为企业主流运行模式，各路资本可以通过资本市场参与到各类企业当中，形成资源优化配置。二是改变了金融生态，直接融资比例逐步上升，直接融资和间接融资相互促进，主要商业银行、证券公司、保险公司等成为上市公司，壮大了资本规模，完善了公司治理，有效化解了金融风险。三是改变了居民财富生态，投资者通过持有股票、基金、债券等金融产品，实现理财市场化、金融化，达到资产保值增值和避险、竞争等目标。四是拓展了人们参与经济社会管理的平台。个人投资者和机构投资者，可以通过股东大会、董事会、基金持有人大会等行权，参与上市公司、基金公司等的治理，将投资理财活动和参与公司治理、监督市场主体结合起来。丰富多彩的投资活动有效推动了资本形成、公司治理、市场监管、行权维权等机制的完善，推进了市场经济立法进程，促进了执法体系进步。

虽然解决股市中的矛盾是一个永恒话题，虽然中国股市规范化还将爬坡过坎，但股市建设的制度之基、心理定力已经形成了。

## 二、与时俱进，提升制度的适应性包容性

沪深股市成为全国市场之后至 2000 年，只有单一的主板市场。在沪深交易所上市的企业，主要是国民经济中的支柱企业、行业龙头企业、资产规模和经营规模较大的企业。筹建创业板市场，为上市公司提供差异化的服务，逐步提上了中央政府的议事日程。

1998 年起，全球兴起了互联网技术和投资热潮，华尔街的互联网概念股热也传导到了中国股市。基于对新经济的期待，业界普遍认为建立多层次股市正是良机。于是，深交所提出建立创业板（二板市场），立即得到监管层认可。但 2001 年 6 月下旬中国股市暴跌，全球互联网资产泡沫也逐步消退，设立创业板的计划停了下来。

2004 年"国九条"发布后，随着股权分置改革和相关配套改革措施落地，主板市场实现了跨越式发展。这也是与中国经济快速增长，龙

头企业的实力显著加强，市场主体急需与资本市场对接的大趋势相一致的。从 2005 年 10 月到 2010 年 7 月，建设银行、中国银行、工商银行、农业银行、交通银行等相继完成股份制改革和上市工作。中国石油、中国神华、中国铝业等行业巨头也相继上市。其中，部分公司同时在中国香港或美国上市。这些大型企业进入主板市场，使上市公司结构得到优化，主板市场对国民经济的表征度得到较大提升。2017 年 5 月，上交所开启了"新蓝筹行动"，药明康德、京沪高铁等一批新经济、高技术和传统产业转型升级企业在主板上市，实现了蓝筹股的结构性调整。

截至 2022 年 3 月 31 日，沪深两市主板市场上市公司 3151 家，占全部上市公司的 66%；总市值 63.90 万亿元，占全部上市公司市值的 79.37%，占 2021 年 GDP 的比重为 56%。

2004 年 5 月，作为创业板设立前的一个过渡性措施，深交所设立了中小企业板块，为处于创业期，资本规模、销售规模还比较小的企业开辟了上市场所。所以，中小企业板很像是"不叫主板的主板"。2021 年 2 月 5 日，深交所启动主板与中小企业板合并相关准备工作。3 月 31 日晚间，深交所发布主板与中小企业板业务通知及相关规则，明确两板合并后的相关安排。4 月 6 日，正式实施两板合并，原中小企业板上市公司的证券类别变更为"主板 A 股"。

从设立中小企业板之日起，设立真正意义上的创业板一直是监管者的心头事，只待良机。2009 年 10 月，创业板正式开市，一时成为大家寄托理想的创新市场板块。但从其发行上市规则来看，依然没有逃脱对业绩的刻板追求。制度的包容性有所拓展，但依然有很大的局限性。

在创业板设立后的十年里，国内仍有大量新经济企业到美国等境外市场上市。这些植根于国内市场，依托国内经济发展获得红利的企业，远赴重洋销售股票，国内投资者却不能方便地购买其股票，实在让人痛惜，也促使人反思。如何把优质的新经济企业留在国内股市，让国内投资者分享其发展成果，引起了高层的热切关注。据笔者所知，2017年，证监会等部门为了打破常规，创新制度模式，专门研究了让红筹公司、短期内业绩并突出甚至亏损的新经济类公司、VIE 结构的公司直接在境内股市上市的具体操作办法。这是中国股市新一轮解放思想的重要标志。

适应新经济发展的大趋势，提升中国股市的包容性，构建新型的多层次资本市场，任务十分迫切，需要找到突破口。在上交所设立科创板，进一步完善创业板，是大势所趋。

2018 年 11 月 5 日，习近平总书记在首届中国国际进口博览会开幕式上宣布，将在上交所设立科创板并试点注册制，用增量改革的办法推动制度创新，打开了包容性制度的创新思路，彻底解决了多年来举棋不定的大问题。此前，上海曾经计划设立战略新兴板市场或国际板市场，但由于不能在理论上"自洽其理"，难以形成市场共识，都不了了之。而设立科创板，用增量改革推动市场制度性突破，既不打乱存量市场的运行节奏，又给整个市场注入更加市场化的预期引导，是更务实的思路。从实践效果来看，总体上是成功的。

科创板于 2019 年 7 月 22 日正式开市，定位是坚持面向世界科技前沿、面向经济主战场、面向国家重大需求，主要服务于符合国家战略、突破关键核心技术、市场认可度高的科技创新企业。重点支持新一代信息技术、高端装备、新材料、新能源、节能环保以及生物医药等高技术产业和战略新兴产业，推动互联网、大数据、云计算、人工智能和制造业深度融合，引领中高端消费，推动质量变革、效率变革、动力变革。截至 2022 年 3 月 31 日，科创板共有上市公司 404 家，总市值 4.70 万亿元。

在科创板推出 1 年后，即 2020 年 8 月，创业板改革并试点注册制正式落地。创业板改革涉及发行、上市、信息披露、交易、退市、执法等基础制度改革，显著提升了适应性和包容性。根据相关规定，创业板不再把企业资产规模大小、是否盈利作为首次发行上市的硬条件，而是综合考虑净利润、营业收入、预计市值等成长性指标决定上市与否。同时，允许有特别表决权股份的公司首发上市。这些举措体现了更强的包容性，对成长型创新创业企业形成巨大支持。截至 2022 年 3 月 31 日，创业板共有上市公司 1126 家，总市值 11.78 万亿元。创业板市场 7 成以上公司属于战略新兴产业，8 成以上拥有自主研发核心能力，9 成以上为高新技术企业。

早在 1999 年筹办创业板市场时，业界就意识到，应当在创业板市场之下再设置一个市场层次，为广大中小企业提供资本市场服务。但对这方面的探索经历了一个相对曲折的过程。脱胎于"老三板"市场的"新三板"市场，直到 2013 年 6 月才将服务范围扩大至全国，成为名副其实的三板市场。2016 年实施分层管理；2021 年在新三板体系内设立了北交所。北交所的设立标志着为创新型、创业型、成长型中小微企业提供规范的交易所服务，实现了认识上和实践上的重大突破。

此外，一些地方还建立了服务本地域中小微企业的私募股权市场，即区域性股权交易市场。如何完善这部分市场的系统性监管，提高其规范化程度，还需要进一步探索。

**市场镜鉴** 新三板市场发展历程

2001 年 6 月，为了妥善解决 STAQ 系统和 NET 系统的挂牌公司股份转让等历史遗留问题，由中国证券业协会主管设立了"三板市场"，正式的名称叫"证券公司代办股份转让系统"。

那么，STAQ 系统和 NET 系统公司又是怎么回事呢？1990 年 12 月，国家体改委批准设立了"全国证券交易自动报价系统"（即 STAQ 系统），初期以交易国库券为主，后来开始交易企业法人股，规模逐步壮大。1993 年 4 月，中国人民银行批准设立了"中国证券电子交易系统"（即 NET 系统），与 STAQ 系统 $\partial$ 一样，主要交易企业法人股。1999 年秋天，这两家交易场所均被 $\partial$ 关闭。

由中国证券业协会主管设立的"证券公司代办股份转让系统"，就是为了承接原 STAQ、NET 系统的股份交易业务，同时，也承接沪深股市退市股票，被称为"老三板市场"。

2006 年 1 月，由中国证券业协会主管，在北京中关村科技园区设立了"非上市股份有限公司股份报价转让系统"，称为"新三板市场"。即，新三板市场和老三板市场都是中国证券业协会主管设立的，机制类似，但承接的业务有所不同。

2012 年 7 月，国务院批准设立"全国中小企业股份转让系统"，新三板和老三板的业务都转入该系统，"新三板"称谓继续保留。2013 年 1 月，全国中小企业股份转让系统有限责任公司正式揭牌运营。2013 年 6 月，国务院决定将中小企业股份转让系统试点扩大至全国。2016 年 6 月，新三板市场实施分层管理，设立基础层、创新层。2019 年 10 月启动新一轮改革，在基础层、创新层基础上，增设精选层。2020 年 7 月，精选层正式启动，该层实行连续竞价交易制度。

我国还开辟了"证券公司柜台交易市场"，目前，该市场主要服务于机构间私募产品报价、发行、转让及相关服务。相关流程均通过电子化交易平台进行，而不是传统的柜台交易方式。2013 年，中证机构间报价系统股份有限公司成立，负责运营这部分业务。截至 2022 年 3 月 31 日，共有 104 家证券公司取得代理交易资格并开展柜台业务，40 家证券公司获得场外期权业务交易商资格。该市场业务主要有两类：一类是资产管理类和债权类产品的销售业务，一类是场外衍生品业务。

**点睛之笔** 董少鹏：北交所的"长尾逻辑"值得关注

2021年11月15日，北京证券交易所（以下简称"北交所"）正式开市，首批上市公司达81家。遵照习近平总书记重要指示精神，北交所筹办紧锣密鼓，步稳势稳，写下了北京金融街发展史上的浓重一笔。深化新三板改革、设立北交所是完善我国多层次资本市场体系的重要一环，是优化资本市场结构布局，进一步满足创新型中小企业上市融资需求的重要步骤。

在新三板精选层基础上设立北京证券交易所，是一个制度性的创举。北交所开市后，新三板的精选层就不存在了，剩下基础层和创新层。企业要在北交所上市，应当先进入创新层；基础层的挂牌公司符合条件后，可以晋升到创新层。这样，新三板不仅可以在不同层次上为中小企业提供市场化、差异化服务，而且在同一市场体系内构建起了金字塔式逐级递进结构。这一制度设计，既参照了美国纳斯达克市场的分层理念，又紧贴中国中小企业体量规模、发展阶段、创新发展的实际需要，更凸显本土特色。

2013年1月，以中关村代办股份转让试点为基础，全国中小企业股份转让系统开始运行；同年12月，国务院发布《国务院关于全国中小企业股份转让系统有关问题的决定》，推动该市场加速发展壮大。从2016年起，新三板走过了"设立创新层、基础层"和"设立精选层、创新层、基础层"两个阶段，分层制度不断完善。适应中小企业不断增长的制度供给需求，进一步深化资本市场改革势在必行。

习近平总书记亲自部署深化新三板改革、设立北交所，体现了党中央对中小企业发展生态的高度重视，是引领经济高质量发展和资本市场供给侧结构性改革的重大信号。

长期以来，以制度创新促进中小企业创新发展，为中小企业提供便利融资和聚集优质资源的有效机制，始终是一个亟待破解的重大课题。既能便利中小企业融资、又能管控好金融风险，也是一个世界性难题。我国设立新三板市场，将中小企业融资需求摆在重要位置，加强资本市场制度创新，取得了积极成效。截至 2022 年 3 月 31 日，新三板吸纳了大批快速发展、有行业创新能力的中小企业，挂牌公司融资合计达到5972.49 亿元，市场活跃度也在逐步提升。截至 2022 年 3 月 31 日，共有 353 家新三板公司在沪深交易所上市，共有 89 家在北交所上市。

同时，新三板服务中小企业的空间也需要进一步拓展，无论交易机制、再融资机制、退出机制，还是支持并购重组、科技创新、产业协同的机制，都需要根据最新情况不断加以优化。在新三板体系框架下，北交所和创新层、基础层如何更好履行服务中小企业创新发展的使命，也面临很多的挑战。完善分层制度安排，对不同发展阶段的企业提供相对应的服务，形成可进可退、优胜劣汰的市场机制，将市场风险和价值发现统一起来，是优化资本市场制度供给的必要举措。

顺应我国经济发展的实际需要，深化新三板改革、设立北交所，是为了把尽量多的发展有前景、创新有活力、竞争有实力的中小企业囊括进来，让它们在市场的洗炼中优胜劣汰。在新三板精选层基础上设立北交所，同时优化创新层、基础层的制度措施，既满足各层次中小企业的融资和发展需求，又可以贯通不同发展阶段、发展规模企业的晋升之路，激发企业主体创新创造创业的活力。

借用"长尾理论"，可以很好地说明在新三板体系框架下，北交所和创新层、基础层的关系。长尾理论原本是针对互联网时代商业和经济模式的。该理论强调，人们的大量需求会集中在头部，这部分称为"流行"；而个性化的、少量的需求形成一条长长的"尾巴"。举例说，一个大型书店通常可以摆放 10 万本书，这些书满足大家的头部需求；但亚马逊网络书店销售额的四分之一来自排名在 10 万以后的书籍。这说明在长尾需求中，虽然单体需求规模较小，但汇集起来的总体规模不小。

北交所和创新层、基础层的整套制度安排，就是要满足企业群体中的长尾需求，为广大中小企业提供差异化、广覆盖的服务。在整个新三板市场内，北交所是"龙头"，创新层、基础层是基础，可以看作长尾部分。如果进一步拓展，那些准备进入新三板基础层的企业，也可以算作长尾的组成部分。笔者认为，这一制度设计是中国特色现代资本市场的务实选择，是创新性安排。只有不断深化对中小企业地位作用的认识，在资源分配、制度供给、机会平等各方面完善政策措施，才能建立起符合我国实际情况的多层次资本市场体系。

新三板市场从 2013 年设立，根据中小企业需要创设制度机制，其制度积累、实践积累弥足珍贵。设立北交所，是深化资本市场对接中小企业需求的重大探索，一是可以让更多企业公平享有资本市场服务，提高市场的包容性；二是北交所的发行上市条件低于科创板、创业板，可进一步畅通中小企业直接融资的路径。我们相信，随着北交所开市运行，有中国特色的多层次资本市场互补发展、协同发展的新局面即将开启，资本市场服务实体经济高质量发展、满足投资者多样化投资需求的空间将进一步拓展，大中小企业融通发展的势头也将加快形成。

（《证券日报》2021 年 11 月 16 日）

**立法镜鉴** 我国公司法立法和修法历程

1993 年 12 月 29 日，八届全国人大常委会第五次会议审议通过并颁布，1994 年 7 月 1 日正式施行。这是我国首部《公司法》。

1999 年 12 月 25 日，九届全国人大常委会第十三次会议第一次修正，重点之一增加了支持高新技术上市融资的条款。这与当时准备开辟创业板市场有关。

2004 年 8 月 28 日，十届全国人大常委会第十一次会议第二次修正，删除"以超过票面金额为股票发行价格的，须经国务院证券管理部门批准"的规定。

2005 年 10 月 27 日，十届全国人大常委会第十八次会议修订，主要修订内容为：

（1）明确法人财产权；

（2）删除在经营范围内从事经营活动的规定；

（3）删除公司对外投资不得超过净资产 50% 的限制，新增不得成为对所投资企业的债务承担连带责任的出资人的规定；

（4）新增了公司提供担保、法人人格否认制度、关联关系损害赔偿和股东代表诉讼制度；

（5）将最低注册资本限额由 10 万元调整至 3 万元，股份有限公司由 1000 万元调整至 500 万元，且可以分期；

（6）取消了按照公司经营内容区分最低资本额的规定；

（7）新增一人有限责任公司、上市公司特别规定等。

2013 年 12 月 28 日，十二届全国人大常委会第六次会议第三次修正，主要修正内容为：

（1）删去第七条第二款中的营业执照应载明"实收资本"的规定；

（2）取消最低资本限额，改为认缴制；

（3）删去全体股东的货币出资金额不得低于有限责任公司注册资本 30% 以及验资机构验资的规定；

（4）删去股份有限公司中"公司全体发起人的首次出资额不得低于注册资本的 20%，其余部分由发起人自公司成立之日起两年内缴足；其中，投资公司可以在五年内缴足"的规定，修改为"在发起人认购的股份缴足前，不得向他人募集股份"。

2018 年 10 月 26 日，十三届全国人大常委会第六次会议第四次修正，主要修正内容为：

（1）修改第一百四十二条关于"公司不得收购本公司股份的规定"；

（2）简化股份回购的决策程序，公司持有本公司股份的数额上限由 5%提高到 10%。

**▌立法镜鉴** 我国证券法立法和修法历程

1998 年 12 月 29 日，九届全国人大常委会第六次会议审议通过，1999 年 7 月 1 日正式施行。

在此之前，规范股票市场的法规最初为沪深两地的地方性法规。1993 年 4 月，国务院颁布《股票发行与交易管理暂行办法》。随后相继颁布了《公开发行股票公司信息披露实施细则（试行）》《证券交易所管理办法》《禁止证券欺诈行为暂行办法》《关于严禁操纵证券市场行为的通知》等制度文件。

2004 年 8 月 28 日，十届全国人大常委会第十一次会议审议修正。主要修正内容为：第二十八条修改为"股票发行采取溢价发行的，其发行价格由发行人与承销的证券公司协商确定"。第五十条修改为"公司申请其发行的公司债券上市交易，由证券交易所依照法定条件和法定程序核准"。此次修订主要是推动股票发行询价机制改革和完善公司债场内交易机制。

2005 年 10 月 27 日，十届全国人大常委会第十八次会议审议修订。

主要修订内容为：明确国家设立"证券投资者保护基金"；规定了对证券投资咨询机构误导投资者行为的罚则；为开展融资融券以及股指期货等金融衍生品交易打开大门；明确客户交易资金所有权，严格禁止任何单位或者个人以任何形式挪用客户的交易结算资金和证券；解除了部分限制性规定，调整优化了有关规定，如在强调分业管理的同时，新增"国家另有规定的除外"的表述；规定国有企业和国有资产控股的企业买卖上市交易的股票，必须遵守国家有关规定；"依法拓宽资金入市渠道，禁止违规资金流入股市"。此次修法后，股权分置改革开始实施。

2013 年 6 月 29 日，十二届全国人大常委会第三次会议审议修正。将第一百二十九条第一款修改为："证券公司设立、收购或者撤销分支机构，变更业务范围，增加注册资本且股权结构发生重大调整，减少注册资本，变更持有百分之五以上股权的股东、实际控制人，变更公司章程中的重要条款，合并、分立、停业、解散、破产，必须经国务院证券监督管理机构批准。"

2014 年 8 月 31 日，十二届全国人大常委会第十次会议审议修正。将"事先向国务院证券监督管理机构报送"修改为"公告"，将第九十一条修改为"在收购要约确定的承诺期限内，收购人不得撤销其收购要约。收购人需要变更收购要约的，必须及时公告，载明具体变更事项"。

2019 年 12 月 28 日，十三届全国人大常委会第十五次会议修订。2020 年 3 月 1 日起施行。本次证券法修订历时 6 年，是历史上审议时间最长、内容调整最大的一次修改。原证券法一共 240 条，这次共修改 166 条、删除 24 条、新增 24 条。主要涉及十个方面：对证券发行制度修改完善；大幅提高违法成本；专章规定投资者保护制度；进一步强化信息披露要求；完善证券交易制度；取消多项行政许可；进一步规范中介机构职责履行；建立健全多层次资本市场体系；强化监管执法和风险防控；扩大证券法适用范围，增加存托凭证为法定证券，将资产支持证券和资管产品写入证券法等。此次修改后，证券发行注册制改革有了基本法保障。

## 点睛之笔　新证券法护航资本市场

3月1日起，修订后的《中华人民共和国证券法》正式施行。对于我国资本市场来说，这是具有里程碑意义的事件。要以贯彻落实证券法为抓手，全面提升资本市场服务实体经济的能力，构建实体经济和资本市场良性互动的新格局。

首先，新版证券法凝聚了改革共识。我国资本市场历经近三十年发展，规模不断扩大，层次不断扩展，参与者显著增加，为国民经济发展作出积极贡献。同时，不成熟不完善的地方也十分突出，需要抓住时间攻坚克难。新版证券法从立法层面顺应了加大违法违规成本、保护投资者合法权益、完善基础性制度的市场诉求。一些长期难以解决的立法难题在新版证券法中得以解决，同时为进一步深化改革、完善规则预留了空间。

这些重大立法成果是落实新发展理念、维护国家经济金融安全和高质量发展的立法体现、制度支撑。新版证券法是打造规范、透明、开放、有活力、有韧性资本市场的有力法制保障。落实好新版证券法，就是大力推进资本市场供给侧结构性改革。

其次，新版证券法补上了制度短板。新版证券法明确了全面实施证券公开发行注册制，将市场化向前推进了一大步。根据实际情况，未来将进一步完善科创板股票发行注册制的相关制度规则，优化工作程序，推动在创业板试点注册制，积极创造条件逐步在全市场实行注册制。这一重大制度变革对引导市场化、法治化的中长期预期，具有压舱石性质的作用。

新版证券法在强化信息披露、保护投资者合法权益、提高违法成本等方面作出了制度性调整，充分体现了法律的刚性。除了进一步压实上市公司信息披露责任之外，还有针对性地补上了特定股东单独持有或者通过协议等方式与他人共同持有股份的信息披露规则。在保护投资者权益方面，设立了投资者保护机构代理诉讼制度即"明示退出""默示加入"原则、集体诉讼制度、征集股东权利制度等。在提高违法成本方面，除了对欺诈发行行为、信息披露违法行为、虚假陈述行为加大处罚力度，还明确了发行人的控股股东、实际控制人在欺诈发行、信息披露违法中的过错推定、连带赔偿责任等。

新版证券法完善了有关内幕交易、操纵市场、利用未公开信息的法律禁止性规定，囊括了应禁止的新型内幕交易和市场操纵行为，完善了上市公司股东减持制度，规定了证券交易停复牌制度和程序化交易制度等。同时，还明确了保荐人、承销的证券公司及其直接责任人员未履行职责时对受害投资者应承担的过错推定、连带赔偿责任，提高了证券服务机构未履行勤勉尽责义务的违法处罚幅度。

最后，新版证券法将强化执行力。2020年是推进资本市场法治建设和全面深化改革的关键之年，要深入落实证券法，强化执行力。证监会系统和其他相关部门，需要对标新版证券法，按照"立改废"清单，加快制定、修改完善配套规章制度，及时清理、废止不适应的规则办法。同时，优化各个层级的制度规范，该合并的合并，该"瘦身"的"瘦身"，该补齐的补齐，努力构建简明易行、透明高效的市场友好型规则体系。

下一步，应以贯彻落实新版证券法为新起点，用好用足相关法律规定，显著提升违法违规成本。同时，推动刑法修改、期货法立法，推动出台私募基金条例和新三板条例，推动建立证券代表人诉讼制度，完善投资者保护制度体系。

（董少鹏文，《经济日报》2020年3月3日）

## 三、破解激发市场活力和实现有效监管的矛盾

从美欧股市长期运行的经验来看，信息公开透明、资产公平定价、主体自由交易是其保持活力、弹性、流动性、稳定性的重要基础。其中，起主导作用的市场主体，就是上市公司、投资者和专业服务机构。他们按照市场的价格信号、需求信号、风险信号作出决策，形成资本活动的链条，各环节相互咬合、相互影响、相互制约，形成一整套的"市场映射"，包括价格曲线、热点切换、并购趋势。

我国股市受到传统文化、社会行为习惯等的约束，市场主体的自由交易活动与价值风险的匹配度相对较低，存在"一管就死，一放就乱"问题。尽管股市建立三十多年来，制度建设步步深入，科学性、实践性、规范性、可用性显著提升了，但"放管"矛盾依然突出。

市场主体的行为规范还是不规范，归根结底在于社会公众诉求与监管执法理念是否一致，即法律所规定的内容与社会公众的期待是否吻合如果两者拧巴了，规范化的难度就人为增加了。总结以往市场监管的经验和教训，我们必须植根中国实际，充分尊重中国文化特点和社会行为习惯，借鉴国际最佳实践，完善法律法规和制度建设。照搬和复制他国股市制度，是很难成功的。

事实上，我国已经形成了一大批规范运作的上市公司。它们根据市

场供需情况开展经营和研发活动，同时严格遵守法律法规，履行社会责任。它们是市场活力与有效监管统一的有力证明。

但另一方面，资本市场因具备"点石成金""化腐朽为神奇"的独特功能，也会被利用，有的上市公司和中介机构通过伪造财务报表、虚增或虚减销售和利润、过度包装业务线和研发线，与二级市场操作相互配合，非法获利，如乐视网、獐子岛、康美药业、康德新等。它们的目的很清楚，就是制造和维系虚高的股价，并以此为抵押物获得各种融资，指望以钱生钱，再填补窟窿。这就制造了巨大的市场风险。

既要激发市场主体的活力，防止简单化、绝对化的绩效评价，倡导差异化、多元化的绩效评价；又要坚持依法办事，防止市场主体以各种借口、各种方式骗取投资者信任，套取市场资源，谋取不义之财。这是一个很难驾驭的课题。因为一家企业是否成功、能否延续成功，不是单靠会计师核证、交易所审核员审核、证监会备案就能够得出完整结论的，甚至也不是投资者短期调研可以得出结论的，而是要靠市场长时间检验。

所以，监管的核心应该是信息披露，让上市公司、专业服务机构把上市公司的基本面讲清楚、讲充分。上市公司除了披露会计信息，还应当揭示行业趋势、研发趋势、市场趋势等关系公司前途命运的重要信息。如果信息披露不充分，或者相关信息不足以帮助投资者形成有效判断，就应当对上市公司和有关专业服务机构问责。如果发生隐瞒、虚构、欺诈等情形，就要依法查处。

经过三十多年的努力，证券市场行政执法体系不断加强，已经形成证监会稽查局协调指挥，稽查总队、派出机构、交易所各司其职、多位一体的工作机制。证监会行政执法体系在日常执法中，注重加强与工工业和信息化部、中国人民银行、审计署、银保监会等证监会以外部门的协同配合。目前，公安部证券犯罪侦查局驻在证监会，并在北京、大连、上海、武汉、深圳、成都设立直属分局。经过数次修订的《证券法》不断强化了稽查执法的权限，推动执法效能不断提高。行政执法、行政和解、刑事处罚、民事赔偿等惩戒违法犯罪的机制相互贯通、相互配合，共同形成了对违法犯罪行为的立体震慑。

既激发市场主体活力，又实现有效监管，的确是走钢丝、走平衡木，不是一件可以轻易量化的事。舆论场上经常有各种看似灵丹妙药的建议，比如强制多分红、放开涨跌停板限制、不搞窗口指导、对暴涨股票不问询等。这些"硬措施"并非全无道理，但如何综合运用，形成叠加后的正效应，绝非易事。

笔者认为，信息披露制度是第一位的，对不说实话、不及时说实话的上市公司要严厉处罚。为此，还要培育能够要求上市公司说实话、及时说实话的投资者。专业服务机构要在这方面做强、做实，负连带责任。

资本市场的诚信制度体系、诚信监管体系，是激发市场主体活力和实现有效监督的极为重要的途径。要在全市场各环节建立诚信制度，让诚信约束发挥规范市场主体行为的功能。我国从2004年开始部署资本市场的诚信制度建设，形成了一整套有关市场诚信监督管理的制度规范。2019年新修订的《证券法》增设了诚信专门条款。有关行业协会发布了针对性的诚信准则或指引。

我国已经建立了"资本市场诚信档案数据库"，证监会官网开通了"证券期货市场失信记录公开查询平台"，可以向社会公众提供行政处罚、市场禁入、纪律处分等信息的查询服务。截至2021年年底，诚信档案数据库共收录主体信息151.39万余条，证券期货系统诚信信息11.24万余条；证券期货市场失信记录公开查询平台2021年度总查询量达 10.84.8 万余次。

为了加强对失信者的惩戒力度，2018 年 3 月，证监会会同发改委等 6 家单位，分别与铁路总公司和民航总局发布了相关意见，对相关当事人、责任人采取限制乘坐火车和飞机的措施，还通过部际联动机制督促相关主体缴纳逾期未缴纳罚款、履行相关公开承诺，促进了监管公信力、执法威慑力和市场诚信度的提升。2019 年 6 月 28 日，证监会联合 7 家中央单位发布《关于在科创板注册制试点中对相关市场主体加强监管信息共享完善失信联合惩戒机制的意见》，通过部际协作强化对相关市场主体的失信惩戒。

股市的文化环境是一件很大的事，长期以来是缺课的。一方面，人们希望股里淘金，把股市投资当作改变命运的机会；另一方面，对股市风险存在认识偏差，把宏观风险、周期性风险、监管风险和操作风险混为一谈。

不仅普通投资者，甚至一些机构投资者、专业人士、机关干部也是如此，对中国股市的发展路径、发展模式、阶段性困难认识不足，也不肯认真研究。把股市中必然存在的造假等违法违规问题，与监管不足导致的市场秩序失衡问题，当作一回事。这种简单化、绝对化的思维，压抑了投资者信心，加剧了短线操作之风。

中国股市既面临害群之马的破坏，又面临偏颇舆论的狙击，这是一个非常难以处理的问题。及时回应市场关切主流媒体平台，监管部门、交易所、上市公司及时回应市场关切。主流平台要放下身段，提高专业度，及时收集和解析相关问题。证券业协会、基金业协会、会计师协会等也应发挥为公众解答疑难，督促相关主体依法履责的职责。

美国股市的"长牛短熊"机制，值得中国股市的组织者和参与者认真研究。既要看到其吸纳全球资源优势的一面，也要看到其长期脱实向虚劣势的一面。

在 2008 年国际金融危机后，美国经济结构性矛盾一直没有得到化解，新兴经济体崛起对美国寅吃卯粮、靠他国低廉制造业抵消通胀的经济模式造成冲击。但美国金融资本的掌控者依然生活在"靠资产价格左右全球分工格局"的旧梦里，通过游说政府、国会以及影响美联储，维系相对宽松的货币环境，同时对外挑起经贸纷争，借以应该内部结构性矛盾。所以，从 2008 年国际金融危机至今的 14 年里，美股多次轻松消化调整压力，总体处于上行通道中。到 2020 年 2 月，道琼斯工业指数涨到接近 30000 点，因疫情大暴发快速调整，发生 6 个交易日三次下跌熔断的奇观。但在美国对外挑起贸易争端，在国内制造业低迷、失业面扩大的情况下，美股却再次走出 V 形反转行情，继续一路上扬。如果以 2010 年 1 月道琼斯工业指数 10000 点左右算，到 2022 年 2 月初已上涨 2.5 倍左右；如果从 2009 年 3 月 9 日最低点 6440 点算，到 2022 年 1 月 5 日最高已上涨 4.7 倍！

对美股长达 13 年上涨的奇迹，我们的确不能按照一般的牛熊转化规律来看待，而是要分析其上涨的机制性原因。美元霸权是当今世界的经济毒瘤。在世纪疫情之下，一方面，美国对防疫采取放任态度，维系表面上的人员自由流动和经济繁荣；另一方面，通过超大规模发行美元，试图将经济增长压力稀释到全球，剪全球的羊毛。如果一国的货币政策跟着美联储起舞，把流动性用得过满，一旦美元回流就只能吞下苦果。

最根本的一条是，以美元霸权为主轴的华尔街资本是可以左右股市局面的。从 2020 年 1 月开始，美联储的资产负债表用短短 2 年时间，暴涨了 4.3 万亿美元，翻了一番多。在疫情泛滥、物流阻滞、失业高企的情况下，这些钱不去股市才怪。美国金融当局是希望拿股市繁荣换取经济增长的，但负债表终究是要调整的。由于美国爆发了全局性的、持久性的通胀，其货币政策已经走入多难境地，收缩货币很可能导致大动荡。但美国作为全球霸主，可以制造其他危机转移或缓解国内矛盾，由此驱赶资金向美国流动。

可见，我们看待美国股市运行和监管的平衡，应分两种情况：一种是常态化的运行情况，一种是重大危机下的运行情况。所谓常态化运行，就是在经济增长总体平稳，投资机构按照价值逻辑开展投资活动，而监管机构按照"守夜人"的逻辑实施监管。所谓重大危机下的运行情况，就是统筹运用全球战略手段、营造美元在美金融市场大进大出的闭环，确保大量资金注入美国资本市场，监管机构则睁一只眼闭一只眼，全力维护其金融霸权地位。显然，不是每一个国家都可以像美国一样在两种情景下来回切换。因此，分析美国市场的活力与监管，更多地要从常态化运行状态下借鉴经验。

### ▌点睛之笔 董少鹏：区分市场乱象和市场主流

近期，市场人士叶飞因参与"灰色交易"导致分配不均，公开举报相关上市公司、证券机构和参与人员，使以市值管理为名的不法活动引起关注。事态将会如何发展？该如何看待依法治市整体进程和具体违法犯罪案例的关系？这不仅是社会公众的关切，也是提升证券市场整体运行质量，确保市场公平公正有序发展的必要环节。

笔者认为，第一，依法治市是永恒的主题，依法打击违法犯罪活动只有进行时、没有完成时。

虽然监管体系不断完备，监管措施和手段不断增强，但是，受利益驱动，总会有人以身试法，打擦边球，利用信息不对称，采取隐蔽手段谋取不当利益，破坏市场秩序。对此，监管层必然是发现一起查处一起，有线索必查，有查必果，并且依法公开。

近年来，监管层依法维护市场秩序，严厉打击违法违规活动，查处了一些大要案，包括长春长生案、康德新案、康美药业案、乐视网案、獐子岛案等。也查办了一些打着所谓"市值管理"名义行操纵之实的案件，如恒康医疗案。

此次私募人士举报后，证监会和相关部门随即展开立案调查，再次表明了依法从严监管的鲜明态度。坚持"零容忍"态度，严厉打击违法违规行为，只会越做越实，不会有丝毫松懈。

第二，发现并查处违法违规案件，包括一些恶性案件，不但不会影响证券市场整体形象，反而会增强投资者信心，维护证券市场整体形象。

长期以来，证券市场的部分行业领域存在法治供给不足等短板，违法违规成本较低，违法乱象频发，备受业内和社会关注。为了适应市场形势的新变化，先后出台了新《证券法》《刑法修正案（十一）》，显著提升了违法违规惩戒力度，提高了违法成本。2020年11月2日，中央全面深化改革委员会审议通过《关于依法从严打击证券违法活动的若干意见》，对依法治市、净化市场生态提出了系统性的具体要求。

补上治理短板，健全证券执法司法体制机制，加大对重大违法案件的查处惩治力度，将进一步夯实市场法治和诚信基础，推动塑造优良市场生态走深走实。法律和监管的出发点和落脚点，是维护市场公平秩序、保护市场参与者合法权益、促进市场长期健康发展。对有利于市场公平和长期健康发展的行为给予保护，反之，要依法打击和治理。如果需要完善法律和监管制度措施，就要及时完善。

从市场主体反映和市场表现来看，这些改革举措得到了市场主体和社会舆论的广泛支持，有助于形成依法办事、依法行权维权、违法必究、优胜劣汰的健康生态。

有关人员举报和"揭丑",是市场自我校正的一种表现形式。发现和曝光违法违规行为,是市场进步的重要环节。相信在深入调查后,有关案情将水落石出,违法违规者必将受到依法惩处,为市场秩序和市场生态注入正能量。

第三,绝大多数证券机构和证券从业人员都不会选择"在悬崖边跳舞"。

任何违法违规行为,都是危害市场公平秩序的毒瘤,也会危及证券机构和从业人员的长远利益。对打着各种旗号实施的造假、操纵、欺诈等行为,只要发现,都坚决依法处理。无论涉及哪个主体和哪个个人,都要依法办理。

有人铤而走险,可能会获得一时的所谓利益,但一旦被查处,将付出沉重的代价。并且事实一再证明,即使有的违法犯罪行为被掩盖一段时间,但因掩盖违法犯罪行为的同时也掩盖了风险,终有大暴露的一天。叶飞等人的经历也是一个佐证。

在我国证券市场法治化、市场化、国际化不断加深的历史进程中,所有的证券经营机构,包括大型的私募机构,都在加强内部治理,防范因自身管理问题导致风险爆发。绝大多数证券机构和证券从业人员都不选择"在悬崖边跳舞",这是一个主流。依法合规经营是市场主体行稳致远的基本保障。

笔者认为,把所谓的"潜规则"渲染为全市场的、普遍性的,是不符合实际的。同时,正视市场中存在的问题和乱象,及时发现苗头,依法查处违法违规行为,是一项持续性的工作。这与鼓励价值投资、长期投资,鼓励做大做强证券经营机构、做大做强整个证券市场,提升证券市场服务实体经济能力,是完全一致的。

今年是"十四五"规划开局之年，资本市场经历了三十多年发展和积累，正处于高质量发展的新阶段，我们要继续夯实市场基础，坚持依法治市，鼓励市场主体依法合规经营，公平竞争。同时，要加快健全证券执法司法体制机制，加大对重大违法案件的查处惩治力度，加强跨境监管执法协作，用有力的法治保障推动构建优良的市场秩序，促进证券市场与实体经济良性互动。

（证券日报网 2021 年 5 月 20 日）

**▌执法镜鉴** 康德新复合材料集团股份有限公司信息披露违法及财务造假案

2019 年 1 月，康得新复合材料集团股份有限公司（以下简称"康得新"）因无力按期兑付 15 亿元短期融资券本息，业绩真实性存疑，引起市场广泛关注和高度质疑。

经查，康德新通过虚构销售业务，虚构采购、生产、研发、产品运输费用等方式，虚增营业收入、营业成本、研发费用和销售费用，在 2015 年至 2018 年年度报告中虚增利润总额达 115 亿元。此外，康得新还存在未及时披露关联担保和未如实披露募集资金使用情况的信息披露违法行为。最终，证监会对康德新及实际控制人钟玉等 13 人作出行政处罚，对钟玉等 4 人采取终身或 10 年证券市场禁入措施，并将相关责任人员移送公安机关追究刑事责任。深交所也同步启动康德新重大违法退市程序。

**▌执法镜鉴** 獐子岛集团股份有限公司信息披露违法和财务造假案件

獐子岛集团股份有限公司（以下简称"獐子岛公司"）2018 年 1 月 31 日发布公告称，公司盘点时发现部分海域的底播虾夷扇贝存货异常，可能导致 2017 年度巨额亏损，引起市场高度关注和广泛质疑。证监会迅速组织力量予以查办。

经查，在 2014 年、2015 年已连续两年亏损的情况下，獐子岛公司利用海底库存及采捕情况难发现、难调查、难核实的特点，不以实际采捕海域为依据进行成本结转，导致财务报告严重失真。2016 年通过少记录成本、营业外支出的方法将利润由亏损披露为盈利；2017 年，将以前年度已采捕海域列入核销海域或减值海域，夸大亏损幅度。违法情节特别严重，严重扰乱证券市场秩序，严重损害投资者利益，社会影响极其恶劣。

对该案的执法查证，是对证监会科技执法能力的一次实战检验。该案涉及对深海养殖水产品底播、捕捞、运输和销售记录的全过程追溯，调查难度极大。证监会充分依托科技执法手段，借助卫星定位数据，对相关数据进行深入分析挖掘，最终认定獐子岛公司违法事实。


## 四、提供优化资源配置的机制、途径和手段


发展股市的目的，是遵循市场规律、用市场化的办法优化资源配置，提高全要素生产率，促进实体经济高质量发展。股票上市是依托上市公司有效治理、持续健康运营，主流投资者对上市公司价值作出独立判断而开展的资本定价和流通活动。

二级市场投资者在股票价格波动中获取差价收益，其底层支撑仍是上市公司的价值创造能力。股票价格波动越是贴近上市公司基本面的波动，市场的价值发现功能越有效，市场的稳定性就越强。

基于上述逻辑，股市是否具备市场化的发行、上市、交易、并购、

退市等机制，是其是否具备竞争力、吸引力的基础。让企业更自由地"按需上市"，就要建立更加多元的上市标准，建立多层次的市场板块体系，而不能像独木桥一样拥挤不堪。从建立主板市场，根据市场需要不断完善发行上市规则，到设立中小企业板、创业板、新三板，设立北交所，我们不断摸索，根据不同企业的融资和发展需要，逐步搭建起了多层次、多元化、多渠道的市场板块体系。

2019年7月22日，上海证券交易所科创板开市并实施注册制。这使得更多科技创新类企业特别是硬科技企业，有了合适的融资场所。这一增量改革板块以竞争力为导向，允许盈利水平不高甚至亏损的企业、股权结构特殊的企业、红筹企业上市。

2021年11月15日，在全国中小企业股份转让系统（即"新三板市场"）改革基础上，北京证券交易所开市。这为中小企业在规范的交易所市场上市融资开辟了新路，并且，北交所作为新三板的"头部"板块，将引领中小企业的"长尾部分"开展竞争，优化资源配置。

完善市场层次体系，解决的是企业融资的渠道和平台问题。但是，对拟上市企业如何审核、审核什么，中介机构如何把关，证监会、交易所如何发挥监管之责，是更具挑战性的制度安排。客观来讲，企业在争取上市的过程中，都愿意把自己打扮得美美的，总是尽最大可能消除缺点；中介机构为了谋取更大利益，最大限度收取服务费，也存在过度包装的动机。针对这种下意识的掩盖问题的冲动，应当加强公众监督和舆论监督的力度。

从贯彻"三公"原则的角度来说，应当把一个真实的上市公司介绍给投资者，这就要求发行人、中介机构必须讲缺点。多年来，监管层在这方面作了很多引导工作，持续加强了信息披露制度建设。相当一部分优质的保荐机构也做到了讲缺点、讲风险。但也还有很多保荐机构没有做到这一点。

阳光是最好的防腐剂。对不认真讲缺点和风险的发行人和中介机构，一靠严格监管，二靠群众监督。监管规则必须严厉起来。对掩盖严重问题的上市公司以及中介机构给予严惩。凡是作出预披露和正式披露的拟上市公司，都要接受公众监督。允许媒体（包括机构媒体和自媒体）公开爆料。要让上市企业和中介机构习惯于在压力下发行上市，促使外部压力变为内在动力。

还要在信息披露条款、细目方面进一步细化，加强针对性，增强时效性，强化管用性。要进一步完善通用信息披露规范的条款、细目，也要强化专项信息披露规范的条款、细目。既要重视"公共课"项目，也要强化"选修课"项目。要针对不同行业、不同领域编制信息披露目录。

在相关规范条款、细目不够完善的条件下，应以交易所即时性通知的方式提出披露要求，做到应披露尽披露。要鼓励机构投资者和普通投资者向上市公司发起投资问询，并作出督促、惩戒等监管措施安排。

从实践来看，发行注册制作为一种市场化选择企业、市场化资本定价、市场化监督的机制，是实现资产估值和风险释放的最佳制度安排。以信息披露为核心的注册制改革解决的不单是发行定价和上市定价问题，还包括持续监管、执法惩戒、并购重组、退市出清等问题。在信息透明、公平博弈、流通有序、监督有效的整套市场机制下，让好的企业、好的品牌、好的技术、好的产品和服务获得相应的定价红利，得到持续发展。这就是最有效的优化资源配置的机制。从途径和手段来说，还应当加强社会信用惩戒机制、司法惩戒机制的功能，让这些机制长出牙齿，发挥效力。

## 五、推动建立现代企业制度，促进并购市场优化发展

股市的资产定价机制、资源配置功能、股权约束机制，都与现代企业制度紧密关联。换言之，只有符合现代企业制度要求的企业才能够成为上市公司，才能够适应股市瞬息万变的波动，才能够成为投资者选择的对象。

对于现代企业制度，有一些基本的描述，包括产权制度、组织制度、经营管理制度、经营权与所有权分离等。中国特色的现代企业制度，在党的十四届三中全会上概括为"产权清晰、权责明确、政企分开、管理科学"。1999 年 9 月举行的十五届四中全会重申了这个描述。党的十八大后，对国有企业现代企业制度提出了时代要求，即明确提出将党的领导与公司治理有机统一。通过完善制度，在公司治理体系中落实党的领导，是国有企业深化改革的重要步骤。

在此基础上，现代企业制度的治理可概括为，有健全公司治理结构和内控体系、风险管理体系。由于企业都有利润诉求和社会形象诉求，当它们成为上市公司之后，在市场的压力之下，也都有美化业绩、抵触披露负面消息的内生动力。那么，上市公司的信息披露状况和公司真实情况之间必然存在反差，这就需要更有力的外部监督体系，包括监管部门的行政监管、专业服务机构的监督、投资者和其他公众力量的监督。

上市公司建立现代企业制度，根本目的不是为了接受谁的检查，而是为了控制经营风险，守住运营底线，在此基础上更好地抓住机会，在竞争中赢得先机。我国《公司法》《证券法》按照现代企业制度的一般规律和市场要求，对上市公司规范运行制定了一系列约束性规则。笔者认为，股东大会、董事会、监事会、经理层等组织机构设置作为基本框

架，并非决定竞争力的关键，更关键的是用人。把人用准了，才能切实提升生产、销售、财务、研发、质检、人员组织等管理事项。上市公司内部的风险控制、决策机制、应对重大事变的机制是托底的。对董事会、经理层、全体员工的有效激励机制则是推动公司在市场竞争中积极进取的动力。两个方面是相辅相成的，统一于董事会、经营管理层的日常治理。

在股市当中，上市公司的治理主要通过有效的信息披露来体现，信息披露是行政监管、市场监督、公众监督的基础。上市公司信息公开的聚焦点，不应是其公司治理制度本身，不应看其章程、文件是否写得漂亮，而是要看董事会、经营管理层如何决策，经营绩效如何，遇到风险挑战之后如何应对，内部对潜在风险的评估和外部评估之间有什么差距。相对来讲，一个治理完善、经营风格稳健的上市公司，在抓市场机会和管理风险之间可以找到平衡点，能够交出让投资者满意的答卷。所以，药好不好，关键看疗效。上市公司的信息披露报告、业绩说明会、情况说明会如果只讲成绩，回避困难和风险，投资者就应该警惕。

在现代企业制度下，企业的会计风险、信息风险等经过了制度和市场的过滤，并购重组的各方可以在信息相对对称的基础上开展交易活动。

我国上市公司分为大型头部企业、自然垄断型企业和一般竞争性企业。在一般竞争性企业中，很多企业需要壮大发展，也有很多企业面临被他人并购重组。这是我们这个新兴加转轨市场特有的现象。要营造公平公正的并购市场环境，鼓励优势企业通过兼并重组延伸产业链、供应链、创新链和价值链，同时发挥行业引领作用。

市场中的资金、土地、劳动力、技术、数据等都是流动的，它们的流动既是机会，也是风险。机会与风险也可以相互转化。优质上市公司由于人才聚集，管理有效，能够较好地平衡市场争夺和风险防控的矛盾，不断提升公司价值，巩固市场地位，就可以兼并相对弱势的企业。相对弱势企业如果还有继续运行的价值，那么出路有两个：一是自身完善治理，剥离不良资产，独立走下去；二是被兼并重组，搭上大船发展。

兼并重组既是实现优胜劣汰的渠道，也是促进新兴企业崛起的压力和动力。因此，进一步完善兼并重组市场，畅通资产配置和企业重组的通道和机制，是我国股市制度建设的一项重要内容。

市场是有规律可循的，上市公司重组的需求旺盛起来，就必须拿出相关措施。2005 年 10 月，在中国股市成立 15 年之际，国务院批转证监会《关于提高上市公司质量的意见》；2006 年 12 月，国务院办公厅批转国资委《关于推进国有资本调整和国有企业重组的指导意见》。出台这两个文件的目的，都是为了提高上市公司质量，鼓励上市公司开展市场化的并购重组。从 2007 年起，上市公司并购重组和企业整体上市步伐加快，国有企业成为并购重组活动的重要力量。

并购重组已成为优质上市公司做大做强的重要渠道，也成为经营不善公司退出的重要方式。特别是，一些上市公司借助资本市场特有的再融资、股份互换等机制和方式，实现了跨越式发展。2014 年，我国上市公司并购重组金额为 1.45 万亿元，2015 年至 2019 年，年均并购重组金额超过 2 万亿元，2020 年为 1.66 万亿元，2021 年为 1.78 万亿元，稳居全球并购市场前列。

目前，破产重整已成 A 股上市公司风险出清主通道之一。统计显示，截至 2022 年 3 月 31 日，A 股涉及破产重整的公司共有 114 家，其中大部分由上市公司启动破产重整，还有一部分由上市公司控股股东启动破产重整。

典型案例如海航集团。2021 年 1 月 29 日晚，＊ST 海航、＊ST 基础和＊ST 大集同时发布了《关于控股股东、重要股东被申请重整》的公告，宣布海航集团启动破产重整。2021 年 2 月 10 日，海航集团破产重整申请被法院裁定受理，依法进入破产重整程序。2021 年 10 月 23 日，海航集团及相关企业破产重整案各重整计划（草案）均获表决通过。根据重整方案，航空主业、机场板块、供销大集三大板块主体（分别对应＊ST 海航、＊ST 基础和＊ST 大集）单独招募战投重整，海航集团等 321 家企业合并重整。重整完成后，海航集团将拆分为航空板块、机场板块、金融板块、商业及其他板块独立运营，由新的实控人股东带领前行。

又如半导体巨头紫光集团。2021 年 7 月 10 日，紫光集团旗下的紫光股份、紫光国微、学大教育披露，公司间接股东紫光集团被债权人申请重整。6 天后，北京一中院裁定受理相关债权人对紫光集团的重整申请，并指定紫光集团有限公司清算组担任紫光集团管理人。据重整方案，以 2021 年 6 月 30 日为评估基准日，紫光集团等 7 家重整企业经审核与调查的负债超过 1500 亿元。

再如因财务造假重整的康美药业。2021 年 11 月 26 日，法院批准了＊ST 康美的重整计划。根据方案，公司资本公积金转增共计 88.89 亿股，其中 12.66 亿股用于解决资金占用问题；11.13 亿股向中小股东进行分配；28.79 亿股由重整投资人有条件受让，重整投资人作为受让股票条件之一所支付的现金对价，专项用于根据重整计划支付重整费用、清偿债务、补充公司流动资金；36.31 亿股将通过以股抵债的形式用于清偿公司债务。

2021 年 12 月，"白衣骑士"广东神农氏企业管理合伙企业与 4 家财务投资人已合计支付 65 亿元，获得＊ST 康美 41.45 亿股的转增股票，前者获 35.09 亿股的转增股票，占总股本的 25.3%。2021 年 12 月 29 日，广东省揭阳市中级人民法院裁定：*ST 康美破产重整计划执行完毕，终结重整程序。至此，*ST 康美破产重整如期实现重整目标结案。

重整是甩掉包袱、重获新生的通道，但并非资产差、有包袱的上市公司都可以如愿以偿。2021 年，有 4 家上市公司的重整申请未被法院受理，即 *ST 腾邦、*ST 猛狮、*ST 金刚、*ST 华讯。2020 年重整申请未被法院受理的龙力生物，已于 2020 年 6 月退市。

上市公司是否具备重整条件，需要进行市场化评估、认定。如果主业没有前途、核心团队流失、存在财务黑洞，就应该淘汰。如果上市公司大股东及其关联方存在违规担保问题，且没有可行的解决方案，也很难进入破产重整程序。如华讯方舟（*ST 华讯），其于 2021 年 7 月 29 日公司进行预重整。当年 10 月 24 日，法院裁定不受理华讯方舟债权人向法院提出的重整申请，预重整程序应同步终结。理由是：*ST 华讯出现违规担保事项后，经历了较长时间均未能就违规担保事项提出切实可行并获证监会认可的方案，该事项在预重整过程中也未能得到切实解决。

我国的上市公司退市制度，经过多轮改革完善，总体上可以覆盖各种类型的应退市公司，一类是不符合持续经营财务标准的公司，一类是不符合市场交易标准的公司，还有一类是存在重大违法行为、严重破坏市场秩序的公司。比如长生生物（全称"长生生物科技股份有限公司"），就是因重大违法行为被摘牌的典型公司。2019 年 11 月 27 日，被深交所摘牌。2018 年 7 月 15 日，长生生物"问题疫苗"事件曝光。国家药监局查明，从 2014 年 4 月起，该公司在生产狂犬病疫苗过程中，严重违反药品生产质量管理规范和国家药品标准的有关规定，其有的批次混入过期原液、不如实填写日期和批号、部分批次向后标示生产日期。随即，该公司退市问题提上日程。2018 年 7 月 27 日，证监会发布《关于修改〈关于改革完善并严格实施上市公司退市制度的若干意见〉的决定》，将危害国家安全、公共安全、生态安全、生产安全和公众健康安全等领域的重大违法行为纳入强制退市中来。2018 年 11 月 16 日，深交所启动对长生生物重大违法退市程序。2019 年 10 月 8 日，深交所决定长生生物终止上市；11 月 27 日正式对长生退摘牌。并购重组和退市处理都是优胜劣汰的途径，要并行不悖。

## 六、实现金融供给多元化，有效化解金融风险

市场化的本质是公平竞争和充分博弈。我国股市建立三十多年来，一个重要经验就是要不断激发释放市场主体的活力。虽然不少人批评中国股市缺少很多"自由"，但假设没有股市，从社会化融资到资产重组，很多事是做不成的。股市天生具有市场化的活力，即使制度不够健全，它也只能寻着市场化方向往前走，没有退路。

当然，相对而言，我国金融机构的竞争还不够充分，活力还没有完全释放出来。要完善法律和制度，进一步探索金融供给多元化实现方式，鼓励金融机构有序充分竞争，是释放金融资本活力的必然趋势。

要构建并运用多元化的金融机构、多元化的金融工具、多样化的运作方式、多渠道的资金供给，形成互相竞争、互相制约又互相协调的金融供给网络体系，促进资本价格形成、流转通道畅通、价值取向积极三者统一，促进资本流转带动全要素优化配置。比如贷款市场，可以通过设立不同梯次的银行类金融机构，满足大中小各类型企业的贷款需求，实现风险管理和绩效管理相互匹配。2017 年全国金融工作会议召开之

后，针对中小微企业融资难、融资贵的问题，银行体系开展了一系列制度创新，完善了相关机制。不仅鼓励城市商业银行、区域性银行等为中小微企业提供贷款，国有大型银行也必须提供一定比例的中小微企业贷款，设立专门的部门。

大河有水小河满，大河无水小河干。对中小微企业提供贷款服务，业务分散，单笔业务利润有限，属于"费力不讨好"型业务。相对服务大企业或企业集团，服务中小微企业需要金融机构付出更大成本。做好中小微企业金融服务的意义十分重大。

首先是公平问题。不是每一个中小微企业都能长大和持续发展，但在它们成长周期内能否获得融资支持，却是金融体系公平与否的大问题。中小微企业特别是小微企业，在其生命周期内公平地获得金融支持，是社会主义市场经济的本质要求。它们感受到、享受到公平，就能最大程度地促进全社会公平力量的凝聚，有利于社会心态稳定和创业活力勃发。所以，金融为中小微企业服务，与支持大型企业长远稳定发展是相辅相成的。

其次是生态持久问题。应该说，大部分中小微企业从事的业务，都是大型企业的"长尾业务"。大型企业带动中小微企业发展，这是一个基本逻辑。现实中，如果金融等公共资源分配不均衡，就可能造成资源过度集中于大型头部企业，大型企业凭借资源优势、垄断地位压榨中小微企业的情况。当然，也有相反的情况，一些小微企业通过不法手段依附大企业、分食大型企业资源，滋生大企业腐败。如果金融服务实现均等化、分层化，能够覆盖到中小微企业，那么，产业链条的上下游之间、大企业与中小微企业之间，通过不法手段牟取资源分配的情况就会大大减少。

资本市场具有"嫌贫爱富"的弊端，对此要有深刻认识。目前我国股市除了主板市场，还设立了服务硬科技企业的科创板、服务创新型企业的创业板、服务中小企业的北交所。这些举措正在发挥积极效果。

其中，新三板市场和北交所的"长尾式"制度安排，即在整个新三板市场内，北交所是"龙头"，创新层、基础层是基础，可以看作长尾部分。如果进一步拓展，那些准备进入新三板基础层的企业，也可以算作长尾的组成部分。这一创新性制度安排，符合中国中小微企业众多的实际，体现了层层递进、环环相扣的市场逻辑。具备条件的中小企业可以一步步走向头部，头部企业可以吸收合并"长尾"区域的主体。

大多数小微企业不能进入交易所市场，只能在交易所市场之外参与资本活动。所以，除了新三板体系的创新层、基础层，还需要一个更基础的市场层次，即区域性的地方股权交易市场。地方股权交易市场不是一国股市的风向标，但却是重要的底层基础，也要在其市场框架下加强规范，取得风险与绩效的平衡。不能因地方股权交易市场规模小、管理分散、信息披露要求较低，而忽略风险防控。

股市服务中小微企业的方式，是系统性的，不应仅仅理解为上市、挂牌交易，要加强全链条服务意识，丰富服务中小微企业的资本工具。要建立和完善证券投资基金、风险投资基金、创业基金参与中小微企业投资的制度。

公募基金是"头部"的机构投资者，具有行业引领功能，要不断完善公募基金公司的治理机制，强化长期激励约束机制，完善长期考核制度。鼓励公募基金开展差异化竞争，既在行业研究、价值发现、管理机制、市场塑造等方面发挥引领者作用，也要根据不同行业、不同类型和发展阶段的企业，建立差异化的投资模式。

公募基金及其管理的产品也要拉开档次、注重差异、打造特色。支持优质公募基金公司开展集团化运营，鼓励其设立服务中小微企业创业创新发展的创业基金、风险基金。同时，对规范运作的私募基金采取同样的支持政策。可以说，各种类型的投资机构既要发现和培育上市公司和挂牌公司，也要发现和挖掘种子公司；而后者很多来自小微企业，发生"选择失败"的概率很高。所以，从金融基础制度上补足短板，强化公平机制，对中小微企业提供相对完善的金融服务，既是社会公平公正的体现，也是对上述从事风险投资的机构的制度化支持。

在金融生态进一步优化的基础上，有效化解金融风险，还要加强市场的科技能力建设。目前，中央监管信息平台中央数据库、大数据平台、统一数据采集与交换系统、统计监测系统、风险监测系统等已经建成。截至 2020 年 6 月，已先后完成 40 余个监管业务信息系统建设，支撑宏观监管和各业务监管系统建设，初步实现了跨部门监管业务的全流程运转，初步满足了监管部门事前、事中、事后监管需要，有效提升了监管效能。下一步，还将建设运转高效的监管大数据平台，综合运用电子预警、统计分析、数据挖掘等技术，对资本市场主体业务活动进行实时监控和历史分析调查，辅助监管人员及时发现涉嫌内幕交易、市场操纵等违法违规行为，通过科技手段有效防范和化解市场风险。

我国资本市场经过不断深化改革，基础制度更加完善，市场主体约束明显增强，投资者保护功能更加健全。吸引更大规模的民间资金参与股市投资，进一步扩大直接融资在总融资规模中的比重，已到时候。更多储蓄资金转化为直接投资，既可以提高市场效率，也可以降低商业银行体系的运营风险。而这种转化也将提升市场化资本的实力，为实体经济转型发展提供"对手盘"，是经济高质量发展的必由之路。

我国是一个储蓄率相对较高的经济体，大力发展直接融资市场，显著提升金融体系的适配性、包容性，可以达到稳定宏观杠杆率，防范化解金融风险的目的。促进居民储蓄向投资转化，必须尊重市场逻辑，要靠优化的市场环境吸引投资者，而不是像过去一个时期那样搞"存款大搬家"。就是说，新阶段的"储蓄转化为投资"要靠制度保障。要进一步壮大专业资产管理机构的力量，大力发展权益类基金产品，让普通居民选择"委托机构"的天地更宽。

推动储蓄转为投资，并不是要鼓励每个储户都成为股民，而是通过多种方式、多种渠道、多种产品和服务，为个体投资者提供转化平台。要从供需两端深化改革、完善机制。一是在现有多层次市场体系基础上，为不同类型、不同发展阶段企业差异化融资需求提供更精细、精准服务，强化市场服务功能。二是在投资产品、投资服务机构市场化、精细化方面着力，让普通投资者有更多元化的选择，能够把专业服务机构当作可托付、可监督的主体。三是加大对信息披露主体的监管，用市场化、法治化的"信息对称"促进投资者与专业服务机构、上市公司之间的相互信任。

要加大政策倾斜和引导力度，稳步增加长期业绩导向的机构投资者，通过这样的机构投资者承接储蓄转化来的投资。要完善有利于扩大直接融资、鼓励长期投资的会计、审计、财税等基础制度和关键政策，实施梯度税率措施。要进一步拓宽境外投资者进入股票、债券市场的渠道，增强外资参与便利度，以开放促改革。完善对个人投资者长线投资的鼓励政策。

**▌点睛之笔** 董少鹏："金融反腐"与"金融稳定"为何要齐头并进？

2021 年 8 月 17 日，习近平总书记主持召开中央财经委第十次会议，主题是研究部署扎实促进共同富裕，研究部署防范化解重大金融风险、做好金融稳定发展工作。会议提出的"一体推进惩治金融腐败和防控金融风险"，具有重大指导意义。

　　金融稳定是共同富裕历史进程和奋斗目标的题中应有之义。如果金融大局不稳定，经济高质量发展、区域协调、居民分配、公共服务均等化等都会受到制约；反过来，经济高质量发展基础上的共同富裕，也要求金融高质量发展、保持动态均衡稳定。

　　这次会议把金融稳定作为重要内容来研究和部署，表明党中央对金融体系高质量发展高度重视，也说明金融稳定的任务还很重。金融是经济的血脉，牵一发而动全身。在金融和实体经济互动关系方面，我们既有成功经验，也有深刻教训，必须下力气抓好金融稳定和改革工作。

　　进入"十四五"时期，我国的金融安全形势仍然十分复杂，既面临全球经济增长动力不足，动荡源和风险点增加的因素；也面临单边主义、逆全球化思潮导致大国博弈加剧，在很大程度上扰动全球金融市场的因素。特别是新冠肺炎疫情暴发后，一些国家大幅度"放水"，其长期负面影响将逐步显现。全球金融市场还面临其他一些传统和非传统风险的威胁。就国内而言，在推进经济高质量发展进程中，面临着人口老龄化、经济杠杆率较高、科技创新能力亟待加强、资源环境约束增大等重大挑战。金融业的市场结构、运营理念和服务竞争方式等都与经济高质量发展的要求存在不小差距。同时，不断迭代的科技创新对金融业态带来巨大影响，金融体系长期积累的风险隐患并未彻底消除。金融监管法治、监管制度、风险化解体系也都存在短板。因此，推进经济高质量发展，促进共同富裕，就必须筑牢金融稳定的根基，在安全稳定的基础上促进公平竞争、有序创新、效率提升。

　　要增强政治意识，以实现高质量发展、构建新发展格局、促进共同富裕的全局视野，着力补齐制度短板、强化立体监管、保障和促进金融安全稳定。金融服务体系不仅是工具和平台，而且是关系到经济高质量发展的系统性行业、系统性领域、系统性工程。按照此次财经委会议精神，应重点从三组"关系"着手，加强金融稳定和高质量发展工作。

一是处理好稳增长和防风险的关系。

为进一步降低疫情影响，使经济增长稳定在合理区间，为长远发展累积势能，要继续扎实做好"六稳""六保"工作。要把金融对实体经济的支持落到实处，降低实体经济的融资成本，对中小企业给予倾斜性政策支持。但同时，也必须防止违背市场规律、违背金融稳健运行基本要求的做法，避免增加新的风险源、风险点。还要对长期积累的风险深入排查，继续精准拆弹。把化解金融风险融入经济高质量发展的整体布局，用高质量发展化解系统性金融风险。要健全宏观审慎、微观审慎、行为监管三大支柱，努力做到对风险早发现、早预警、早介入、早处置。

二是处理好惩治金融腐败和防控金融风险的关系，坚持一体推进。

金融腐败非小事。在金融领域，金钱与权力深度纠缠，利益和资源相对集中，监管人员腐败风险高；同时，由于金融业务具有较强的专业性，使得其中的腐败具有极强的隐蔽性和复杂性。金融腐败具有极强的蔓延性，会向其他领域传染、扩散，并对实体经济发展和社会大局造成冲击。可以说，金融腐败是金融风险的一个重大根源。

近三年，习近平总书记在中央纪委全会上对惩治金融腐败提出要求，"紧盯事关发展全局和国家安全的重大工程、重点领域、关键岗位""要坚决查处各种风险背后的腐败问题""做好金融反腐和处置金融风险统筹衔接"。金融腐败涉及面广、危害深，是金融体系现代化和经济社会现代化的重大威胁。要坚持有线索必查、有查必果、有果必公开的原则，深入开展金融反腐斗争。要把惩治金融腐败和防范化解金融风险结合起来。通过严惩腐败，洗涤金融市场空气，增强金融市场的法治约束，强化金融从业人员依法从业、依法创新、依法竞争的理念。加强干部思想政治教育，弘扬清廉文化，锻造政治过硬、作风优良、业务精通的"监管铁军"。

三是处理好金融发展与信用体系建设的关系，强化信用约束功能。

我国金融体系积存了不少风险，既与一些市场主体无序竞争有关，与利益驱动下的腐败行为有关，也与市场基础设施特别是社会信用体系建设不完备有关。无论是个人、法人，还是其他主体，都存在信用信息采集不充分、信用约束不足的问题。这制约了信用机制在金融风险识别、监测、管理、处置等环节的功能发挥。

在"十四五"规划和2035年远景目标纲要中，已对"健全社会信用体系"作出了规划部署，包括"推广信用承诺制度""建立公共信用信息和金融信息的共享整合机制""加强信用信息安全管理，保障信用主体合法权益"等。要通过信用体系建设，促进"人无信不立""商无信不兴"金融环境、营商环境的形成，夯实实体经济、金融体系良性互动的基础，达到以"信"促"稳"的目标。

要持续推动金融市场和基础设施的互联互通，提升清算、结算、登记、托管、信息披露等各个与信用约束相关系统的专业化水平。强化基于信息共享的科技监管，加快金融业综合统计和信息标准化的立法，加快监管大数据平台建设，推动监管工作信息化、智能化的转型。通过这些工作加强金融业信用建设，发挥信用在金融运行各环节的约束作用。

（《证券日报》2021年8月19日）

# 第 三 章

# 直击中国股市改革痛点

中国股市已经成为支撑国民经济的半壁江山，上市公司的销售额已达年度 GDP 的一半左右。构建更加规范、透明、有效的股票市场，形成金融、科技、产业相互通融相互促进的发展格局，对于中国经济持续健康发展、提高全球竞争力，为投资者和产业经营者提供更好的制度支撑，具有重大意义。

在新发展阶段，要根据市场发展需要，以更开放的视野加强制度建设、完善监管和执法机制，靠制度和执法保障市场健康运行。要推进塑造稳健的市场估值体系，让股市成为价值发现的风向标。让优秀企业和机构投资者获得更好的发展空间，让竞争力不足的主体有序淘汰，使中国股市成为优胜劣汰、资源优化配置的国际化大市场。

## 一、构建与新发展阶段相适应的市场体系

党的十九届五中全会提出，全面建成小康社会、实现第一个百年奋斗目标之后，我们要乘势而上开启全面建设社会主义现代化国家新征程、向第二个百年奋斗目标进军，这标志着我国进入了一个新发展

阶段。

新发展阶段，是指我国经济总量和人均量达到历史性、节点性平台后，应当推进更具创新、包容、均衡发展模式的历史阶段。要完整、准确、全面贯彻落实新发展理念，从发展的目的、动力、方式、路径四个层面加深认识理解，从根本宗旨、问题导向、忧患意识三个层面来把握新发展理念。

从经济层面来看，新发展阶段至少有三个突出特征：一是内涵式质量型发展更加突出——经济增长从规模扩张型转向规模扩张和质量提升并重型；二是创新驱动发展更加突出——由高投入低产出型转向适当投入适当产出型；三是环境友好型发展更加突出——减少污染排放和能源消耗，经济发展与自然发展的关系更友好。

党的十八大以来，我国三次产业结构持续优化，第三产业增加值占GDP的比重不断提高，2020年达到54.5%；"三驾马车"动力转换加快，外贸依存度已经由历史高峰时的60%以上下降到2019年的32%，内需的贡献率已经有7个年头超过100%；经济效益不断提升，2020年年底比2012年年初每万元GDP的能耗累计降低了24.4%；科技创新战果频频，高技术制造业占比从2012年的9.4%提高到2020年的15.1%。在区域协调发展方面也取得重大进展，京津冀、长江经济带、粤港澳大湾区、长三角、黄河流域等高质量发展战略纵横联动，西部大开发、东北全面振兴、中部地区崛起、东部率先发展协调推进。对外开放力度显著加大，全面施行《外商投资法》及其实施条例，连续4年缩减外资准入负面清单，放宽金融、汽车等多领域的市场准入，加大知识产权保护力度，营商环境持续优化。我国主动性开放措施更加有力，"一带一路"建设日新月异，"进博会"等一系列中国品牌的全球性经贸平台受到广泛欢迎。我国参与国际经济金融治理的途径进一步拓宽、方式更加丰富，对国际规则制定和国际秩序塑造的能力显著提升。

党的十九大以来，中央关于新发展阶段的一系列方针、政策、措施的表述引人瞩目：实施好关键核心技术攻关工程，培育更加活跃、更有创造力的市场主体，扩大中等收入群体，解决好大城市住房突出问题，在 2030 年前实现碳达峰、2060 年前实现碳中和。新发展阶段不是凭空来的，是中国经济社会发展到一定历史阶段必然要走的路，也是全球竞争态势驱动的必然结果。

中国股市要主动适应，紧扣大局，主动有为。股市的制度设计、监管导向、市场激励、价值判断，要立足构建以国内大循环为主体、国内国际双循环相互促进的新发展格局，聚焦科技创新突破、区域和产业协调、绿色低碳发展、经济金融安全，全面优化升级产业结构，形成更高效率和更高质量的投入产出关系，实现高水平的自立自强、高水平的动态平衡。

股市各项政策要引领经济高质量发展方向，各项制度要服务高质量发展要求，要创新机制、措施、通道、流程，推动打造一批又一批高质量发展的上市公司群体。上市公司应当具有行业地位领先、资源能源利用高效、有持续创新能力、产业链供应链稳定安全、有利于改善民生等优势。应当从发行、上市、持续监管等各方面落实这些基本要求。具体来说，已上市公司要遵循资源优化配置原则，主动推进优胜劣汰，主动加大研发投入，主动开展科技创新、业态创新、模式创新。传统企业要在管理创新、模式创新上着力，注入新的科技含量，提高现代管理水平，提升全要素生产率。不具备持续竞争力的企业，要通过政策资产置换、重组等方式并提高资产质量。不符合持续上市条件的公司要依法退市。要完善发行注册制度体系，鼓励各类型、各种规模的，具有行业引领作用和创新能力的企业上市。要进一步完善支持中小微企业债券、股权融资的途径，支持风险投资向中小微企业加大投入。

我国股市已经构建起分层次的上市标准，为不同规模、不同发展阶段、不同股权结构的企业上市提供便利渠道。主板市场主要服务于国民经济中的支柱企业、行业龙头企业、资产规模和经营规模较大的企业；科创板主要服务于符合国家战略、突破关键核心技术、市场认可度高的科技创新企业，即"硬科技"企业；创业板主要服务于成长型创新创业企业。北交所和新三板市场主要服务于创新型、创业型、成长型中小微企业，其中，北交所定位为服务创新型中小企业的主阵地。区域股权交易市场主要服务于区域内中小微企业私募股权交易。企业无论在哪个层次的市场上市或挂牌，关键都是信息透明、治理规范、依法监管、优胜劣汰。要让那些没有竞争力的企业、靠弄虚作假占有大量市场资源的企业退出市场。

要下大力气提升证券公司、基金公司等专业机构的运行质量，加强公司治理和信用管理，加强公平竞争监管。强化市场主体信用管理，在我国股市具有极其重要的现实意义。证券公司、基金公司等在提供专业服务、开展投资活动时是否坚持信用原则，在市场博弈中是否坚持信用原则，应当接受社会公众监督。大型机构投资者是否坚持价值投资、长期投资、理性投资，也应当接受社会公众监督。如果没有这样的信用监督机制，投资领域不能树立起"崇德向善"的风气，我们就不可能建立起长期稳定的股市。

长期以来，中国的蓝筹股整体估值不高。特别是大型商业银行、航空公司、石油石化公司、铁路公路公司、电信公司、管道公司等，相对同类跨国公司，估值总体偏低。不仅如此，一些蓝筹股在上市时估值过高，随后便逐级下落，形成负面市场效果。比如，2007 年中国石油发行价 16.7 元 / 股，上市初期最高炒到了 48 元 / 股，之后一路下跌。

2021 年中国电信 A 股发行价 4.53 元 / 股，仅在上市初期略高于发行价，随后一路下跌。机构投资者究竟在其中扮演了什么角色，值得认真研究和反思。机构投资者是发行定价的主导者，并且有条件深入调研，应当承担起引领理性定价的责任。2001 年以来，笔者反复呼吁，应当对机构投资者参与 IPO 询价、定价进行信用考评和监督。如果大型机构投资者都不能够坚持价值投资理念，那么，我国股市长期稳定发展就不可能有希望。应当要让所有的市场参与者知道：是谁造成了中国石油上市后暴涨、之后一路下跌的局面。对发行定价的非理性问题，不能继续睁一只眼闭一只眼。

专业服务机构，特别是证券公司、基金公司，还承担着投资者和投资产品之间的桥梁作用，它们应当把股票、基金等证券产品的特性、可能存在的风险告诉投资者，即"把真实的产品介绍给投资者"。虽然专业服务机构都会写一个标准化的产品说明书，但很多时候投资者做不到深入阅读和分析，更多的是依赖销售和顾问人员的介绍。专业服务机构为了追求高利润，多讲证券产品的好处，少讲甚至不讲可能存在的风险，这必然导致投资者短期期待过高、持有风险后延的后果。风险是客观存在的，多一分冷静就可以化解一分风险。

为了强化专业服务机构的"执业约束"，通过它们向普通投资者传导理性投资意识，引导全市场理性投资，有必要完善信用管理机制，加强对专业服务机构的执业约束。根据中国股市的实际情况，可以要求专业服务机构报备如下材料：（1）参与 IPO 询价的决策报告，须列明其估值依据、估值周期和风险考虑；（2）重点股票的持仓规模和持仓期限，买入和卖出的决策报告，须列明其估值依据、估值周期和风险考虑。可以根据其 IPO 报价、持股期限、交易价格、交易规模等，评估其投资的理性级别，并向社会进行公告。可立法规定由相关评级机构开展此项业务，也可新设专门评估机构开展此项业务。

股票市场的估值水平和价值导向是全社会价值导向的一部分，也是在全社会处理好三次分配关系的重要内容。因此，要进一步完善相关监管制度、社会评价制度，尽快形成稳定股市价值中枢的整套机制，增强普通居民对资本市场的信任度。同时，通过公募基金、私募基金等途径，让普通居民公平地参与市场，分享经济高质量发展的红利。

## 点睛之笔 董少鹏："共同富裕"要努力让 14 亿人"共同满意"

近段时间，关于什么是共同富裕、如何实现共同富裕的讨论比较多。其中也存在一些误读和曲解。

"富裕"二字很容易理解，少有争议。而人们对"共同"二字的理解就五花八门了，有人认为是同时间、同步调、同标准，有人认为是每个人的收入水平、财富水平都差不多，也有人认为是平均化分配社会财富。显然，这是把"共同"二字简单化为一个字"同"了，是不准确的。共同富裕，是指人们在意愿上、程序上、法治上、结果上都做到相互兼顾、整体考虑，一起推进经济包容发展和社会公平分配。

共同富裕这个命题，并不是首次提出，而是人类社会长期的追求。在不同历史时期，共同富裕的内涵也不同。站在当前历史坐标轴上，我国社会主义条件下的共同富裕，是指初次分配、再分配、三次分配基础性制度更加协调，推进形成中间大、两头小的橄榄型分配结构，促进社会公平正义，促进人的全面发展。要实现这个目标，必须同时遵循社会发展规律和经济发展规律。

所谓社会发展规律主要是指，生产关系一定要适应生产力的发展。当社会财富分配出现严重失衡时，即分配不能适应社会成员的现实需要时，社会各阶层之间的相互信任就会严重受损，合作共识减弱。无论历史上还是现实中，都有正反两方面的例证。近年来，受经济下行压力持续加大和疫情不断蔓延的影响，不仅一些发展中国家社会矛盾凸显，一些传统的发达国家也在就业、社保等方面出现危机，族群政治权利和经济权利不平衡问题导致了更多社会纷争。这凸显了共同富裕制度建设的迫切性。

所谓经济发展规律主要是指，必须适应市场发展方向，处理好各经济部类之间的平衡关系，保持投资、生产、流通、消费等各主要环节的畅通循环。同时，要特别注重减少人类生活生产对自然环境的影响，努力实现更清洁、更低碳的经济发展模式。经济可持续发展依赖于科技创新、经营管理创新、生产效率不断提高。社会分配制度的价值取向不能偏离这样的基本原则。因此，推进共同富裕，应当与激励创新、鼓励多劳多得、兼顾按劳分配和按各种要素投入分配相互统一起来。没有经济高质量发展的成果，共同富裕就是无本之木、无源之水。

共同富裕作为一个社会分配概念，兼具促进社会发展平衡和经济发展平衡的双重功能。在经济发展的进程中，不能漏掉相对弱者的基本福祉，要让分配更加公平，让普通劳动者获得的分配份额更多一点。必须强调的是，提高低收入群体收入、扩大中等收入群体比重、合理调节高收入，都必须依法进行。

"共同富裕"的制度建设应努力达到"共同满意"的效果。要通过社会协商的方式，增进对共同富裕社会制度的共识，讲清楚共同富裕的原则、实现路径以及可能遇到的困难。共同富裕不可能一蹴而就，但也绝不能无所作为。急了，可能会把好事办坏；不作为，对社会失衡问题听之任之，可能会带来更多更大的问题。

完善三次分配制度，加强社会舆论引导，加强法治保障，是稳步推进共同富裕进程的正确方向。要在一次分配环节，适度加大对普通劳动者的薪酬分配，根据不同行业的特点适度调减对资本的分配；在二次分配环节，要加大税后、社保、转移支付等环节的调节力度，同时要形成稳定预期，防止预期焦虑；加强三次分配制度建设，鼓励富有人群自愿捐赠，丰富捐赠渠道和方式，建立和完善荣誉授予、税收减免、包容激励政策的匹配度。

从经济学和社会运行机制两方面来看，社会财富的积累不可能单靠富人群体的努力来实现，也不可能单靠普通劳动者的努力来实现，而一定是各个阶层的人们"合成作用"的结果。但从社会现实来看，每个人对生产要素的掌握和占有能力存在差异。一个公平的社会，应当对普通劳动者的收入水平给予更多关注，要增加这些社会成员的获得感。这有利于激励他们参与社会创造，促进社会稳定和经济平衡发展。

习近平总书记指出，"我们要实现14亿人共同富裕，必须脚踏实地、久久为功，不是所有人都同时富裕，也不是所有地区同时达到一个富裕水准，不同人群不仅实现富裕的程度有高有低，时间上也会有先有后，不同地区富裕程度还会存在一定差异，不可能齐头并进。这是一个在动态中向前发展的过程，要持续推动，不断取得成效"。这深刻指明了实现共同富裕的长期性、艰巨性、复杂性，也提供了务实的方法论。

实现共同富裕，要努力推进全社会收入分配格局向理性、向善、科学的方向调整，营造更加公平、可持续、良性的社会分配生态。在此过程中，要准确把握工作方式方法，坚持依法推进，也要警惕一些人在舆论上围绕共同富裕制造恐慌。

（《中国青年报》2021年10月27日）

**▌点睛之笔** **董少鹏：打造全球资源要素强大引力场**

"十四五"规划和2035年远景目标纲要明确提出，立足国内大循环，协同推进强大国内市场和贸易强国建设，形成全球资源要素强大引力场，促进内需和外需、进口和出口、引进外资和对外投资协调发展，加快培育参与国际合作和竞争新优势。这是我国经济高质量发展、人民过上更美好生活的需要，也是中国担当、中国作为、中国贡献的必然。

首先，中国市场成为"全球资源要素强大引力场"，意味着国内市场将实现更高水平的动态平衡，成为激励创新、扩大就业的乐土。

从人口红利来说，我国人口总量居世界第一，拥有世界最大的中等收入群体，消费力将持续增长；从产业条件来说，我国是当今世界上唯一拥有联合国产业分类当中全部工业门类的国家；从营商环境来说，中国持续深化改革、扩大开放，各类要素市场更趋成熟，法治化程度显著提升，越来越多的境外主体选择在中国投资兴业。特别是，中国长期保持政局稳定、经济发展预期稳定，是吸引境外主体的极其重要的因素，是"稳定红利"。

2021 年第一季度，我国新设立外商投资企业 10263 家，同比增长 47.8%；实际使用外资金额 3024.7 亿元，同比增长 39.9%。开局季亮丽的引资成绩单，再次印证中国市场强大引力。中国将继续在生产、分配、流通、消费等环节不断完善机制，促进资源要素顺畅流动、优胜劣汰，鼓励技术创新、模式创新、业态创新，以强劲、平衡、可持续的国内大循环吸引来自全球各地的创业者、就业者。

其次，中国市场成为"全球资源要素强大引力场"，要求国内外市场协调发展，坚持引进来和走出去并重，以高水平双向投资高效利用全球资源要素和市场空间。

中国作为人口大国、消费大国、制造业大国，自身的市场稳、产业链稳，就会对全球市场形成有力支撑。构建以国内大循环为主体、国内国际双循环相互促进的新发展格局，就要做到内外贸一体化调控监管，坚持同线同标同质。要在降低进口关税和制度性成本，扩大优质消费品、先进技术等进口的同时，不断优化出口商品质量和结构，引导和支持中资企业提高竞争力，适应市场和开拓市场，完善相关开放合作平台，保障外贸产业链供应链畅通运转。

中国是重要的外资流入国，也是重要的对外投资国。未来，我们要进一步提高吸引和利用外资的水平，也要提高对外投资能力水平，要坚持企业主体，创新境外投资方式，优化境外投资结构和布局，提升风险防范能力和收益水平。

站在国内外两个市场相互统一、相互协调的角度，中国要加大优化国内营商环境的力度，学习借鉴国际实践经验，同时也要识别国外市场风险，用系统化的思维实施调控管理。开放是有规则的开放，是确保自身安全和发展利益的开放。对于少数国家的"长臂管辖"，要依法反制。反制是为了维护公平，公平的市场更有魅力。

最后，中国市场成为"全球资源要素强大引力场"，意味着中国以高水平对外开放推动构建开放型世界经济。

吸引力既来自"利"，也来自"义"。早在 2014 年，习近平总书记就强调指出，只有义利兼顾才能义利兼得，只有义利平衡才能义利共赢。[①] 改革开放四十多年来，中国对外合作的路越走越宽，义利兼顾、义利统一是一条弥足珍贵的经验。"十四五"时期，中国在全面提高对外开放水平，推进贸易和投资自由化便利化的同时，将持续深化商品和要素流动型开放，稳步拓展规则、规制、管理、标准等制度型开放。这些措施的出发点和落脚点都是为建设开放型世界经济，让中国的发展惠

---

① 习近平：《共创中韩合作未来　同襄亚洲振兴繁荣——在韩国国立首尔大学的演讲》，《人民日报》2014 年 7 月 7 日。

及世界，让全球发展更加平衡、稳定、可持续。

当前，全球经济复苏前景存在巨大不确定性，中国将继续以更高标准、更加开放的国内市场，吸引各方合作者；以更加创新、更加包容的方式，加强协调合作、坚持互利互惠，为世界持续带来利好，共同走向繁荣昌盛。

（《解放军报》2021 年 5 月 15 日）

**▌▌点睛之笔　董少鹏：向知识产权强国迈进促进世界经济发展繁荣**

9 月 24 日，习近平总书记以视频方式在 2021 中关村论坛开幕式上致辞时指出，"将以更加开放的态度加强国际科技交流，积极参与全球创新网络，共同推进基础研究，推动科技成果转化，培育经济发展新动能，加强知识产权保护，营造一流创新生态，塑造科技向善理念，完善全球科技治理，更好增进人类福祉"。这番话向世界传递了中国积极推动国际科技合作、加强知识产权保护、促进全球经济繁荣的鲜明态度，描绘了国际科技创新和知识产权合作的愿景。

前不久，中共中央、国务院印发了《知识产权强国建设纲要（2021—2035 年）》（以下简称《纲要》），对我国新发展阶段知识产权创造、运用、保护、管理和服务全链条提升作出了规划，明确了具体任务。可以说，未来二三十年是我国经济质量显著提升的关键阶段，满足居民高品质消费需求，提升重点行业和重点领域运行的质量，保障国家经济和战略安全，必须靠科技创新和业态创新。土地、劳动力、资本、技术、数据五大要素市场，都包含着对知识产权的需求；而技术、数据这两个更具现代竞争力特征的要素，以及高知识含量的人才群体，所承载的知识产权密度更强。完善和提升知识产权全链条管理，促进知识产权主体和知识产权市场的活力迸发，是建设知识产权强国的题中应有之义。

　　尊重知识、尊重人才、尊重科学，是改革开放四十多年来一直坚持的一条重要方针。经过数十年努力，知识产权运行体系逐步健全，国际合作日益深化。随着我国经济进入高质量发展阶段，知识产权运行体系也面临新的任务，主要是：中国正在从知识产权引进大国向知识产权创造大国转变，知识产权工作正在从追求数量向提高质量转变。我国已经走在从制造大国向创新大国转变的道路上，基础装备、战略设施、工业制品、日用消费品和服务体系等的科技含量、知识含量显著提升，不少设施、产品和服务迈向了中高端，自主知识产权的占比逐步提升。

　　据 9 月 20 日世界知识产权组织发布的《2021 年全球创新指数》显示，中国在创新领域的全球排名居第 12 位，比去年提升两位；是前 30 名中唯一的中等收入经济体。中国单位 GDP 的专利数量高于日本、德国和美国，但在研究人员、高等教育入学率等指标上仍落后于德国和美国。《纲要》明确提出了未来 15 年知识产权强国建设的具体指标，到 2025 年专利密集型产业增加值占 GDP 的比重达到 13%，版权产业增加值占 GDP 达到 7.5%，知识产权使用费年进出口总额达到 3500 亿元，每万人口高价值发明专利拥有量达到 12 件。这些量化指标有助于引导企业、科研机构、大专院校、投资主体、有关政府部门增强知识产权创造、保护和有效使用的意识，把尊重知识产权、用好知识产权作为提升产业发展水准、增强综合竞争力的重要途径。

　　《纲要》针对知识产权体系建设作出规划，是对"十四五"规划和 2035 年远景目标纲要的进一步细化落实，与坚持创新驱动发展、加快发展现代产业体系、建设高标准市场体系、实行高水平对外开放紧密关联，知识产权体系与各生产要素的优化配置叠加运行，相辅相成。知识产权保护更严格、运用更高效、流动更规范、合作更广阔，既是实体经济高质量发展所需，也是实体经济高质量发展的体现。

从激发和保护经济增长新动力出发，《纲要》从完善法律体系、增强对新兴领域知识产权的保护能力、构建更加有效的管理体制和政策体系的角度，提出了一系列务实措施；将知识产权体系和优化营商环境统一起来，从完善和优化知识产权体系的各环节机制入手，坚持问题导向、向改革要出路，就基础设施、基础制度的短板制定了系统化的施工方案。

知识产权体系是营商环境的重要组成部分，中国市场作为"世界的市场""共享的市场""大家的市场"，必须在营商环境友好度、便利度上下功夫。在知识产权监管服务上，对外资企业要一视同仁；同时，也欢迎高水平外国机构来华开展知识产权服务，共享知识产权市场红利。同时，通过多双边机制，加强国际网络合作，参与国际规则交流和谈判，促进知识产权全球治理体系改革和建设。

推动建设开放型世界经济，既是中国经济社会高质量发展的需要，也是全球经济可持续发展的需要。习近平主席提出的"加强知识产权保护，营造一流创新生态"，对于落实好《纲要》各项措施有很强指导意义。要用全球眼光、开放心态、互联互通思维解决好知识产权体系建设的难点问题，建设更加包容、便利、创新的营商环境，促进中国和世界经济共同发展繁荣。

（中国网 2021 年 9 月 28 日）

## 二、发行制度市场化改革的逻辑和创新方法

我国股票发行制度经历了数轮改革，逐步完善定型。目前，上交所科创板、深交所创业板和北交所都实行注册制，主板市场仍实行核准

制。但是，注册制和核准制的差异主要表现在上市申报程序方面，发行定价都采取机构询价制。

所谓机构询价制，是由发行人和保荐机构向询价对象初步询价，比照二级市场相应板块股票的价格定价，确定一个发行价格区间；然后，在发行价格区间内向询价对象进行累计投标询价，确定最终发行价格。这套制度受到市场认可，并且已经是成熟的操作模式。但总体而言，中国新上市公司发行价偏高的现象依然比较突出；或者，发行价不太高，但上市初期也会把股价拉抬到较高位置，之后盘跌。就是说，在上市初期热炒股价仍然是机构热衷的操作方式。当然，这也是中国股市的一个痼疾。每一次发行机制改革，监管者都希望实现股价的一二级市场接轨，即股票上市后价格波动不大，涨和跌都是一个相对缓慢的过程，而不是暴涨暴跌。但目前看，这个愿望还不容易实现。

炒新股问题是多方面原因造成的：一是限售股制度约束，机构投资者利用限售期内一大部分筹码锁定的时间窗口，用相对小规模资金推高股价，诱惑他人买入，择机派发。二是投资者对新股有"朦胧的好感"，认为其利空因素暴露需要一个过程，普遍有赌一把的心态，于是形成追涨局面。机构投资者往往推波助澜。三是对机构投资者非理性操作的监管约束和社会约束不足，机构推高股价不会导致其信用考核失分。并且，由于新股炒作具有巨大的利益空间，不排除各种力量介入其中，推波助澜。

由于我国长期实行增量股票发行并上市的模式，投资者"炒新"的惯性难以改变，这成为理性定价的一个"制度堵点"。为此，不少人士提出存量发行与增量发行相结合的思路。在2004年，监管层推行过存量发行试点，但并不成功。当时规定，持股达到36个月的老股东可以在公司公开发行新股时，按照平等协商的原则向公众发售老股。这样做的初衷是，既满足新投资者买入股票的需要，又遏制上市公司新股超募问题。但实践起来，不是那么回事。老股东急于套现，卡着监管规定的比例高点配售股票。2004 年 2 月，楚天科技、炬华科技、全通教育等公司的老股转让数量达到公司发行总量的 50% 以上。最疯狂的是奥赛康，其控股股东计划转让的老股竟达到发行总量的 78.61%。随后，监管部门不得不叫停该公司的发行。

在奥赛康事件之后，实施存量发行方式的公司，普遍执行了老股与新股发售比例不超过 1:1 的不成文规定。同时，由于当时对新股发行市盈率实施窗口指导，叠加老股和新股发售不超过 1:1 的规定，导致新股发行询价变成了"走过场"。这种情况与真正的市场化定价拉开了距离。

在 2004 年 IPO 机制改革时，还推行了一项试验：允许承销商"自主配售"，即券商可以建立自己的发行渠道，把股票分配给"客户"。但是，又出现了承销商向"关系户"多划拨配额的问题。更为极端的情况是，承销商和保荐人事先向私募基金承诺可以中签，变成了私相授受。所以，这一措施随后被取消。

由此可见，实施市场化的新股发行制度面临着极为复杂的多重挑战，需要将制度设计、工作流程与市场主体的特点统一起来，在效率、公平、市场阶段性之间形成一致。

股票发行注册制，是发行制度市场化的重要一步；但这一步并非突然到来的，而是以前期各阶段发行制度为基础，总结经验教训，通过制度重构形成的。前期已经形成的以"询价 + 投标"为主要环节的发行制度，就是注册制的重要基础。发行市场化的精髓，就是对上市公司价值作出合理估计，使之得到市场认可，以此确定发行价格，增发一部分股票，卖给新的投资者。

在我国，对发行注册制的认识经历了一个较长的过程。即便现在实行了注册制，社会上也还是存在不少的模糊认识。有人认为，发行注册制就是"企业自己申报注册一下就可以发行股票了"，监管部门、交易所不限制价格、规模和时机了。其实不然，注册制并非取消限制这么简单。注册制改的是监管理念和监管机制，而绝对不是减少监管。

注册制的优势在于，发行人只要符合上市要求，充分披露信息即可上市，发行定价、筹资规模、上市时机都不受行政力量干预。同时，上市标准的包容性更强一些，"正在下蛋的鸡""下蛋多的鸡"是好标的，"暂时不下蛋或者下蛋少，但未来下蛋多的鸡"也是好标的。注册制下，发行人首次发行条件简化为持续经营达到一定年限、组织机构健全且运行良好、会计基础工作规范、内控制度健全有效，业务完整并具有直接面向市场独立持续经营的能力，生产经营合法合规、无重大违法违规行为等。不再把企业资产规模大小、是否盈利、盈利多少作为发行上市的硬条件。

注册制下，企业发行股票和债券以及其他融资工具，依然要依法审核，只是审核的理念、标准、主体、程序发生了变化。从一定意义上说，注册制下的审核会更加严格。这并不是说注册制之前的审核不严格，而是说，随着市场向纵深演变，市场参与者的专业化水平提高，发行审核的水准也随之提升到新的高度。

注册制下，发行人依法编制发行材料，将财务和经营情况介绍清楚，递交给交易所。交易所的发行和上市审核机构进行程序性审核，主要看是否符合发行条件、上市条件和信息披露要求。通过之后报证监会注册，证监会同意注册后，即可发行上市了。表面看，实行注册制，只是把审核权由证监会转移到了交易所。但这个变化还是比较大的，是有实质意义的：把审核权转移到交易所，证监会专司行政监管权，其监管权的分量就更重了。这就是所谓的"监审分离"。

不过，交易所的审核规则和程序，也需要不断完善和塑造。这是因为，仅仅依据会计材料来判断企业的竞争力和发展潜力，是不可能的。而上市公司的情况又是千差万别的，审核人员不可能懂得所有行业、所有上市公司的经营管理事项。特别是一些科技创新型企业，其运营模式不能用既有的思路模式来衡量。具体到一些特定的行业领域，更不容易通过财务报表和书面报告进行识别。这就需要在上市审核委安排负责程序性审核的财务、法律专家，也需要安排行业领域方面的专家。在上市审核委员会之外，设立行业咨询委员会，根据需要请他们进行专业审核，是必需之策。

为了配合发行注册制改革，让新股价格更加真实和稳健，对股票涨跌幅制度也作了完善。即新股上市前 5 个交易日不设涨跌幅限制，5 个交易日以后涨跌幅设定为 20%。这样，股票上市初期的涨跌弹性加大了，有利于及时释放风险，挤压操纵空间。

不过，我们也要认识到，注册制作为发行上市环节的制度安排，不可能覆盖所有的市场运行环节，要实现定价合理、公开透明、交易公平、资源优化配置，还需要其他配套改革，尤其是需要理性的投资者队伍。而专业服务机构，即证券公司、基金公司、会计师事务所、律师事务所发挥着至关重要的作用，上市公司董监高和重要股东具有维护"底层公平"的作用。市场风气正不正，还是要看这些主体。

实施注册制以来，中国证券业协会等行业自律组织，组织有关机构发出倡议或签署责任状，从社会责任、行业文化、廉洁从业、内部控制、上市辅导、尽职调查、信息披露、定价承销、持续督导等方面加强自律，完善惩戒机制，努力把法律责任和道德责任落实落细，打造专业尽职的"看门人"队伍。这些工作真正发挥效力，仍需要社会各方发挥监督职能。

需要认识到，注册制改革重在解决政府和市场的关系问题，政府要退出对市场行为的直接干预。那么，接下来的逻辑应该是，市场各方通过公平博弈解决供需和定价问题，优化资源配置。但市场制度如何做到公平，是很大的挑战，并非按部就班即可。以 IPO 超募为例。

2021 年 12 月，禾迈股份计划发行 1000 万股，募集资金 5.58 亿元，拟用于智能制造基地建设、储能逆变器产业化、智能成套电气设备升级建设等项目及补充流动资金。但最终，禾迈股份以 557.80 元／股的价格发行，募集资金 55.78 亿元。不仅发行价创了历史纪录，而且实际募集资金比计划超出 50 多亿元。在其上市当天，即公布了将不超过 45 亿元的"暂时闲置募集资金"进行现金管理，用于购买保本理财、结构性存款、通知存款等理财产品，使用期限不超过 12 个月。在前述额度及期限范围内，公司可以循环滚动使用。

一方面，大量中小企业急需发展资金，嗷嗷待哺；另一方面，由于制度原因，禾迈股份这样的公司超额募集如此大规模的资金，只能搞理财。这个问题值得深思，也应该找到解决问题的办法。之所以出现这样的情况，是因为《证券法》及《公司法》有这样的规定：股份有限公司申请股票上市，应满足"公开发行的股份达到公司股份总数的 25% 以上；公司股本总额超过人民币 4 亿元的，公开发行股份的比例为 10% 以上。上市前，禾迈股份总股本为 4000 万股，IPO 发行的 1000 万股，正好占发行后总股本的 25%。由于认购踊跃，价格不断抬高，禾迈股份得到了超额融资。不少专家认为，超额融资不是罪，关键是如何使用。笔者认为，这样说是不对的，市场的有效性就应该体现在按"需"配"融"，不能把融资主体原本不需要的资金，通过畸形的驱动归集到某个公司账上，造成资金浪费。这本质上是"又一种市场无效"。

在核准制时，严重超募情况也曾经发生过。典型是海普瑞和华锐风电。

2010 年 5 月 6 日上市的海普瑞，当时实际募资规模为 59.35 亿元，超额募集资金达 48.52 亿元。当时，公司管理层强调会把超募资金用在主业上。还解释称，当初制定流动资金计划时，是按照 2007 年原料价格确定的，随后原料价格飙涨，流动资金需求量也增加了。从这些表述来看，招股说明书制作得是不严肃的。上市 3 年后，海普瑞业绩不如预期，股价连续下调。从上市初的每股 150 元左右下跌至每股十几元。很难说，这家公司超募资金是派上了用场，还是被不清不楚地消耗掉了。

2011 年 1 月上市的华锐风电，原计划募资 34.47 亿元，最终募集规模达到 94.59 亿元，超募金额达 60 亿元。上市 3 个月后，公司就公告将超募资金中的 58.7 亿元用于永久补充流动资金。同年 10 月 12 日，该公司还发行了 55 亿元的公司债。然而，华锐风电上市首日最高价 88.80元／股，成了其上市后的历史最高价。2007 年至 2010 年，营业收入和净利润增幅都接近 10 倍的华锐风电，上市后彻底变脸：2012 年至 2019年，净利润累计亏损超 100 亿元。2020 年 3 月 16 日至 4 月 13 日，华锐风电股票因连续 20 个交易日收盘价均低于股票面值，触及终止上市条件。最终黯然离开股市。

**▌▌点睛之笔** 董少鹏：高质量发展是注册制改革的灵魂

近期，有关发行注册制改革的议论较多，对于全市场推行注册制也有不同预期。3 月 19 日，证监会主席易会满在中国发展高层论坛圆桌会议上发表主旨演讲，再次强调稳步推进这项改革。他指出，关于注册制的内涵和外延还需要市场各方进一步深入讨论，去伪存真、增进共识，确保改革行稳致远。

笔者认为，发行注册制改革的灵魂是高质量发展，既包括上市公司质量，也包括投资者质量、中介服务质量；既包括信息披露质量，也包括市场运行体系质量，还包括监管质量。"十四五"时期要扭住供给侧结构性改革的主线，同时也要注重需求侧管理。资本市场作为实体经济、技术创新和金融三者相互促进、相容共生的重要平台，对于供给侧和需求侧高质量发展，都具有重大支持作用。总结和评估注册制在科创板、创业板实施的经验，进一步深化认识、统一认识，遵循系统化改革的思路抓实重点改革任务，并进一步完善注册制具体流程和监管机制，使注册制改革进程成为资本市场高质量发展的进程，是我们所期待的。

易会满在演讲中分析了注册制要不要审核、怎么审核，如何提高信息披露质量，中介机构如何更新观念、适应注册制下保荐要求，如何保持一二级市场平衡发展等重点问题。他强调，要把握好实行注册制与提高上市公司质量、压实中介机构责任、保持市场平稳运行、明确交易所审核职能定位、加快证监会发行监管转型、强化廉洁风险防范等6个方面的关系。笔者认为，监管层这些谋划，体现了改革要坚持系统化思维的要求，回应了市场关切。一段时间以来，申报上市的企业比较多，前期IPO现场检查中出现高比例撤回申报材料的情况，这些都是市场需求起伏的表现。监管层的主要职责是依照法定职责，按照注册制的理念和流程严格把关，并根据实际情况完善规则、完善监管。有什么问题就解决什么问题。既要满足企业合规上市的要求，也要保持对弄虚作假高压震慑，还要督促引导中介机构提高执业质量。

客观来看，部分中介机构执业质量还不够高，存在"穿新鞋走老路"的情况。保荐机构、会计师事务所等中介机构"一肩挑两头"，既要发现上市企业的价值和风险，核验上市企业信息的真实性，又要了解投资者的需求，与上市企业一起将真实信息披露给投资者。特别是保荐机构，更要担负为筹资者护航、为投资者导航的责任，用高质量的信息披露引领形成高质量的市场生态。

市场高质量发展，需要所有市场参与者一起推动。谁弄虚作假，谁扯后腿，都可能给市场治理带来负面效果，都可能降低市场质量。所以，保荐机构等要加快适应注册制下的专业服务要求，通过自己的工作为投资者提供更有价值的标的。当然，"正在下蛋的鸡""下蛋多的鸡"是好标的，"暂时不下蛋或者下蛋少，但未来下蛋多的鸡"也是好标的。关键是发行人和保荐机构要真实准确全面地披露信息，把信息披露作为对投资者负责的准绳。

针对资本市场深化改革和高质量发展，易会满用四个关键词作了概括，即制度、结构、生态、定力。近年来，监管层一直把完善基础性制度建设作为总纲，顺应市场需要，抓好关键制度创新，提高市场包容性、适应性，努力使制度更加成熟和定型。

优化结构是我国资本市场的质量提升的持续性课题，处理好结构问题，就是落实改革系统化思维。近年来在融资结构、上市公司结构、中介机构结构、投资者结构、资金结构、产品结构等方面采取了一些优化措施，接下来，要在增加理性、创新、优质的市场主体方面采取更多举措，鼓励长线资金入市。

良好的市场生态，是以稳定而有活力的基础制度、合理且相对稳定的市场结构为基础的。所有市场主体和监管者都依法办事，在法律允许的范围内开展工作，守法者受到保护和激励，违法者受到惩罚和淘汰，是基本的生态法则。要通过注册制引领的系统性改革，解决好政府和市场的关系，该放的放开，该管的管好，让市场主体依法竞逐、各显其能、优胜劣汰。

所谓定力，主要是改革方法论问题。打造一个规范、透明、开放、有活力、有韧性的资本市场，依然面临着诸多挑战，既有市场自身矛盾的挑战，也有外部环境波动的挑战，还有认识上的挑战。有什么问题解决什么问题，用改革的办法解决难题，将资本市场服务实体经济和国家大局的功能发挥好，同时提高资本市场自身质量，是党中央的要求，也是市场的期待。改革过程中，会遇到杂音和干扰，也有一时看不清楚的问题。要在各种矛盾中推进资本市场高质量发展，就需要定力，始终坚持发展为民、监管为民的思想，落实好"建制度、不干预、零容忍"九字方针，坚持市场化、法治化、国际化的大方向。

（证券日报之声 2021 年 3 月 20 日）

# 三、退市和其他优胜劣汰的途径

股市的一个重大作用，就是促进上市公司的资产、产能、技术、经营模式等根据市场需求不断调整，实现优胜劣汰。一句话，让有竞争力的公司持续经营、增强综合能力，让缺乏竞争力、跟不上市场变化的公司出局，实现资源优化配置，最终有利于全社会整体利益。那么，股市有进有退是一个很自然的逻辑。

在中国股市发展过程中，关于退市的讨论经历了多轮，但对于为什么退市、谁来驱动退市、如何退市，达成共识并不容易。很多人提出，美国股市的退市比例比较高，无论是纽交所还是纳斯达克市场，退市都是常态，并由此得出结论——中国股市退市机制不畅通。为了强化退市硬约束，近年来也采取了一系列措施，甚至由中央全面深化改革委员会提出相关意见。

早在 1999 年 7 月《证券法》实施后，证监会等部门就加强了相关退市制度的安排，试图强化退市硬约束。并且在 2001 年 4 月推动实施了首家上市公司退市（水仙股份）。但是，中国股市在设立之初就存在行政力量介入的问题，上市公司都和行业主管部门、所在地区有直接的利益关联。一旦公司上市，就能够给相关的部门和地方政府带来很大的经济收益和政治收益；而公司一旦退市，不仅企业的融资功能消失了，而且会给相关部门和地方政府带来一系列利益损失。因此，行政力量会想方设法阻止退市。不去除这种"父爱逻辑"，退市就是迈不过去的坎。

随着股市向纵深发展，优胜劣汰的内生驱动力显著增强，完善退市制度成为必然选择。原来的退市制度，有 ST、PT 两个过渡环节，给上市公司和相关方留出了巨大的缓冲和运作空间，也纵容了那些经营管理不善且不真心扭转向面的上市公司。后果必然这是，一些公司该退不退，占据大量市场资源。当然，也有一些经营管理不善的公司，通过并购重组获得了新生，并且得到市场的认可。

2014 年前后，各方对退市机制形成强烈共识，实施更严格的退市制度水到渠成。在实践中，大家对多元化、多渠道退市的认识也更加深刻。2014 年之后，管理层持续深化退市制度改革，多元化的退市指标体系逐步形成。同时，压实交易所的退市主体责任也得到落实。

2020 年 12 月，按照统一部署，上交所、深交所出台了更加市场化的退市新规，包括以下要点：

（1）新增市值退市标准，连续 20 个交易日收盘总市值均低于人民币 3 亿元的将被退市。

（2）面值退市标准明确为"1 元退市"。

（3）取消单一净利润和营业收入指标的退市指标。新规下扣非前 / 后净利润孰低者为负且营业收入低于 1 亿元，将被戴上 * ST，连续两年扣非前 / 后净利润孰低者为负且营业收入低于 1 亿元，将被终止上市；退市风险警示股票被出具非标审计报告的，触及终止上市标准。

（4）新增重大违法财务造假指标：连续 2 年财务造假，营业收入、净利润、利润、资产负债表虚假记载金额总额达 5 亿元以上，且超过相应科目两年合计总额的 50%。重大违法类退市连续停牌时点从收到行政处罚事先告知书或法院判决之日，延后到收到行政处罚决定书或法院判决生效之日。

（5）新增规范类指标，信息披露、规范运作存在重大缺陷且拒不改正和半数以上董事对于半年报或年报不保真两类情形。出现上述情形，且公司停牌两个月内仍未改正，实施退市风险警示，再有两个月未改正，终止上市。

近年来，强制退市力度显著加大。2019 年退市 18 家，2020 年退市 29 家，2021 年退市 28 家。截至 2022 年 5 月 18 日，新增 45 家触发退市标准的公司。

退市固然是实现优胜劣汰的重要途径，但是将其当作优胜劣汰的唯一途径是不对的。新的退市机制实施后，除了直接退市，也允许出清资产、注入新资产方式的退市，允许以并购重组方式退市。这样的制度安排是符合实际的。退市的目的是，出清劣质资产，把市场资源让给有竞争力的资产。而重组退市、换壳退市也能达到这样的目的。只要符合相关方的诉求，又不损害市场整体利益，这类方式是可以采取的。

2020 年，在美国股市和我国香港股市出现了 SPAC 上市模式，就是先设立一个壳公司，在其上市后再去购买相应的资产。其本质就是壳公司上市模式，与传统的发行上市模式很不同。可见为了抓住市场机遇，在信息披露充分的基础上，上市和退市是可以有不同模式的。所以，优胜劣汰的关键是信息透明、执行高效、监管有效，而不是单纯靠一个退市机制。投资者按照优质优价、劣质劣价的原则投资，这是最根本的优胜劣汰机制。

优胜劣汰不仅指上市公司破产、退市，也包括投资者日常监督，包括"用手投票"和"用脚投票"。上市公司的股东参与公司重大决策，对上市公司运营作出肯定和否定，这本身也会促使上市公司优胜劣汰。在二级市场抛售股票和买入股票，也是对上市公司的价值判断，也可以实现优胜劣汰效果。进一步说，二级市场的价格表现是促成并购重组和最终退市的重要因素。所以，在新的退市机制里，也明确了相关的指标要求。

提高上市公司质量，是一个系统性的课题，也是常态化工作，应当坚持法治化和市场化相互统一。

要强化上市公司治理底线要求，即必须依法办事、依法经营。要落实证券法等法律规定，加大对欺诈发行、信息披露违法、操纵市场、内幕交易等行为的处罚力度，一是加强行政机关与司法机关执法协作，二是完善违法违规行为认定规则、细化责任边界，三是对涉案中介机构和从业人员一并查处。还将推动有关配套法律法规的修订，加重财务造假、资金占用等违法违规行为的行政、刑事法律责任，完善证券民事诉讼和赔偿制度，大幅度提高违法违规成本。

在日常监管中，要加强行政监管部门全程审慎监管，提高监管有效性，也要充分发挥交易所、上市公司协会的自律管理职能，还要健全中介机构执业规则体系，压实中介机构法律责任。针对股票质押等风险敞口，须强化对金融机构、上市公司大股东及实际控制人的风险约束机制。控股股东、实际控制人及相关方不得违规占用上市公司资金，如果发现这样的问题，要依法查处，构成犯罪的依法追究刑事责任。

从完善市场机制方面讲，要提升公司治理和内部控制水平，进一步压实控股股东、实际控制人、董事、监事和高级管理人员的主体责任，加快推行内控规范体系，提升内控有效性。要提升信息披露质量，落实上市公司、股东和相关信息披露人的主体责任，相关部门和机构要依法支持、配合上市公司依法履行信息披露义务。要支持优质企业上市、促进市场化并购重组、完善上市公司融资制度。

## 四、构建稳健和可持续的市场估值机制

市场估值机制，既包括发行市场的估值和定价机制，也包括二级市场的交易定价机制，还包括并购重组市场的估值和定价机制。

相对良性循环的模式应当是，公司股票上市时，股价和公司基本面基本吻合。随着基本面的变化，股价也上下波动，但总体上围绕公司的价值中枢变化。股票定价越稳健，越有利于公司长期发展，公司的信誉度越高，再融资也越容易成功。

为上市公司留出价格成长的空间，是我们构建稳健和可持续的市场估值机制的重要方向。必须从资产端和投资端两个方向加强制度约束，从信用约束入手，遏制上市公司和投资机构制造估值泡沫的冲动。

目前中国股市存在的核心问题是，投资银行和其他投资者如何给资产定价。普遍存在的情况是，一级市场发行时，股票价格定得偏高，一步到位，上市后逐步回落；如果个别公司发行价定得不那么高，留有未来成长的余地，那么，上市后的最初几个交易日也会把价格炒高，相关投资机构套现离场。

与一级市场定价机制紧密相关，二级市场暴涨暴跌的情况也十分突出。归根结底，是投资者对短期消息的重视程度远高于对公司长期基本面的认知程度。近年来，随着信息披露机制进一步完善，违法成本提高，暴涨暴跌情况有收敛趋势。

多项研究表明，新上市股票往往在两年内有一个股价回落过程，有的新上市股票价格回落的时间周期更短。新股发行定价总体偏高，是利益驱动的必然结果。投资机构和上市主体普遍存在急功近利、饮鸩止渴的心态，为了把融资机会一次用足、筹措更多的资金，往往有美化报表的情况。而随着时间的推移，通过会计手段调节出来的"光鲜"会逐步消退，公司的价值更加真实。

上市公司除了在 IPO 环节"扮靓"，增发和大股东、董监高减持时，也有类似情况。一些上市公司原本走势平淡，甚至疲软，但在增发股票前夕，却能通过种种方式抬高股价，借此获得较高的再融资收益。为了防止在增发环节圈钱和操纵价格，监管者对增发设定了条件，即上市公司最近三年以现金方式累计分配的利润不少于最近三年实现的年均可分配利润的 30%；对增发价格作出了更加严格的规定，发行价格应不低于公告招股意向书前 20 个交易日公司股票均价或前一个交易日的均价。

上市公司大股东、董监高在减持股票时，为了获得更好的减持收益，也时常出现托市行为。对此，有的公司美其名曰"市值管理"，实际上是价格操纵行为。一经查实，都应依法予以惩处。

构建相对稳定的、可持续的市场估值机制，最根本的是加强机构投资者建设，完善机构的公司治理、信用评价、外部监督、执法惩戒等运行机制，让主流机构在证券定价上担当起定盘星、压舱石、领航者的角色。

从发达市场来看，对证券发行定价起决定作用的主体是大型投行和基金公司。由于市场是分层的，大的投资机构往往承销大公司的证券发行；而规模相对小一些的机构，承销相对小规模的公司证券发行。但市场的定价基准不是由小公司来决定的，我们仍要坚持"以大带小""大者垂范"的原则。大型投行和基金在市场中的引领作用，主要体现在其定价模式和定价结果上。如果它们参与承销的股票，上市后上蹿下跳，或者一蹶不振，必然给市场预期带来坏的影响。

大要有大的样子，大型机构应当承担塑造市场理性的职责。要完善信用管理制度，引导和约束大型机构遵循价值规律，走在价格曲线的前面。在配售和减持股票，都应该按照公允原则定价，以此引导市场的理性预期。大型机构与上市公司及其大股东合作，要发挥价值引导作用。要通过理性博弈，引导上市公司理性定价，应当明明白白地告诉它们"你的股票只值这个价钱"。

从我国公募基金的行为模式来看，距离价值投资的要求还有不小的差距。虽然基金监管机制已作出不少改变，但公募基金背离价值投资基本逻辑的情况仍然十分突出。比如，某基金到 2020 年年末持有的十大重仓股中，有 6 只是白酒行业的股票，分别是五粮液、贵州茅台、泸州老窖、洋河股份、山西汾酒、古井贡酒。该基金管理公司旗下所有基金持有白酒类股票的市值近 880 亿元，占基金总资产的 13.66%。不仅如此，不少公募基金持股的行业集中度过高，起到了不良示范作用。其中十分严重的问题是，集中持股背后往往存在基金向其他投资者输送利益的行为。即公募基金依据既定的投资策略，在高位锁仓和增持相关股票，被认为是合理行为。但这种高位接盘或锁仓行为，损害的是基金投资者的利益；而向下基金高价转让股票的相关机构，却可以腾挪出资金，去做更可能获得高额利润的投资。公募基金之所以能够抱团持股，是因为现行的基金投资管理规定开了较大的制度缺口。

2017 年出台的《公开募集开放式证券投资基金流动性风险管理规定》第十五条规定，"同一个基金管理人管理的全部开放式基金持有一家上市公司发行的可流通股票，不得超过该上市公司可流通股票的 15%；同一基金管理人管理的全部投资组合持有一家公司发行的可流通股票，不得超过该上市公司可流通股票的 30%"。这一制度安排为公募基金操纵股票打开了空间。因为相当一部分上市公司实际流通的股票不超过总股本的 50%，如果 A 基金管理公司和 B 基金管理公司旗下各有一只基金分别持有一家上市公司可流通股票的接近 15%，那么，这两家基金合计持有该上市公司可流通股票可接近 30%。或者，同一个基金管理公司旗下多只基金合计持有同一家上市公司的股票接近可流通股票的 30%。那么，相关基金完全可以控制一家上市公司的股价；一旦市场趋势发生逆转，基金争相抛售股票，很可能造成踩踏式的行情，引发市场危机。

基金采取抱团式的投资方式，还与基金管理公司偏离长期主义的激励机制有关。目前基金均按照管理的资产规模收取费用，这就导致基金管理人过度关心基金的规模，而对基金投资者的收益并不关心。再加上基金经理的考核和激励制度也偏离长期主义，存在短期化倾向，基金经理往往在每个季度末进行业绩排名前拉抬股价、提高净值，待考核时点一过，即松懈下来。

针对公募基金投资的这些问题，应当降低同一个基金管理人管理的全部开放式基金持有一家上市公司发行的可流通股票的比例，降低同一基金管理人管理的全部投资组合持有一家公司发行的可流通股票的比例。并且，对于超过规定的持股比例限制的，其持股每增加 5%应公告一次，并且规定半年之内不能反向交易。对于单个基金和基金管理公司的行业持股集中度也应该作出适当的限制。

为了鼓励长线投资和分散投资，应改变对基金经理短线考核的机制。降低年内考核的比重，拉长考核期。当年的奖金可分批次发放。可以把一定比例的奖金作为风险保证金，如果未来的业绩出现超范围波动，可扣减其风险保障金。

改革基金公司管理模式，取消按照资产规模收费的方式，按盈利分成方式收费。

为了督促大型机构遵循价值投资、长期投资理念，应由第三方评价机构对大型机构的承销、配售、减持、增持、代理收费等进行评估，还应当对其研报与投资行为的对称性进行评估，发布相应的评估报告。对于定价偏离公允价格幅度过大的投资机构，可以采取自律监管、行政监管措施，降低其信用级别。

完善证券公司的信用考评制度，可以要求其对所承销和配售的股票出具"价格成长预期报告"，并公开披露。对证券公司完成承销或配售活动后一定时间内（可以定为 1 年），是否与他人合谋、通过利益互换等方式操纵股价，进行核查。证券公司应作出不与他人合谋操纵股价的承诺，但若发现违背承诺，则加重处罚。

要加强对大型机构和大型上市公司的舆论监督。鼓励专业机构、专业人士、媒体对上市公司、投资机构的信息披露、询价定价活动进行监督。有关问题一经查实，即给予举报人奖励。

2015 年股市异常波动引起全球关注。这次危机爆发的一个重要原因，就是我国股市缺乏稳健和可持续的市场估值机制。这次异常波动体现为场外配资、结构化资管产品和场内融资都出现了大幅加杠杆的情况，导致市场上蹿下跳，涨跌变化剧烈。大幅度加杠杆固然是投机炒作的手段和表现，但关键还是估值体系不健全。总结这次深刻教训，对于完善我国股市的估值体系具有重大指导意义。

2014 年 7 月起，我国股市在经历了 5 年的调整之后，逐步恢复上升，继而快速上涨。到 2015 年 6 月 12 日，上证综指、深证成指累计上涨 152% 和 186%。经过快速上涨后，从 2015 年的 6 月 15 日开始，出现了三轮大幅下跌：第 1 轮是 2015 年 6 月 15 日至 7 月 8 日，上证综指、深证成指 17 个交易日分别下跌 32% 和 40%。第 2 轮是 8 月 18 日至 26 日，7 个交易日上证综指、深证成指均下跌 27%。第 3 轮是 2016 年前 2 个月，上证综指、深证成指分别下跌 24% 和 29%。1 月 1 日起，A 股市场引入熔断机制。1 月 4 日、7 日两个交易日，A 股市场因股指融触发熔断阈值暂停交易，1 月 8 日熔断机制暂停。

针对股市异常波动，从 7 月开始，在党中央、国务院直接领导下，有关各方采取了一系列稳定市场的措施：一是注入流动性，平衡供求关系。中国人民银行以多种形式向市场提供流动性。中国证金公司采取市场化、多渠道的方式筹集资金。中投公司、全国社保基金、证券公司、保险公司协同入市。鼓励国有上市公司及其大股东增持、回购股票。暂停新股发行，限制上市公司大股东和董监高 6 个月内减持。二是完善市场规制。调整证券公司、银行业金融机构风控标准，缓解强制平仓压力。扩大证券公司融资渠道。提高股指期货交易保证金，限制日内投机开仓标准，提高交易手续费，抑制过度投机。三是开展专项执法行动。对重大违法违规行为开展批次性集中打击，大力清理场外配资，对相关违法机构进行查处。对异常交易账户采取限制交易措施。四是加大政策支持力度。包括降息降准；鼓励上市公司兼并重组、现金分红、回购股份；鼓励银行业金融机构、保险机构采取稳定市场的措施。

经过治理整顿，市场恢复了相对稳定，但同时，市场活力也受到了伤害。如何在估值体系相对有效的基础上，吸引各路资金入市，畅通价值投资链条，让主流资本聚集在更有发展前景和增长潜力的公司上，让各路投资者在价值博弈中各得其所，仍然是一个十分重大的课题。

笔者在 2007 年时，提出"股市双重晴雨表"概念，即中国股市不但是经济数据的晴雨表，也是改革进程的晴雨表，是"双重晴雨表"。纵观中国股市行情的历次重要节点，都既与经济增长速度有关，又与体制改革的进程有关。如果经济运行状况良好，同时改革又满足了市场的呼声，则牛市就会出现和延展；如果经济运行状况不是很好，同时改革又不能满足市场的呼声，则熊市就会来临；如果经济数据看起来不错，但是改革进程与市场呼声相去甚远，熊市也可能来临；如果经济数据没有那么好，但是改革进程满足了市场的呼声，行情的表现也不会差。这就是中国股市的独特之处。

在我国股市发展史上，由经济增长和深化改革催生牛市的典型例子有：1999年5月19日至2001年6月下旬的"5·19"行情。1999年5月上旬，国务院批转证监会关于股市发展问题8点意见，政策力度前所未有。同时，启动了国企改革、金融改革、财税改革、住房改革等。2005年下半年至2007年10月的股改行情。2004年出台"国九条"，2005年实施股改，同时，银行改革、国资改革、汇率改革、利率改革相继展开。

笔者还认为，不单中国股市是双重晴雨表，美国等国家的股市也是双重晴雨表。只不过，由于后者从20世纪70年代以后一直表现为"制度强势""制度输出"，即其不需要做什么改革，所以，后者只提经济晴雨表就够了。相反，中国股市是在轰轰烈烈的改革开放大潮中发展起来的，是基于经济快速增长和改革深入推进而成长起来的。如果仅仅按照传统的晴雨表理论来解释中国股市，不仅十分困难，而且还可能得出中国股市和经济规律格格不入的结论。

从2016年至今，我国股市的价值投资问题并未从根本上加以解决。笔者依然认为，主流投资机构，包括全国社保基金、保险公司、大型证券公司和基金公司，应当对稳定蓝筹公司的价格中枢承担重大责任。应当完善相关机制，加强监督和考核约束、诚信约束，使主流投资机构坚守住价值投资这个底线，真正成为市场的定盘星、压舱石。做不到这一点，所谓股市稳定就是空谈。

稳定市场估值中枢，引领价值投资蔚然成风，需要压舱石式的主流机构。除了全国社保基金、保险公司、大型证券公司和基金公司等机构外，还可以考虑建立更具市场标杆引导力的金融稳定机构。

2015 年股市异常波动期间，中国证金公司在 7 月走上维稳前台，在一定程度上发挥了平准基金的职能。证金公司当时的角色和功能就是维护股市稳定，不与其他市场主体争夺利益，自己也不以谋利为目的。证金公司买入股票的标准，首先是价值处于低估区域，其次是流动性有不足。一旦这两个理由同时不存在了，证金公司就可以择机退出。无论买入还是卖出，都坚持"稳"字优先。

在其他大型机构不能担当市场稳定器的情况下，通过中国证金公司等特定机构维护市场稳定，维护国家资产价值中枢的稳定，是必要之策。《关于中国证券金融股份有限公司向中央汇金公司协议转让部分股票的通知》（证监会〔2015〕21 号）曾明确表示，"今后若干年，中国证金公司不会退出，其稳定市场的职能不变"；"当市场剧烈异常波动、可能引发系统性风险时，仍将继续以多种形式发挥维稳作用"。2015 年 7 月 8 日中国人民银行发出声明称，"积极协助中国证金公司通过拆借、发行金融债券、抵押融资、借用再贷款等方式获得充足的流动性"。但是否赋予中国证金公司维护股市稳定的基本职能，至今并无定论。

所谓的"市场行为"，是指在公众拥有共同价值取向的基础上，各主体依照既定的规则公平交易。而在股市非正常动荡时期，中央政府出手维稳，天经地义，这不是"干预市场自身涨跌"，而是处置非市场行为对市场行为的干扰，是维护和恢复市场正常秩序。

不仅如此，在股市常态运行时期，主流机构也应当时刻坚守稳市场、稳预期的积极作用。

**历史镜鉴**《人民日报》2016年专经内参：《关于1月4日股市暴跌和熔断机制的思考》

1月4日下午13:12和13:33，沪深300指数先后触及5%和7%跌幅。按照上交所交易规则，市场分别于上述时间开始实施熔断。因触及熔断阈值后交易系统进行处理需要时间的原因，熔断后沪深300指数跌幅分别为5.02%和7.02%。上证综指跌6.86%，深证成指跌8.20%，创业板指跌8.21%。两市1422只个股跌停，仅11只股上涨。这一局面和去年股市暴跌时没有什么两样。

在熔断机制实施首日出现这样的行情，最核心的原因是市场没有价值中枢，主流机构一致执行技术性止损操作，所谓的利空因素只是配角和佐料。这一问题已在2015年六七月暴跌时期得到证明。中大市值的成长蓝筹股和权重蓝筹股本该是价值中枢的担当者，是市场的"主心骨"，但它们却往往在异常调整时顺势下跌，估值再低也没有接盘。在核心投行和核心基金的操作下，蓝筹股反而成了"恐慌中枢"的制造者，帮助市场演化为纯粹的趋势交易。对此必须高度重视，并拿出切合实际的制度性解决方案。

所谓的利空因素包括：2015年12月PMI低于预期；1月4日离岸人民币对美元早盘一度直线贬值至6.6080，人民币贬值预期加大；新一轮新股发行即将启动；股票发行注册制进入倒计时；媒体传去年实施的维稳措施将退出，其中一项为2015年7月8日证监会有关上市公司大股东、董监高6个月内不得通过二级市场减持本公司股票的规定失效。

今天的市场暴跌后，很多人认为，熔断机制不但保护不了绝大多数投资者，而且有助跌作用——当沪深300下跌到3%—4%时，人们预期会跌到5%，大型机构主导、中小投资者习惯性选择卖出。熔断机制到最后反而出现大盘股拖累小盘股反弹的情况。还有人认为，15分钟冷静期太短，当一些理性的投资者买入后，又很快被抛盘砸下去。更有人认为，熔断机制与市场稳定是对立的——在市场波动加大，最需要流动性的时候，停止交易导致无法平仓，且无工具可以对冲；这将导致5%熔断后直奔7%熔断，7%熔断后第二天集合竞价低开跌停。熔断机制会在市场剧烈波动时抽走流动性，加剧市场动荡。还有人认为，熔断机制在人民币汇率指数夜场推出的时点推出，说明金融管理决策者缺乏一盘棋指挥、缺乏风险模型预测能力。

对以上认识，笔者不予认同，熔断机制固然停止了市场交易，但其本质是引导市场参与者冷静、及时了解消化市场信息，非但不是阻断流动性，而且是引导流动性"理性流动"。我们引进了美式的熔断机制，但没有引进其实质，这是必须充分认识的。美国的熔断机制意在提供冷静时间，让金融机构、上市公司在此期间公开有关信息，让政府在此期间发现市场暴跌或暴涨的原因。我们在熔断后"一言不发"是不行的，必须简短而集中地回应市场疑虑。

同时，对于前期采取的维稳措施，要有战略定力，不要轻言退出。维稳机制不应被理解为"被迫之举"，而应当是适合当前市场建设阶段的"必要机制、必要环节"。在核心投行等大型机构不能维护市场价值中枢的情况下，维稳机制必须继续保持。维稳资金主要维护大盘蓝筹股的价值中枢。维稳机制必须严格执行，维稳机密必须依法保护。维稳机制可以与市场机制统一起来，即维稳资金根据市场信号有进有退。

应当迅速加强核心投行等大型金融机构惩罚和激励机制的建设。应当迅速加强重大金融政策的专家会商机制，最大限度去除短期行为的负面效应，根除"头疼医头、脚痛医脚"的政策弊端，认真落实短期政策和长期政策相互协调统一的执行机制。

董少鹏

2016 年 1 月 4 日

（说明：这是 2016 年 1 月 4 日，笔者应约为熔断机制写的政策建议。经人民日报社呈送，获得批示。）

## 五、促进机构投资者和个人投资者融合发展

长期以来，在我国股市文化中，经常把机构投资者和个人投资者作为两个风格对立、利益诉求对立、行为方式对立的阵营；但事实上，就像江河湖海相互离不开，各种生物构成一个生态系统一样，机构投资者和个人投资者是相辅相成、融合发展的。如果单纯从资金规模、研究实力、掌握的资源来比较，机构投资者和个人投资者相比，确实综合实力强大。但从对价值的判断来看，两类投资者也各自存在层次上、偏好上的差异，不应简单地把两者作为对立的阵营。

在我国，直接操盘的个人投资者规模较大，并且这个规模还会继续增长。而在欧美市场，直接操盘的个人投资者规模占比较小，欧美居民更倾向于持有基金份额，通过基金经理去买卖股票，即"让专业的人做专业的事"。

我国直接操盘的个人投资者比较多，与我国投资文化的发展相对滞后有关。基金投资是建立在完善的信托文化基础上的。相对来说，我国信托文化是不足的，很多个人投资者认为自己直接操盘更放心，并且可以从波动的曲线感受到获取收益的快感。而投资者把资金委托给基金，欣赏到的是净值波动曲线，远没有股票曲线那么刺激，并且有"基金经理不一定如我"的犹疑。所以，个人投资者占比较大是符合我国资本市

场现实情况的。

经过 30 多年的发展，我国股市个人投资者的格局已发生很大变化，个人投资者持股市值占总市值的比重显著下降。截至 2020 年 10 月，境内自然人投资者合计持有股票（A 股、B 股）总市值 22.4 万亿元，占整体市值的 29% 左右。

市场经过多年发展，个人投资者已经发生了转换。一部分投资者转变为职业投资者，他们对市场运行、法律法规、财经信息的分析达到了准专业水平甚至专业水平；还有一部分投资者，与职业投资者的要求有较大差距，他们主要通过互联网、电台电视台，甚至亲戚朋友口传途径获得信息，进行粗浅分析之后即作出买和卖的决策；也有一部分不适应股市操作的投资者，放弃了直接买卖股票，而去买基金，间接参与股市。

对机构投资者而言，包括证券公司、基金公司、保险公司、社保基金、投资公司等，无论是自营账户，还是代理账户，都要根据专门人员的研究，经过严格的决策程序，才能作出买卖决策，并由专人执行。这些规范的决策、操作和监督程序，是防范风险的基本保障。

但同时，机构投资者既要在内部搞业绩考核，也要参加行业的业绩排名。这些机制决定着基金经理获得怎样的薪酬待遇，所以，基金公司、管理团队、基金经理个人难免急功近利。每到年底，基金拉抬净值的情况并不罕见。通过操纵净值获得更多的管理激励，这是基金经理和基金公司的道德风险所在。对于这些问题，应当加强执法，对通过合谋、对敲拉抬股价的行为予以惩治。

同时，行业协会应当切实采取措施，合理设置机构投资者业绩考评的周期，降低急功近利的外在压力。要在基金经理的自主决策权和坚持长期投资理念之间找到平衡点，允许他们随机优化决策，但不允许大规模短炒，即短炒证券的规模必须限定在总盘子的一定比例。对机构投资者的持股期限、持股结构，要按照事后是否符合价值投资的总体标准作出评价。将结果记入诚信档案。这项工作，即使有市场压力，也要坚持做。

我国股市内生稳定性不足，根本原因是大型机构投资者缺失。应当鼓励优质证券公司扩充资本实力，提高公司治理能力、风险监测和管理能力、专业服务水平，升级核心竞争力，发挥市场压舱石、定盘星作用。我国股市发展路径与美欧市场不同，靠移植照搬他国制度，就形成优质机构投资者队伍，是很不现实的；应当通过政策激励、制度约束、市场洗练，推动大型头部证券公司队伍尽快形成。当然，中小证券公司以及其他证券机构也要协调发展，但当前继续大型头部证券公司发挥"镇场"职能。

要显著提升鼓励长线投资的政策支持和制度体系水平。要进一步壮大专业资产管理机构的力量，大力发展权益类基金产品，让普通居民选择"委托机构"的天地更宽。推动储蓄转为投资，并不是要鼓励每个储户都成为股民，而是通过多种方式、多种渠道、多种产品和服务，为个体投资者提供转化平台。这需要用好现在的资本市场系统，也要进一步完善资本市场系统。

要加大政策倾斜和引导力度，稳步增加长期业绩导向的机构投资者，通过这样的机构投资者承接储蓄转化来的投资。要完善有利于扩大直接融资、鼓励长期投资的会计、审计、财税等基础制度和关键政策，实施梯度税率措施。要进一步拓宽境外投资者进入股票、债券市场的渠道，增强外资参与便利度，以开放促改革。完善对个人投资者长线投资的鼓励政策。

在此基础上，要推动机构投资者和个人投资者融合发展。两类投资者融合发展，是指机构投资者发挥主导作用，领风气之先；同时，机构投资者为个人投资者提供专业服务，在产品设计、费率安排、赎回条款、差异化竞争等方面都要做到诚信、理性、公允。应完善《证券法》《证券投资基金法》等法律条款，完善行业管理，让专业服务机构按照一般服务费率和差异化服务费率相互区分的思路，构建起公允收费的激励体系。一般服务具有一定公益属性，不得谋取暴利。差异化服务可以根据服务的难度收取较高服务费。

凡是在股市中从事投资的机构，都难免唯利是图。它们很难主动地向投资者让利。所以，应当在机构投资者治理层面注入社会主义公平价值观，明确规定代客理财不得获取暴利，如有暴利则以重税待之。

事实上，欧美国家的大型机构投资者，往往富得流油、富可敌国。它们的利润从哪里来？当然是从市场当中来。它们掌握庞大规模的资本，对整个市场体系又有多大的帮助？恐怕很难说清楚。

中国在效仿欧美国家兴办股市时，很多人羡慕欧美投行、基金公司的高利润、高收入、高待遇，认为简单照搬其模式即可，不必动那么多脑筋。但是，照搬来的模式未必是健康的。应当从资本性格的两面性上考虑制度的优劣。

目前，我国个人投资者对专业服务机构的信任程度是比较低的。如果国内专业服务机构能在提升投资水平基础上，把利润分配向老百姓倾斜，适度让利，则既能够吸纳更多个人投资者的资金，也能够从整体上增强市场的投资理性，提高资金的运用效率。成规模的个人投资者把资金交给专业服务机构打理，必然会增强社会资本的集约运用水平，市场运行的总体质量就会比现在高出一大截。这是我们所应当追求的。

从增强我国投资银行的竞争力、打造国际一流投资银行来说，一要抓好制度落实，进一步压实投资银行作为中介机构的责任。将保荐人资格与新股发行信息披露质量挂钩管理，适当延长保荐机构持续督导期。落实好投资银行作为投资者适当性制度中介人的职责，把适当的投资产品推介给适当的投资者。二要强化投资银行特别是重点投资银行作为"理性投资、长期投资、责任投资的投资者"定位，发挥好重点投资银行引领市场投资风向的积极作用。要在减少不必要管制、创新资本和人才机制、丰富市场手段、完善公司治理等方面采取创新举措。

当然，也要讲清楚，个人投资者遵纪守法，凭自己的智慧，通过对上市公司基本面的分析，理性买卖股票，是公民的基本权利，应当受到充分尊重。不能简单地认为，西方国家股市个人投资者少，就想方设法压缩个人投资者的规模，甚至提出"逐步消灭散户"。我国的股市制度设计，要多为老百姓着想，不能被资本绑架。所谓"消灭散户"的说法是非常错误的。解决散户规模过大、市场无序感过强、非理性投资行为泛滥的问题，要靠专业服务机构。它们提供更加到位、更加具有吸引力的服务，就能吸引普通居民把钱交给它们代理。

### ▮▮ 点睛之笔　董少鹏：挺起 A 股的脊梁

美国当地时间 1 月 24 日，美国股市开盘暴跌，但后半场逐步收窄跌幅，甚至以红盘报收。而 25 日开盘的 A 股却一路盘跌，三大股指跌幅均超过 2.5%。在中国已实现的增长指标强于美国，保持进一步增长的条件明显优于美国的情况下，中美股市的这种反差实在令人深思。

美国股市 24 日先暴跌再翻红的走势，反映了美国面临巨大通胀压力、制造业难以提振、疫情大肆蔓延的复杂形势：一方面，投资者对经济和股市前景感到担忧，对加息和刺激政策退出十分敏感；另一方面，其主流投资机构凭借强大资金实力，出手护盘十分凌厉。

美国股市在 2008 年国际金融危机后，仅经过短暂的低位震荡，即进入上行通道；到 2020 年 2 月，道琼斯指数涨到接近 30000 点，随后因疫情暴发出现快速调整，发生 6 个交易日三次下跌熔断的奇观。但在美国对外发动贸易争端，国内制造业低迷、失业面扩大的情况下，美股却再次走出 V 型反转行情，一路上扬。到 2022 年 1 月 4 日，道琼斯指数比 2019 年年底上涨了约 30%。

反观 A 股，2022 年 1 月 4 日上证综指比 2019 年年底仅上涨 19%。而 2020 年疫情发生后到今天，中国无论是在疫情防控上，还是在经济社会发展上，都是走在世界前列的：不仅率先控制住了疫情，最大限度减少了患病率、重症率、死亡率，而且最早实现经济正增长，是 2020 年唯一实现正增长的主要经济体。美国不但陷入疫情反复和持续蔓延之中，死亡人数持续上升，而且制造业陷入萎缩、失业率低迷、物流不畅，其超大规模发行货币已导致 7% 的通货膨胀率，政策即将转向。

美国股市能够在经济如此畸形的情况下一再走高，与其大量发行货币有直接关系，但也与其主流投资者大力护盘有关。美国的主流投资者深知，股市保持活力对于吸纳全球资金、化解其经济矛盾是有益的。

相对而言，中国股市与实体经济运行的状况存在一定反差。在不断巩固防疫战略成果的同时，我国早于其他主要经济体实现稳定增长。按不变价格计算，2021 年国内生产总值比上年增长 8.1%，两年平均增长 5.1%。2021 年我国货物贸易进出口总值 39.1 万亿元，比 2020 年增长 21.4%；我国年度进出口规模首次突破 6 万亿美元关口，达到历史高点。特别是，经济增长的创新动能显著增强。2021 年高技术制造业、装备制造业增加值分别增长 18.2%、12.9%，增速分别比规模以上工业快 8.6 个百分点、3.3 个百分点。目前，我国已连续 4 年保持第二大外资流入国地位。随着 RCEP 实施和自贸试验区、海南自由贸易港、国家级经开区等开放平台功能进一步拓展，我国将成为更具吸引力的投资兴业热土。

近期，国内股市表现疲软有一些短期理由，一是市场普遍认同的热点板块已积累一定涨幅，需要消化；二是今年经济增长的确存在一些压力。但这不足以导致近期股市大跌。因为今年增长压力主要体现在一季度，而这是由于 2021 年第一季度同比增长幅度较大的缘故。所以，把这个因素夸大是偏颇的。

既要看到当前的困难，也要看到有利的形势。我们在过去两年坚持未雨绸缪，稳扎稳打，为应对当前困难预留了充足的政策空间，积累了相当的实力。一是中国过去两年没有跟随美联储的脚步，坚持货币政策独立性，实施稳健的货币政策，保持宏观杠杆率基本稳定。这样，在今年美联储加息、促使美元回流的情况下，我国可以实施更有力的财政货币政策。二是开展跨周期和逆周期调节，根据市场情况"打提前量""靠前发力"。从去年 12 月开始，我们提前下达部分 2022 年专项债券额度，采取了下调存款准备金率等一系列举措，为实体经济低成本融资和稳健运行创造条件。国务院已决定，前期已对部分到期税费优惠政策延期的基础上，再延续执行涉及科技、就业创业、医疗、教育等另外 11 项税费优惠政策至 2023 年年底。三是持续做好"六稳""六保"工作，特别是保居民就业、保基本民生、保市场主体，以稳住经济大盘为改革赢得空间，为提高经济运行质量夯实基础。要用好过去两年在这方面积累的经验，进一步释放政策推动力，激发市场主体活力，营造各业竞相繁荣发展的局面。四是坚持供给侧结构性改革这条主线不动摇。在稳住经济大盘的基础上，坚持向改革要效率、靠改革谋突破，推进公平竞争政策实施，加强反垄断和反不正当竞争，强化知识产权保护，畅通国内大循环、突破供给约束堵点，稳步推进电网铁路等行业改革，提升制造业核心竞争力，促进传统产业升级，扩大高水平对外开放、推动制度型开放。我们坚持改革开放的方向不会动摇，推进改革开放的步伐不会慢下来，这是我国经济高质量发展的底气。

近期 A 股市场疲弱的表现是对利空因素的过度反应，而这种过度反应是通过机构投资者传导的。目前，我国机构投资者在市场中的比重已大大提升，其资金实力也已今非昔比，但不少机构投资者的投资理念存在短板，特别是对市场热点和行业估值的判断存在短期化倾向，不能发挥市场压舱石、定盘星的作用。在遇到风吹草动时，需要主流投资机构维护大局，引领方向，发挥应有作用。在此，我们呼吁证券公司、基金公司、社保基金、保险资金等，担起引领价值投资的主体责任，主动维护资本市场稳定发展、持续发展的局面，挺起 A 股的脊梁来！

（《证券日报》2022 年 1 月 26 日）

**▋▋体制镜鉴** 董少鹏：国家级投资者教育基地是干什么的？

2021 年 9 月 23 日，第四批全国证券期货投资者教育基地（以下简称"国家级投教基地"）授牌活动在北京举行。从第一批国家级投教基地授牌到现在，已经跨过了 7 个年头；如果算上前期政策和技术准备时间，则已经跨过了 8 个年头。

目前，国家级投教基地共有 71 家，省级投教基地共有 128 家。从 2016 年至今，国家级和省级实体投教基地累计接待数十万人次；国家级互联网投教基地累计访问者达数亿人，省级互联网投教基地累计访问者以千万人计。

那么，这些投教基地发挥了哪些作用？花费诸多人力、物力、财力，给资本市场规范发展、生态优化带来了哪些促进效应？

总体来看，投教基地作为我国资本市场创新性的基础设施，发挥了服务广大中小投资者，提升投资者法治意识、市场理念、市场参与能力的作用，有力推动了中国特色资本市场软实力的形成和累积。

首先，投教基地是广大投资者的"出发站"和"加油站"。

所谓出发站，是指每一个新入市的投资者，都要从"投教"这个起点出发，接受必要的培训。投资者只有掌握市场基本知识，形成基本的价值判断和风险识别能力，构建起"投资基础装备"，才能参与变幻莫测的市场。投教基地体系建立后，拓展了投资者学习投资知识，了解宏观经济政策、产业运行趋势的平台，有助于提高投资者素质。

所谓加油站，是指已入市的投资者，也要在"投教"这个平台上继续学习。从长周期来看，不但市场本身在变化，影响市场的各种因素——包括政治经济形势、上市公司治理、市场监管规则、产业周期等也在变化。这些都可能对投资活动造成影响。

随着以注册制为核心的资本市场改革深入推进，发行上市、交易、并购重组、信息披露、退市等机制发生了深刻变化。如上交所科创板、深交所创业板和北交所，股票涨跌幅限制已经放宽；对市场违法违规行为的处罚力度显著加大，退市机制的刚性更强；等等。同时，违法犯罪活动也呈现新特点，带来新挑战。投资者务必加强学习，持续提升识别和防范风险的能力。

其次，投教基地是践行"以人民为中心"执政理念的服务站。

截至2022年3月31日，我国资本市场个人投资者达20322.29万人，持股市值在50万元以下的中小投资者占比超90%。可以说，资本市场良性运行事关广大人民群众的"钱袋子"。加强投资者保护，增强投资者的获得感，必须从源头抓起：既要建设好市场基础设施，又要引导教育投资者理性参与。而由监管部门组织专家评审并授牌，由合格主体按照规范的标准、以公益方式运营投教基地，让投资者学习充电更方便、更有效，是我国资本市场建设的一个创举。

目前，承办投教基地的核心主体是证券期货行业机构，包括证券公司、基金公司、交易场所、有关协会等，还有传统媒体、互联网平台、高等院校、实体企业、政府部门等。这些主体是资本市场的参与者和受益者，它们以公益方式建设投教基地，为广大投资者服务，是回馈社会最好的方式。

需要指出的是，投教基地的公益性质与高标准是统一的，监管部门对基地运行情况定期和不定期检查和考核，促进各基地发挥应有功能；还将在充分评估论证的基础上进一步完善投教基地建设和管理措施。

最后，投教基地也是市场积极力量的集合站。

建设好资本市场，须坚持依法治市和以理念引导相结合。从依法治市来讲，一靠高质量的市场主体，包括有竞争力的上市公司、理性的长期投资者、高水平的专业服务机构；二靠高效的监管和执法体系。要处理好政府与市场的关系，该管的要管住，该放的要放开，看不清楚的要多研究，通过实践找出市场化、法治化的解决路径。如近期成立的最高检驻中国证监会检察室，实现了行政执法与刑事司法高效衔接，将增强打击证券违法犯罪的合力。

从市场理念引导和建设来讲，不单要靠资本市场体系内的力量，也要动员和激发资本市场之外的力量。投教基地不应仅是投资者光顾的场所，也应当是向全社会展示资本市场成就、普及现代市场经济理念的场所，应当成为资本市场联系社会各界的纽带和桥梁。

通过投教基地，让更多的社会成员了解资本市场逻辑、知晓资本市场在国民经济体系中的功能作用，在更大范围内形成建设中国特色资本市场的共识，市场建设的氛围就会更好，改革的效率就会更高，市场建设的成效也会更显著。

国家级投教基地是引领性和示范性的，务须坚持高标准、严要求，落实各项功能建设和运营管理目标，为投资者提供高质量、有实效的教育和服务，发挥排头兵作用。省级投教基地同样要高标准，但应更注重本地化需求，打造差异化优势；要用好国家级投教基地的资源。要构建好投教基地体系，丰富投教和服务内容，增强其纽带桥梁功能，使之成为中国特色资本市场提高软实力的重要载体。

| 第 四 章 |

# 中国特色社会主义制度与中国股市体系

习近平总书记指出："搞社会主义市场经济是我们党的一个伟大创造。既然是社会主义市场经济，就必然会产生各种形态的资本。资本主义社会的资本和社会主义社会的资本固然有很多不同，但资本都是要追逐利润的。'合天下之众者财，理天下之财者法。'我们要探索如何在社会主义市场经济条件下发挥资本的积极作用，同时有效控制资本的消极作用。"① 中国股市作为中国特色社会主义市场经济的有机组成部分，在市场基础、制度体系、保障机制等方面都有一些新特点，但这不是说中国股市与其他国家股市在市场机制上有根本不同，而是说中国股市是一种制度升级了的股市。当然，这一有诸多创新内容的股市，还需要不断完善。

中国股市是世界金融市场的重要组成部分。发展中国股市，要以更加开放包容的胸怀，积极借鉴其他市场的好办法、好措施；中国特色股市制度应当优于其他股市制度，而不应当相反。中国股市和各国股市发展的历史都说明，资本有积极作用，但也有消极作用。创新制度模式，应当扬长避短，坚持问题导向，促进市场公平正义。

---

① 习近平：《正确认识和把握我国重大理论和实践问题》，《求是》2022 年第 10 期。

中国特色股市要充分体现公有制为基础、多种所有制经济共同发展的所有制要求，要构建国有股有序流通和合理估值的创新机制，上市公司等市场主体的行为应当与国家重大战略、经济发展规划相关联，并形成正反馈机制。以此为基础，各类市场主体依法竞争、以发行权和维权，或发展壮大，或被淘汰。中国股市是开放的股市、创新的股市、更加公平、更加效率的股市，按照这个思维推进股市改革，市场化之路就会越走越宽。

# 一、中国特色社会主义制度与中国股市体系
# 相结合的基本逻辑

中国股市是中国特色社会主义市场经济的重要组成部分，也是中国社会主义国家体系和肌体的重要组成部分。人们一谈到股市，往往只把它当作一个"市场"来看待，就像菜市场、服装市场一样。这在一定意义上也是对的，但是，股市与一般意义上的商品市场、物资集散市场相比，还有一些特殊性，即在一定程度上体现社会政治制度、文化传统、社会治理、信用环境等内容。这是因为，股市与产权制度、产权结构、社会分配是紧密关联的。

我国实行社会主义制度，股市制度体系必然与社会主义制度相结合。两者相互融合统一，则股市发展顺畅；两者出现背离和冲突，则股市发展受阻。

首先，股市须在《宪法》框架下发展，落实《宪法》规定和要求。《宪法》有关条款包括，"国家在社会主义初级阶段，坚持公有制为主体、多种所有制经济共同发展的基本经济制度，坚持按劳分配为

主体、多种分配方式并存的分配制度";"国有经济,即社会主义全民所有制经济,是国民经济中的主导力量。国家保障国有经济的巩固和发展";"在法律规定范围内的个体经济、私营经济等非公有制经济,是社会主义市场经济的重要组成部分";"国家保护个体经济、私营经济等非公有制经济的合法权利和利益。国家鼓励、支持和引导非公有制经济的发展,并对非公有制经济依法实行监督和管理"。如果股市秩序不能反映宪法规定的这个基本框架,那就会拧巴,就会不顺畅,就会面临监管纠结。

坚持"两个毫不动摇",是我国现有所有制情况和未来发展的最好概括,也是指导各项改革的基本原则。"两个毫不动摇",即"必须毫不动摇巩固和发展公有制经济,坚持公有制主体地位,发挥国有经济主导作用,不断增强国有经济活力、控制力、影响力。必须毫不动摇鼓励、支持、引导非公有制经济发展,激发非公有制经济活力和创造力"。

我国所有制形成的路径与西方国家的不同之处就在于,西方国家是在私有制充分发展的基础上,随着生产力的发展,产生了非私有经济甚至国有经济。而新中国成立以后,则是完全消灭了私有制。在经过近三十年普遍实行公有制的历史阶段后,实行改革开放,一方面对公有制经济,即"存量部分"进行改造、改组、改革;另一方面,催生了非公有制经济,可以看作"增量部分",同时发展了混合所有制经济。这是新中国所有制发展的历史。这个历史和目前的所有制格局,必然对股市发展产生实质性影响,对此,我们要有基本的认识。

改革开放的实践证明,公有制特别是国有经济可以搞好,市场经济与公有制可以结合。因此,公有制为主体,国有经济为主导,多种所有制经济共同发展是历史的选择和必然,坚持"两个毫不动摇"就是尊重历史的表现。不顾生产力发展水平,搞纯而又纯的公有制和不顾历史及现实状况走私有化的道路，都是不可取的。

股市是资本自由博弈的场所，但并非没有一些约束性规则。西方国家的股市以资本主义私有制为基础，但也强调公平、公正、公开，强调制度约束。我国股市以坚持"两个毫不动摇"为基础，同样要强调公平、公正、公开，加强制度约束。

股市与社会主义制度相结合、相融合，还必然有一些自己的特点。比如在一些国有控股上市公司中，国有股的地位不能弱化；再比如四大商业银行的国有控股地位，也不能轻言削弱。即使市场中介机构如证券公司，有的也需要国有资本控股。这并不意味着没有市场化。市场化的含义不是私有化，而是不同主体之间可以按照自己的价值取向进行博弈、达成交易。对于国有资本的受托代理人来说，它是否要进入某一家企业，在其中持有多大比重的股份，应由其董事会依据国家资本的战略决定。当然，国有资本如何运作，都应当按照法律规定和市场规则来办。

毋庸置疑，国有资本控股或者国有资本持股比例较大的公司，其必然形成相对特殊的市场地位。对公众来说，一是可以据此观察国家对于某一具体行业的战略价值判断；二是可以据此评估某一具体企业的效率约束，因为国有控股很有可能导致效率相对低一点。一种常见的说法是，国有控股企业一般效率都太低。笔者不赞同这种说法，而主张使用"效率相对低"的提法。纵观全世界，国有资本效率相对低一点，是很正常的。即使完全由私人资本控制的大型跨国公司，运行效率也是不高的，即也有大企业病。我们不能因为国有企业或其他大型企业效率相对低一点，而否定其存在和运作的必要性，因为，世界上不是什么东西都一定要"彻底交易"的。国有体制的目的，就是要以牺牲一点效率为代价，达到稳定社会、稳定经济的目的。

其次，股市治理须解决好市场和政府的关系问题。

中国特色社会主义主义制度还有一个特点，是政府在经济运行中的管理协调作用十分突出。相对美西方的市场经济，中国市场经济是与"大政府"运作方式相互适应和统一的。

我国传统的"大政府"运作模式有明显弊端，应当按照"有限政府""有为政府"相结合的思路继续深化改革。但同时，我们也不能简单效仿其他一些国家过度缩小政府职能的路子。而应当在有为政府和有效市场之间找到平衡，在公共管理和市场博弈之间找到平衡。还要兼顾文化传统、社会环境、民族性格等因素，形成适合自身实际的政府与市场关系模式。

通过比较中外经济治理模式，我们可以发现，政府在市场经济当中发挥宏观调控、审慎管理、行政监管的作用，是不可替代的。西方资本主义国家按照自由市场经济理论，试图把政府的作用无限缩小，也遇到了诸多困扰。比如 2008 年美国爆发金融危机时，金融监管部门由于缺乏法律授权，无法对一些金融衍生品实施监管，导致市场失灵时负责宏观管理的政府无能为力，贻误拯救市场危局的时机。

美国 2011 年爆发"占领华尔街运动"，运动组织者称反对美国政治的权钱交易、两党政争以及社会不公正。其社会根源是，美国金融运作脱离实体经济，形成严重的钱生钱模式，中下层人士对社会治理严重不满，渴望找到出路。

美国政界和金融监管部门对如何监管金融衍生品市场、如何防控风险存在分歧和冲突。这体现在具体措施上：为了防控风险，2010 年 7 月出台《多德—弗兰克华尔街改革与金融消费者保护法》。根据该法案，设立金融稳定监管委员会（FSOC），职责是实施宏观审慎监管和监管协调，防范系统性风险；设立消费者金融保护局（CFPB），职责是投资者保护。法案要求改革衍生品市场，实施场外衍生品场内集中清算等。

但美国当局的思维是，更重视市场效率和功能发挥，其实也是满足资本的需要。于是，后续监管政策都留出了弹性，部分较严苛的政策在"临门一脚"时被取消。如2011年美国商品期货交易委员会（CFTC）取消了2010年《联邦能源合约投机性限仓规定征求意见稿》中最为严厉的遏制投机的"挤出"条款，即完全区分套保账户和投机账户，以套保账户享受限仓豁免的参与者将不允许再持有任何投机性头寸。2015年CFTC颁布了关于非集中清算场外衍生品的保证金和抵押品规则，对避险的生产商等实体企业进行一些豁免，且允许银行与其非银行关联方之间的交易对冲不缴纳初始保证金。

这是市场力量（资本）和政府监管（维护宏观稳健）博弈的现实版。可见，政府引导和监管在市场中发挥什么样的作用，实际上是一个找平衡点的问题，而不是政府作用越小越好的问题。

最后，股市须落实以人民为中心、为人民增福祉的理念。

习近平总书记对中国特色社会主义的阐释，一个核心思想就是"以人民为中心"。中国股市应当贯彻"以人民为中心"的思想，为老百姓服务，为社会成员共同利益服务。这是一个重大的道义和法律约束力量。

截至2022年3月31日，我国资本市场个人投资者超过2亿人。随着经济高质量发展和人民收入水平提高，个人投资者规模还会扩大。有人认为，中国的散户投资者会越来越少。笔者认为，这有很大的不可测性，因为文化传统不可能一夜之间改变，居民自己直接投资仍是一个重要选择，其次是委托理财渠道。从市场建设和监管来讲，关键还是加快建立为人民服务的股市体系，建立为个人投资者提供更理性、更方便、更普惠服务的专业机构队伍。不可轻言、妄言"把散户赶出市场"。

以上三点，是中国社会主义制度与股市结合的基础要件，不能背离。这也应当是中国特色现代股市的基础特征，请所有参与中国股市的人加深理解。

也许有人认为，这样的制度描述与传统的股市理论对不上，这样的要求会损耗"市场化能量"，会阻碍中国股市与国际接轨。但笔者认为，公平和效率永远是一对矛盾，资本市场作为一个市场，当然是要达到资产定价、资产流通、资产配置的更好效果，但资产背后都是活生生的人，为所有市场参与者的公平竞争来安排制度，看似损耗一点绩效，其实是获得了更有质量的绩效、更具持续性的绩效。这也是我们矫正传统股市制度，消除其弊端，创造性发展股市，使之更加符合人类发展利益的基本考虑。

当今世界，股市的价值中枢、运行秩序是否稳定，股市是否具有吸引力，已不单单是一个市场问题，而且是一国政治经济社会长期稳定发展的重要支撑点。美国之所以在全球经济体系中保持优越地位，与其股市对全球资本、技术的吸引不无关系。美国股市作为美国信誉的名片，可谓当之无愧。

股市具有引领国家经济发展、服务国家资产估值的重要职能，在一国发展战略中占有重要地位。毫无疑问，如果本国股市不能担当为本国资产估值的职能，就只能由其他的股市来代替。

国家主权在经济领域有多种表现形式，最主要的是标准制定权、价格制定权、规则制定权。股市是兼具这"三权"的经济领域，自然是国家利益的组成部分，不应该成为一个"无政府主义的市场"。

国家间的利益博弈必然在股市当中有所表现，对此，我们要保持清醒的头脑。在这样的逻辑下，股市中的大型利益主体必须与国家战略利益相一致，而不能有根本性冲突。在坚持法治化、平均化、国际化的同时，我国的投资银行、会计师事务所、评级机构等，应坚定维护国家利益，在大是大非面前保持清醒。

## ▍历史镜鉴 美国 2008 年金融危机

美国 2008 年金融危机对全球经济发展和金融稳定造成巨大冲击，是第二次世界大战以来又一次全球性的严重金融危机。

这次危机的苗头可以追溯到 2000 年互联网投资泡沫时期，甚至可以追溯到 1997 年亚洲金融危机时期，其本质是美元霸权和美国本土经济的内生矛盾所致。但较近的源头与美国商业银行大肆发行住房次级贷款有关。在巨大金融利益诱惑下，美国金融机构设计出住房次级贷—按揭证券（MBS）—债务抵押债券（CDO）—信用违约掉期（CDS）资金和风险循环模式，其中不断放大的风险在 2007 年 4 月爆发：美国第二大次级房贷公司——新世纪金融公司被迫宣布破产。2007 年 7 月 16 日，华尔街第五大投资银行贝尔斯登关闭了旗下的两家对冲基金，并报亏损。2007 年 8 月 6 日，美国第十大抵押贷款服务提供商——美国住宅抵押贷款投资公司申请破产保护。

2007 年 8 月，为了稳定金融预期，遏制风险传递，美联储决定向金融体系注入流动性，美国股市也得以在高位维持。但长年寅吃卯粮、狂吹泡沫，最终必然一地鸡毛：2008 年 3 月，美联储促使摩根大通银行收购了贝尔斯登。2008 年 9 月 7 日，美国财政部被迫宣布接管房利美公司和房地美公司。2008 年 9 月 15 日，美国第四大投资银行雷曼兄弟控股公司申请破产保护；美国银行发表声明称，愿意收购美国第三大投资银行美林公司。2008 年 9 月 16 日，美联储向美国国际集团（AIG）提供 850 亿美元短期紧急贷款。2008 年 9 月 21 日，看到华尔街大型投资银行相继倒下，美联储宣布：把没有倒下的两家投资银行，即高盛集团和摩根士丹利改为商业银行。2008 年 10 月 3 日,布什政府签署了总额高达 7000 亿美元的金融救市方案。

这一轮金融危机的"近端原因"是:(1)美国政府冒进的房地产金融政策给风险打开大门,为危机埋下了伏笔;(2)美国金融监管缺位,导致金融机构滥发金融衍生品,通过拉长金融交易链条助长泡沫;(3)美联储宽松货币政策推波助澜。"远端原因"是:(1)美国长期坚持其贸易和金融霸权政策,通过制造外部地缘政治和战争危机转嫁内部危机;(2)长期忽略金融衍生品可能带来的巨大风险,放任金融食利阶层通过华尔街收割风险利益;(3)内部政治经济矛盾持续积累,已积重难返,会周期性爆发。

**历史镜鉴** 美国的"占领华尔街"运动

2011 年 9 月 17 日,上千名示威者聚集在美国纽约曼哈顿,试图占领华尔街。有人支起帐篷,声称要长期驻扎在这里。他们通过互联网组织起来,号召更多的人前来示威。参加示威活动的多为中下层民众,白人为主。他们对住房、医疗和教育价格飞涨,银行受到大规模救助,成千上万的人却遭到辞退或停发工资,十分不满。示威口号主要包括"抗议美国政客只关心公司利益""谴责金融巨头利用金钱收买政治""呼吁重新夺回对美国政经决策的影响力"等。运动的组织者称,他们的意图是要反对美国政治的权钱交易、两党政争以及社会不公正。

2011 年 10 月 8 日,"占领华尔街"抗议活动升级,千余名示威者在华盛顿哥伦比亚特区游行。抗议活动逐渐扩展到美国 120 多个城市。活动还蔓延到美国以外地区,如捷克布拉格、德国法兰克福、加拿大多伦多、澳大利亚墨尔本、日本东京、韩国首尔、爱尔兰科克等。

11 月 15 日凌晨,纽约警方发起清场行动,驱赶祖科蒂公园的占领者，取缔其营地。10 月 25 日，奥克兰警方使用警棍等驱赶占领者，取缔营地，发生流血冲突。

## 二、构建国有股有序流通和合理估值的创新机制

在我国，国有控股上市公司在市场中占有很大比重。经过多年持续改革，国有股的持有主体逐步多元化，包括国务院国资委、地方国资委、国家级投资运营公司、行业集团公司等。

截至 2022 年 3 月 31 日，国有控股上市公司达 1357 家，总股本为 5.23 万亿股，总市值为 37.58 万亿元，占沪深股市总市值的 46.68%。这一特殊的结构性特征是进一步发展中国股市必须要考虑的问题。

在 2016 年股权分置改革完成之后，国有股流通问题从制度上得到解决，但"全部可以流通"不等于"全部进入市场流通"，国有股的流动性依然相对呆滞。应当完善措施，促进国有股权有序流动，增强其在整个市场中的定价引导力。

需要说明的是，对"国有股权流动性不足"和"大股东股权相对稳定"这两个问题，应从理论上梳理清楚。第一，一般来说，上市公司的大股东都不会大规模交易手中的股权。这是因为，控股股东和大股东要稳定其在公司的发言权，稳定公司预期。第二，只有控股股东、大股东进行战略调整时，才需要大规模卖出股票，让渡权力。第三，国有股有序流通问题不能窄化为全流通问题，而应以提升其定价引导力为重点。不管是私人股东还是国有股东，其保持自己的控制地位，逻辑上是完全一致的。

在股权分置改革后，有人说国有股仍然不流通，是一个伪命题。事

实上，国有股是有流通权的，只是没有用好这个权力。用好国有股流通权，可以更好地实现国有股权价值，更好地配置国有资产，还可以引导市场理性定价。第一，应进一步完善国有股权代表人制度。国有股权代表人应当具备资本市场的运作能力，由其综合考虑各项市场因素的变化，对国有股运作管理问题提出操作方案，按照程序进行决策并实施。第二，完善国有股管理的评估、交易、监管等规则。鉴于电子化交易机制已经很成熟，各种操作留痕都可以做到，关键是细化对评估程序、交易程序的监管规则，督促国有股权代表人诚信、公正、负责任开展交易。

目前，已经形成了一整套涉及国有股权交易的制度。国有股东单位负有对国有股权保持增值的责任，接受各级国有资产管理部门和财政部门的监督，还要接受审计部门的监督。应当就年度国有资产保值增值情况进行报告，由专业的审计评估机构提供专业意见。如果需要出让或增持股份，应当先行进行审计评估；在审计评估基础上履行批准程序之后，按照市场价格有序出让或增持。同时，为了维护市场稳定，应当履行证券法相关规定。即上市公司持有5%以上股份的股东实际控制人如果减持股份，就要按照相关法律规定，包括证监会对持有期限、卖出时间、卖出数量、卖出方式、信息披露的有关规定，要遵守证券交易所的业务规则。

2017年证监会发布的《上市公司股东、董监高减持股份的若干规定》，对上市公司控股股东和持股5%以上的股东减持股份作出要求。国有股东持有上市公司股份，也按照这样的比例要求来规范。这类股东通过交易所集中竞价减持，需要提前15个交易日披露减持计划。同时，上市公司大股东在三个月内通过证券交易所集中竞价减持股份的总数不得超过公司股份总数的1%。通过协议转让减持股份并导致股份出让方不再具有上市公司大股东身份的，股份出让方、受让方应当在减持后6个月内，继续遵守每三个月减持不得超过公司股份总数1%的要求。应当在卖出15个交易日前披露减持计划。这是根据实际情况作出的有关国有股减持的规定。对于国有股东增持，也有相应的限制，目的都是保障市场预期稳定。

在增持方面，《上市公司收购管理办法》（2020年3月修订）规定，投资人及其一致行动人拥有的权益达到一个上市公司的已发行股份的5%，应当在事实发生之日起三日内报告监管部门并公告。之后每增加或者减少5%股份时应当进行报告和公告。投资人和一致行动人拥有的权益达到一个上市公司已发行股份的5%后，其拥有权益的股份每增加获减少1%，应于次日通知该上市公司并公告。增持主体无论通过交易所竞价买入还是通过协议转让，都要符合以上规定。

投资者及其一致行动人不是上市公司的第一大股东或实际控制人，其拥有权益的股份达到或者超过该公司发行股份的5%，但未达到20%的，要编制简式权益变动报告书。前述投资者及其一致行动人是上市公司第一大股东或者实际控制人的，如果其持有的股份达到或者超过一个上市公司已发行股份的5%，但未达到20%的，还要披露投资者及其一致行动人的控股股东实际控制人及其股权控制关系图。如果持股超过20%但未超过30%，还要制定详式权益变动报告书。收购人持有一个上市公司的股份达到该公司已发行股份的30%时，继续增持股份的，应当发出全面要约或者部分要约。

2018年5月16日出台的《上市公司国有股权监督管理办法》，由国资委、财政部、证监会联合签发，明确了上市公司国有股权变动的监督管理由省级以上国有资产监督管理机构负责。其中规定，国有控股股东的合理持股比例，由国家出资企业研究确定，并报国有资产监督管理机构备案。国有资产监督管理机构设立"上市公司国有股权管理信息系统",通过这个平台对上市公司国有股权变动实施统一监管。

同时,国有资产管理机构对国有控股股东、国有参股股东转让上市公司股本规模进行管理,达到一定比例的,要经过国资监管部门审核批准。《上市公司国有股权监督管理办法》还规定了国有股东所控股上市公司的吸收合并、国有股东所持上市公司股份间接转让、国有股东与上市公司进行资产重组等的监管措施。

目前,国有股权管理办法中缺少"机动调节机制"的规定。即在股市大盘和国有控股上市公司股价异动时,国有股权代表人如何发挥价值引领功能。比如像工商银行、中国石化、中国电信、长江电力这样的龙头企业,以及中等规模的国有控股上市公司,其价格中枢应当体现公司的基本价值。当市场价格过度偏离基准价格时,大股东应当采取增持等手段予以调节。这方面的机制亟须补短。

2016年起,国务院国资委开展了"由国有资产监管机构授权国有资本投资、运营公司履行部分出资人职责试点"和"政府直接授权国有资本投资、运营公司履行出资人职责试点",即通过设立国有资本投资公司、国有资本运营公司开展市场化投资运营,根据需要在具体行业和具体企业中间进行资本进出调节。目前,这些国有控股投资公司、运营公司通过其下属基金参与产业投资、企业并购等,如国新控股运营了国新国同基金、央企运营基金、国新建信基金、双百基金和科创基金等,诚通集团运营国内最大私募股权投资基金——中国国有企业结构调整基金。国投公司涉足金融业范围更广,涵盖证券、银行、证券基金、信托、保险、担保、期货、财务公司、融资租赁等。目前尚未有"国有资本投资公司和国有资本运营公司可以入市买卖股票"以及"稳定国有上市公司市值"的明确信息。

为了增强国有投资机构参与特定领域、特定行业重点公司的灵活度，拓宽参与渠道，增强适应性。可以研究设立金股制度，即"国家特殊管理股制度"。2015 年 9 月 24 日，《国务院关于国有企业发展混合所有制经济的意见》提出，在少数特定领域探索建立国家特殊管理股制度，依照相关法律法规和公司章程规定，行使特定事项否决权，保证国有资本在特定领域的控制力。

从国际经验来看，特殊管理股制度主要有两种模式：一是类别股份制度，也称一股多权制，即每股享有若干表决权。这种股份通常向特定的创始人股东发行，这样，创始人股东可以在股份制改造和融资过程中充分抵御外部股东的控制，防止恶意收购，并始终保有最大决策权和控制权。具体是将公司股份分为两种或多种，各种类股份具有同等的经营收益权，但创始人股东持有的股份具有特别投票权，包括董事选举和重大公司交易的表决等。二是黄金股制度。这种股权制度主要适用于政府股东，政府持有少量股权或象征性持有一股，但在某些重大事项上拥有一票否决权。黄金股制度起源于 20 世纪 70 年代末 80 年代初，英国政府在大力推行国有企业私有化改革过程中，鉴于部分国有企业涉及国计民生和国家安全，为防止失去控股权后对国家和社会民众产生不利影响，创造了"黄金股"这一特别股份形式。章程中规定，政府主要权限包括：限定特定个人持有股份，限制有关集团资产的处理，限制有关公司自发性的关闭和解散，限制发行有表决权的股份，董事的任命条件等。其中，公司管理层在实施重大并购或大股东转让股份时，都必须经过黄金股持有者（政府）的最终同意，否则无效。对于企业经营班子成员的任免，日常经营管理与分配等，黄金股则不享有一票否决权。

黄金股制度在电信、航空、水利等公用事业类国有企业改制中成功推行，其效果获得公认。除英国外，法国、西班牙、意大利、葡萄牙等都曾在国有企业改制过程中广泛推行黄金股制度，亚洲的韩国和我国台湾地区也都曾经试行黄金股制度。有分析认为，从实施黄金股的国家和地区来看，即使是推行了这种特殊股权制度，私人资本对所谓国有企业的控制也是在加强的。特别是在 20 世纪 70 年代兴起的拉丁美洲私有化运动中，美国企业和金融机构几乎主宰了阿根廷等国的经济，使拉丁美洲国家对美国等发达国家产生了新的依附关系。

就我国实际情况来说，实施国家特殊管理股制度，首先要确定在哪些领域可以实行。参照国际经验，可以在文化传媒类企业和互联网企业试点类别股份制度，在电信、交通、航空、电力等公用事业类国有企业中试点实行黄金股制度。在试点和推行过程中，要以国家整体安全为重，坚决杜绝制度失衡，不能发生重点产业、关键领域龙头企业被境内外寡头把持的局面。

## 三、市场主体自主配置资源与国家重大战略和发展规划的关系

在我国，股市运行与国家重大战略、阶段性发展规划息息相关。该如何看待市场主体自主配置资源和国家发展意志的关系呢？

一方面，我们强调让市场在资源配置中发挥决定性作用，市场主体在法律法规和市场规则下自由竞争；另一方面，中央立足国家整体利益和人民长远福祉，会在不同阶段出台经济发展规划、提出重大发展战略，这些规划、战略来自市场，同时具有指导性。两者是共性和个性的关系，是整体和个体的关系，是前瞻性指引和实际运作的关系。

20 世纪七八十年代以来，新自由主义成为西方国家主导的全球化

的基本理论。塑造这一理论的标志性事件是，1990 年美国政府编制了包括十项政策工具的"华盛顿共识"。其基本原则包括贸易经济自由化、市场定价（使价格合理）、消除通货膨胀（宏观经济稳定）和私有化。新自由主义认为，集中决策体制下不可能实现稀缺资源的有效配置，因为政府不可能有充分的信息作出明智的决策。

应当指出的是，新自由主义是适应西方垄断资本向全球拓展市场、在全球范围内布局、扩大其资源配置优势的需要的。而对众多发展中国家而言，新自由主义是一柄双刃剑：融入新自由主义主导下的全球化，会带来发展的"梯次转移"效应，带动本地经济增长，但也给自身带来"被动效应"和"从属效应"——这种效应经过一段时间后才能发酵。

我国实行社会主义市场经济，虽然在改革不同阶段采取了不同的政策措施，但总体上坚持将政府宏观管理职能和释放激发市场活力有机结合起来，形成了协同和集合效应。我们始终没有放弃政府对经济的宏观管理、战略规划、政策引导，逐步探索出一条有为政府和有效市场有机结合的道路。在这个过程中，我们通过出台国家重大战略和阶段性发展规划，有效地稳定了市场预期，促进了经济各部类之间的协调发展，保持了较长时间的较高速度增长；为后续改革发展奠定了相对坚实的物质基础、制度基础。

当前经济全球化遭遇瓶颈，单边主义抬头，特别是在美国等发达国家抬头，表明新自由主义否认产业规划积极作用、削弱国家宏观管理职能、夸大私有化对于资源配置的效能、忽略贫富分化导致的负面效应，这一理论的弊端已经引发严重后果。

结合我国实际情况，放眼全球经济发展大势，我们应当进一步重视国家发展战略和阶段性发展规划的作用。研究制定国家重大战略是基于本国的资源禀赋、在全球产业链供应链中的比较优势和比较劣势，并综合考虑中国和其他主要经济体之间的互补关系和竞争关系，以及政治、经济、文化、法律、战略安全等因素，由中央政府实施的一项宏观管理举措。这些重大战略本身，就包含了市场主体有效配置资源的内容。在制定重大战略的过程中，也会广泛征求企业、专业服务机构、研究机构特别是战略研究机构等方面的意见，吸收相关研究成果。发展战略是集合方方面面智慧的结晶，而非单向道的计划。

改革开放以来，我们通过制定 5 年发展规划和中长期远景规划，通过提出一系列国家战略，包括科技强国战略、创新驱动战略、东南沿海开放战略、东北振兴战略、中部崛起战略、京津冀一体化战略等。党的十八大以来，习近平总书记从国家长远发展利益出发，谋划大局，提出了"一带一路"倡议、中俄战略伙伴关系、中美新型大国关系、中欧战略合作关系、中国与东盟国家战略合作关系等。国内区域发展战略方面，遵循承前启后的思路，明确了东中西部、沿海内地、国土空间和大江大河的国家战略规划。这些规划对于上市公司明确发展方向和路径，把单个公司的战略规划、业务发展与国家发展大战略结合起来，提供了指引。

《中华人民共和国国民经济和社会发展第十四个五年规划和 2035 年远景目标纲要》是新发展阶段的战略指南。这期间最核心的问题是推动高质量发展。高质量发展的主要特征是"平衡发展"，即经济增长的速度要和质量相统一，经济增长的幅度和人民可支配收入的增长比例相统一，经济发展要和生态保护、低碳发展相统一，国内经济社会发展要和全球经济协调发展相统一。中国建设社会主义现代化国家要和全球经济社会进步相统一。

"十四五"时期和今后一个时期，重点领域关键环节改革任务仍然艰巨。解决发展中的问题，关键是深入落实新发展理念，进一步深化供给侧结构性改革。资本市场将为经济高质量发展和建设美好生活提供重要支持。实现 2035 年远景目标，我国经济总量和城乡居民人均收入将再迈上新的大台阶，人均国内生产总值达到中等发达国家水平，中等收入群体显著扩大；关键核心技术实现重大突破，进入创新型国家前列；基本实现新型工业化、信息化、城镇化、农业现代化，建成现代化经济体系；形成对外开放新格局，参与国际经济合作和竞争新优势明显增强。实现"十四五"主要目标，要求强化国家战略科技力量，提升企业技术创新能力；推进产业基础高级化、产业链现代化；要提升产业链供应链现代化水平；要畅通国内大循环，促进国内国际双循环，全面促进消费，拓展投资空间；建立现代财税金融体制，建设高标准市场体系；推进区域协调发展和新型城镇化；推动贸易和投资自由化便利化，推进贸易创新发展。

这些目标任务都聚焦于全面建设社会主义现代化国家、建成现代化经济体系、建成更高水平开放型经济新体制。就资本市场而言，既要与经济总量、结构优化和人均收入水平相适应，更要与现代化经济体系、更开放的市场体制机制相匹配。

第一，未来随着经济总量和城乡居民人均收入再迈上新的大台阶，资本市场支持实体经济和服务居民理财的功能需要进一步提升。

据有关机构预测，"十四五"期间中国经济年潜在增长率有望保持在 5％左右。到 2024 年年底我国人均国民收入可超过 14000 美元，到 2025 年我国中等收入群体规模将超过 5.6 亿人。

经济总量扩张意味着各类企业对金融服务的需求显著增加。资本市场作为融资效率高、包容性强、定价机制优的平台，可为各类企业融资、并购提供更加市场化的服务，资本市场的透明度、便利度和有效监管都要加以提升。以注册制为龙头的股市全面改革正是为了适应这一变化。

无论是接下来中等收入群体进一步壮大，还是现有存量投资者不断提升的理财需求，都要求股市、债市、期市等投资市场更加便捷，专业化服务更加充足，差异化服务更加丰富。这就要求基金公司、证券公司、理财公司等专业机构完善自身治理、提升市场服务、开展品牌竞争。还要求对接养老金、企业年金等长期资金的专业服务更加精准有效。同时，资本市场数据服务、技术支持等也存在巨大发展空间。

第二，经济结构优化、产业结构调整为多层次资本市场带来更多机遇，创新驱动将成为未来一个时期的主旋律。

2019 年科创板设立以来，资本市场服务关键核心技术研发、支持创新创业型企业发展的基础制度趋于完善。创业板经过改革，发行上市和交易制度更加具有包容性。全市场各个板块都要增强对创新驱动战略的支持力度。创新驱动不仅涵盖技术创新，也涵盖产业创新、模式创新、业态创新，所以，服务产业链、供应链优化升级，全面促进消费、创新消费服务模式，促进贸易和投资自由化便利化等，都有创新发展空间。上市公司和准上市公司都大有可为。要把信息披露挺在前面，努力让所有市场参与者处于"信息对称"的状态下，促进优势创新企业脱颖而出，获得合适的市场估值。

从畅通国内大循环、促进国内国际双循环的角度来看，上市公司在参与区域协调、开拓国际市场、畅通国际产业链供应链方面，可以积极作为。越是在逆全球化思维、单边主义抬头的当下，大型上市公司越是可以在国际化发展方面找出机会，寻求突破。

证券期货等专业服务机构为实体企业服务，也将在创新驱动主旋律下得到锤炼，不断创新业务，延伸创造利润的链条。

第三，资本市场供给侧结构性改革主要体现为制度更加成熟和定型，成为"高标准市场体系"的重要标志。

注册制改革和相关配套改革，主要目的是解决好政府和市场的关系问题，要把该放的放开，把该管的管好，既要释放市场活力，又要实施有效监管。以注册制改革为龙头，以信息披露为核心，完善和提升交易、再融资、日常监管、退市、投资者保护等关键环节制度，就是在推进资本市场领域治理体系和治理能力现代化。

"十四五"期间，要推动资本市场制度更加成熟和定型，不断提升资本市场基础制度的稳定性、协调性、平衡性。健全市场主体特别是上市公司提高质量的长效机制，完善促进证券基金期货经营机构做优做强的制度安排，大幅度提升中长期资金入市制度水平。建立科学、有温度、高效的监管体系。

既要充分尊重市场资源配置规律，尊重市场主体，根据市场供需决定其经济行为；同时，也必须加强市场主体的政治思维、大局思维。要通过国家的上层建筑对市场主体进行必要的引导，通过完善经济体系、市场体系、信用体系、执法体系、信息传播和舆论体系，来促进市场主体资源配置与国家重大战略、经济发展规划相互协调。要进一步鼓励市场主体加强市场一线前沿研究、草根研究，同时，贯通中观产业层面、市场体系建设层面的研究，强化国家战略研究。强化紧贴市场主体、紧贴国际市场的机制安排，这样，就可以增强国家战略和经济社会发展规划与市场主体的协同一致关系，避免出现两张皮风险。

在落实重大国家战略和经济发展规划过程中，大型证券公司、基金公司等机构应当担当职责。要完善相应的监管和激励惩戒措施。从本质上说，任何一个市场都是由各个参与者共同构建起来的；不同的参与者根据自己的需求，在不违反市场基本规则的前提下规避风险、获取收益、盘活资产。因此，市场发展得好，对大家都是有益的；市场发展不好，对大家都是不利的。而决定市场发展大方向的，是那些体量大、影响力大的大型主体。由于证券公司、基金公司是连接筹资者和投资者的中介组织，也是政府政策的主要实践者，是市场定价、市场交易、市场信息传导的重要载体，它们的作用就至关重要。在西方国家股市，大型投资银行、大型基金公司同样承担着主导市场方向、平抑市场曲线、平衡政府政策的职能。从一定意义上说，西方政治主导者的部分经济管理职能，即部分宏观调控和市场管理的职能，已经成功地让渡给了这些大型机构。而在我国公有制为主体、多种所有制经济共同发展的体制下，在这方面应当更有制度优势。大型证券公司、基金公司履行社会责任是一个基本要求。而社会责任的一项基本内容，就是维护国家金融市场和股票市场的秩序和稳定运行。令人不安的是，在多次股市波动期间，一些主体并没有尽到应有的责任。有的机构在异常波动期间冷眼旁观，认为责任不在我；有的机构对大盘蓝筹股追涨杀跌，加剧市场波动；还有些机构放任违法违规行为。

应当加快完善相关机制，从根本上解决证券经营机构从业人员重自身利益、轻社会责任，甚至急功近利、唯利是图的问题。要将其内部的公司治理、市场操作和外部的公众监督、法律约束统一起来，树立担责光荣、失责可耻，担责嘉奖、失责处罚，合法鼓励、违法惩罚的行业文化。对公司治理、市场操作有劣迹的公司高管和公司本身，实施信用记录积分制度，依法长线约束。

在制度设计上，应当遵循我国"两个毫不动摇"的经济发展战略，依靠核心证券公司、基金管理公司维护国有资本的主导地位，维护国有股权的价值中枢，不能失责、缺位。可以对大型证券公司和基金公司持有大型蓝筹股的比例以及进出市场的机制作出配套规定，鼓励其维护蓝筹股价值中枢。同时，对于蓝筹公司的公司治理，也要通过大股东执行能力建设，实现国有股权有效增值和市场化运作的平衡。对于不能履责的，应以党纪、行业纪律和法律问责。

**▍点睛之笔 董少鹏：上市公司该如何践行共同富裕？**

根据 2021 年最新半年报数据，上半年沪市主板公司合计实现营业收入 21.96 万亿元，科创板公司共计实现营业收入 3040.50 亿元；深市上市公司实现平均营业收入 33.78 亿元。我国上市公司合计营业收入已超过 2020 年国民生产总值的一半，堪称半壁江山。上市公司作为资本市场的基石，在推动高质量发展、促进共同富裕进程中，理应发挥积极作用。

上市公司首先要做到合法经营、坚守主业、做强产业、创新发展，为市场和消费者提供优质的产品和服务，并通过市场循环实现自身可持续发展。在此基础上，要更加注重效率和公平的协调关系，在构建初次分配、再分配、三次分配新格局的进程中发挥带头作用。

第一，在初次分配中，要深入贯彻和切实体现共同富裕的理念。

上市公司作为我国企业群体中最有竞争力的部分，吸纳了数以亿计的各层次劳动者，其初次分配在一定程度上具有示范效应。客观而言，长期以来，劳动作为一种生产要素，在初次分配中力量相对较弱，而资本的力量和行政的力量相对较强。上市公司在要素分配过程中，应当主动完善相关制度，加强劳动要素的谈判能力。要严格执行最低工资标准，并在劳动保障、劳动福利等方面做规范、做到位，做依法保护劳动者合法权益的表率。

按照党中央部署，在全国范围内形成橄榄型的分配结构，必须采取立体措施，使一部分低收入人群逐步进入中等收入群体。上市公司在不断改善生产经营和提高效益的同时，要适当加大对普通员工的分配比例。同时，对科研人员等相对高技能、相对贡献大的员工，可以采取股权激励或其他激励方式，增加他们的收入。对上市公司高管，特别是有行业领头人地位的企业家，要继续依法保护他们的合法产权，保护他们的各项收益权。要努力实现资本、技术和劳动等生产要素在分配上的均衡。

第二，在二次分配环节，要严格执行税收制度和有关政策。

上市公司要做依法纳税的模范，做到不偷税、不漏税；要教育和监督公司员工依法纳税。税收作为公共财政收入，可以通过社会保障、公共服务及一些补贴体系，实现收入分配的相互协调。上市公司通过发行股票债券等，得到融资便利、实现机制再造，多数实现了快速发展，依法纳税是应尽义务，也是奉献社会的责任。

在我国资本市场发展早期，不少上市公司普遍享受了企业所得税税率优惠。这是早期制度设计上对上市公司的政策倾斜。这些公司应当有感恩意识。在上市公司按照新的企业所得税法、执行统一的所得税率后，一部分上市公司继续按照国家政策规定，享受行业性税收优惠。这样的产业性、行业性税收优惠政策，是为了促进短板领域加快发展，提高整体经济的质量和竞争力，也要落实好。

第三，上市公司中的高收入者，应当做捐助社会、回报社会的先行者。

从理论上说，三次分配主要是由高收入群体依据自愿原则，以募集、捐赠、资助等慈善公益行为回报社会。三次分配在很大程度上是对初次分配、再分配的补充。我们不能强制所有上市公司的高收入人员和所有高收入的上市公司都参与捐赠，但毕竟，上市公司中有相当一部分高收入者有能力参与捐献等第三次分配。大多数上市公司快速发展得益于改革开放，是政策受益者，我们希望其中的高收入者按照自愿原则积极捐赠。

一般来说，高收入人群生活在聚光灯下，其履行社会公益职责，有助于促进社会和谐，有助于形成良性循环社会生态，最终也有利于高收入人群创业发展和基业传承。要坚决反对强制性，这也是为了保护高收入人人群和高收入企业立德树人的积极性。

为了便利高收入人员和高收入企业参与第三次分配，要进一步完善税收减免政策，使捐赠者可以免除部分收入的所得税等支出；还要在信托制度上优化设计安排，使社会责任目标与捐赠者财产支配权得到平衡。

（"学习强国"学习平台 2021 年 9 月 1 日）

**▌点睛之笔** 董少鹏："建设高标准市场体系"给资本市场带来什么

近日，中共中央办公厅、国务院办公厅印发《建设高标准市场体系行动方案》（以下简称《方案》），对资本市场高质量发展提出了进一步要求。特别是，把资本市场发展放在整个大市场体系当中加以谋划和部署，有助于增强改革合力，达到协同促进效果。

《建设高标准市场体系行动方案》是 2020 年 11 月 2 日由中央全面深化改革委员会第十六次会议审议通过的，当时一起审议通过的还有《关于新时代推进国有经济布局优化和结构调整的意见》《全国人民代表大会常务委员会关于加强国有资产管理情况监督的决定》《健全上市公司退市机制实施方案》《关于依法从严打击证券违法活动的若干意见》等。出台这些改革文件，目的是贯彻十九届五中全会精神，推动改革和发展深度融合、高效联动。所以，我们务必从全局高度来把握资本市场改革发展任务，坚持务实有效、力求高效，防止走偏或力所不及。

第一，资本市场与其他四大要素市场都有紧密联系，具有极高的信息敏感度，要发挥好资本市场价格机制的反馈作用。

把资本市场与土地、劳动力、技术、数据等市场放在同一章节安排部署，体现了对要素市场发展的系统性思考和长远规划，因此，资本市场改革发展的每一个重要步骤都应当充分考量与整个要素市场体系的协调。

资本市场的主体主要是上市公司和各类投资者。几乎所有上市公司都涉及土地、劳动力、资本、技术、数据等要素的配置，只是基于行业属性和市场定位的不同，五大要素配置的比例和情境不同而已。可以说，上市公司经营绩效就是生产要素的配置成果；而经营者需要对这些要素价格变动的曲线熟稔于心，随时调整经营策略。投资者主要基于上市公司价值判断，以资金进出的方式参与资源配置。同时，资本市场价格波动也会作用于其他要素市场，促使其他要素市场价格作出相应调整。

资本市场价格形成机制是否科学合理、及时有效，对于建设高标准市场体系具有牵一发而动全身的意义，所以，此次出台的"方案"重点强调了资本市场入口关——股票发行注册制、出口关——常态化退市机制、理性定价者——机构投资者，并且强调要降低实体经济融资成本。既要把合适的投资产品卖给合适的投资者，也要防止买卖双方非理性博弈，通过信息透明、监管透明、严刑峻法保证市场秩序稳定，紧紧围绕实体经济发展资本市场。

第二，全面性市场体系建设为资本市场改革发展创造更加有利条件，将与资本市场内部改革形成呼应效果。

资本市场发展需要产权保护机制、公平竞争体系、信用制度、整体营商环境的匹配。"方案"在夯实市场体系基础制度方面，明确了完善平等保护产权的法律法规体系、健全产权执法司法保护制度、强化知识产权保护、健全农村集体产权制度；要求全面落实"全国一张清单"管理模式，在海南省、深圳市、横琴粤澳深度合作区实行准入特别措施，并选择部分地区开展放宽准入试点；部署完善公平竞争制度，增强审查刚性约束，加强和改进反垄断与反不正当竞争执法，破除区域分割和地方保护。这些措施将促进包括上市公司在内的市场主体在准入平等、标准平等的基础上开展竞争，真正按照市场需求配置资源、调整生产和流通，提高效率，优胜劣汰。

"方案"在改善提升市场环境和质量方面，明确了提升商品和服务质量、强化消费者权益保护的一系列措施，这将倒逼上市公司和证券期货服务机构等聚焦主业，加快创新步伐，提高生产、经营、服务质量。这与证监会推动的上市公司提质行动、打造国际一流投资银行和财富管理机构行动是一致的。很多上市公司是行业领先者，这一群体在提升商品和服务质量方面肩负着重任。上市公司在提升经营绩效的同时，还可以给投资者带来稳定回报，这也是改善和提升市场环境的重要内容。

所以，中央部署全面性市场体系建设，为资本市场改革发展创造了更加有利条件，有望形成资本市场内外联动、相互促动的改革发展局面。

第三，"大监管"部署有助于增强资本市场主体的责任意识、守法意识，提升高质量发展的合力。

"方案"强调了"大监管"理念，规划了"大监管"格局。在推进综合协同监管方面，规定了全面推行"双随机一公开"监管，明确了对新业态包容审慎监管的原则，强调完善信息披露制度。"方案"还就市场主体信用承诺制度、信用分级分类监管体系作出规定，对发挥行业协会商会作用、发挥市场专业化服务组织监督作用、发挥公众和舆论监督作用等制定了基础性条款，还重点规定了对监管机构实施监管的措施。

这些措施还需要进一步制定细则，织牢行政监管、自律监管、舆论监督、市场主体自我约束的监督体系，与严格执法形成相互衔接配套的依法治市体系，促进各个市场主体和监督部门依法办事、依法行权、依法维权、依法竞争。

"大监管"与"大市场"是相互匹配的，各个市场环节都依法有效运转，才能建立平等、公正、开放、诚信的大市场，各个市场主体才能有更大的获得感。我们相信，资本市场也将在打造高标准市场体系进程中取得新的成就。

（《证券日报》2021 年 2 月 2 日）

## 四、混合所有制经济与股市并购市场的关系和监管

"混合所有制经济"是党的十八届三中全会提出的一个有特定含义的概念。全会通过的《中共中央关于全面深化改革若干重大问题的决定》，提出"积极发展混合所有制经济"，明确"国有资本、集体资本、非公有资本等交叉持股、相互融合的混合所有制经济，是基本经济制度的重要实现形式"。

很多人认为，"混合所有制"早就存在了，并不是新提法。的确，从 20 世纪 80 年代改革开放初期，股份制企业迅速发展壮大，这些都是混合所有制的实现方式。但结合我国新发展阶段的实际，党的十八届三中全会提出"混合所有制经济"，具有特定的含义，更加强调国有资本、民营资本、外国资本、集合资本在统一的市场规则下共同发展、合作发展要求。

在西方资本主义经济制度下，也有"混合经济"的提法。其内涵是

市场机构和政府干预相结合的经济制度，本质是以私有制为基础的经济运行体制，而不是一种财产制度。

我们所提的"混合所有制经济"，是在社会主义基本经济制度下构建符合市场经济需要的财产组织制度、产权制度。具体说，中国的"混合所有制"是在坚持公有制为主体、多种所有制经济共同发展的大原则的所有制。

具体到一个企业，以国有资本控股为主或者以非国有资本控股为主，都可以发展混合所有制经济。就是说，国有资本可以进入私有资本控股的企业，私有资本也可以进入国有资本控股的企业。这样，既可以发挥国有资本的控制、引导、托底的功能，又能够发挥非国有资本决策灵活、适应性强的优势。这是在新的历史时期，顺应经济高质量发展需要，更好落实"两个毫不动摇"要求的重要途径。

在股市当中，国有控股上市公司既可以收购民营上市公司的股权，也可以收购民营非上市公司的股权，也可以通过换股等方式参股民营公司。反过来，民营资本可以参与国有控股上市公司、国有参股上市公司和非上市的国有公司。在关系国家安全和经济命脉的重点领域和行业，必须保持国有资本的控制地位，而在相对竞争领域和绝对竞争领域，可以明确规则和程序，允许非国有资本进入，保障它们在这些领域享有稳定健康的营商环境。

股票市场是多元化资本共同参与、相互制约、共同促进的市场化平台，是最透明的定价和交易平台。发展混合所有制，进行相应的股权交易，股市是最好的途径。在竞争性领域，国有控股上市公司向民营资本开放转让一定比例的股权，应该成为一个主流趋势。因为，国有控股企业在重点行业、重点领域形成了控制地位，通过引入非国有资本，实现资本多元化、决策主体多元化，有利于形成更加市场化的经营运行机制，对于优化市场资源配置、提高全员生产效率、造福社会十分有利。混合所有制的好处在于，董事会和经营管理层的人员构成更市场化，有助于按照市场化原则做决策、强管理。

对国有企业来说，一方面，实施混合所有制改革并不是甩包袱，而是依据市场规则对资产进行专业评估和定价，真实反映国有资产的估值；另一方面，可以通过混合所有制改革，推进不良资产、低效资产出清。

对于特定的民营企业，国有资本可以根据需要，通过注资方式持股，但必须尊重市场主体意愿、遵循市场规律。比如，2020年蚂蚁集团垄断庞大用户信息、滥用市场垄断优势、开展违规金融活动等问题受到公众质疑。在调查整顿过程中，不少专家提出将其国有化的建议。

笔者认为，简单搞国有化并不可取，但注入国有资本的方式是可取的。

这是因为，行业巨头特别是涉及公众利益的商业巨头，其行为不仅仅是市场行为和商业行为，其行为结果也不仅仅是市场结果和商业结果。那么，向民营的行业巨头注入国有股、派出国有股东代表，是可以研究和实施的。当然，国有资本进入绝不是为了"占位子"和"发号施令"，而是通过多元化的股权结构形成相互制约、相互促进的治理模式，形成更符合公众利益的决策机制。

在这里，笔者想强调，大量民营资本具备研究、贯彻国家重大战略的能力，也具备维护公共利益的意愿和责任。不重视研究政策、不抬头看路、只顾投机的民营资本，是少数。广大民营资本、民营企业都是在宪法和法律框架下开展业务，理应服从国家发展大局，贯彻落实国家的大政方针，维护公共利益，履行社会责任。

但同时，现实中也存在政策性歧视，有的地方、有的领域、有的官员把民营经济和国有经济截然分开，也存在民营企业被资本绑架、资本无序扩张的问题。这些应当通过完善法治，持续优化营商环境，加以解决。

不论什么类型的企业，由谁控股的企业，都有责任为国家重大战略服务，都有责任为社会大局尽责。当然，如果企业运营管理不好，也是不可能服务国家战略和尽社会责任的。皮之不存，毛之焉附？所以，混合所有制改革的目的，是实现三位一体的共赢，即企业运营好，国家战略落实好，社会责任履行好。

这就必然涉及企业监管体系的构建。目前，我国的企业监管部门既有综合性的市场监管部门，即国家市场监管总局。它既要管工商注册、市场主体信息公示和共享信用监管，还负责行业监督、质量监督、相关质量战略和标准化战略的实施、规范和维护市场秩序、市场执法监督和组织。还有专业监管部门，包括金融监管部门和行业监管部门。金融监管目前由"一行两会一局"来负责，即中国人民银行、中国银行保险监督管理委员会、中国证券期货监督管理委员会、国家外汇管理局。这些部门的职责是，依法维护市场秩序，在信用市场、主体合规、行业发展战略的落实方面，依法定规则进行行政监督执法。这些监管机构要对各个类别的股东、企业、机构进行合规性监管，要引导它们服从和服务于国家发展大局。

而"服从和服务于国家发展大局"这个既理性又有弹性的要求，执行起来并不容易。笔者建议，可由相关监管部门或委托相关机构，制定"市场主体落实国家战略和履行社会责任"的量化指标和非量化指标，明确评估程序，编制评估报告，作为市场监管和国家宏观管理的抓手。

可以参照和借鉴的有关评价体系有两个：一是 ESG 评价体系。目前，ESG 投资理念和企业评价标准，已成为评价企业是否具有社会责任的相对成熟的模式。ESG 是英文 environmental（环境）、social（社会）和 governance（公司治理）的缩写，意在通过这三个方面的评估呈现财务数据之外的企业表征。投资者可以通过 ESG 绩效评估企业在促进经济可持续发展、履行社会责任等方面的贡献。二是企业信用风险分类管理体系。近年来，国务院已在积极推进"企业信用风险分类管理"工作，即将归集的企业登记注册、备案、行政许可、行政处罚、列入经营异常名录和严重失信主体名单等信息，按照一视同仁的要求，对各类所有制企业信用风险进行分类，实施分类监管。

上述两个体系都包含了企业履行社会责任的部分，从市场评价和行政监管的角度作出制度安排，可以借鉴其中的一些方法。"市场主体落实国家战略和履行社会责任"评价是一个更具公共利益性质的评估机制，需要制度创新。

社会主义股市治理同资本主义股市治理的显著不同，就在于如何维护公众利益、如何促进人民利益的持续增长。要避免股市成为资本无序运行的乐土。要通过制度安排，促进上市公司和机构投资者落实"服从和服务于国家发展大局"的战略目标。这应当成为我国社会主义经济制度的特点和优势。

## 五、个人投资者在市场当中的地位和权益保护

中国股市的一个突出特点就是个人投资者众多，这与美欧市场很不一样。截至 2022 年 3 月 31 日，中国股市个人投资者已达 20322.29 万人。

不少人认为，只有去散户化，实现机构化，中国股市才大有前途。笔者认为，应当理性看待个人投资者占比高的现实。这不仅是股市治理

问题，也是经济治理和国家治理问题。既然各国的政治制度、文化传统、社会生态不可能都完全一致，不可能一模一样，那么，各国股市也不可能仅有一个或几个模式。只要这个制度符合市场主体需要，符合广大老百姓参与的需要，能够提高市场效率、实现市场公平，能够推动一个国家的经济、社会稳定并向前发展，能够有效发现和消化风险，它就是好的制度。

的确，由于散户天然具有随波逐流的特性，是导致市场波动性大一个重要原因。为此，不少专家把减少散户作为中国股市与国际接轨的一个重要任务。

从长期来看，散户逐步减少是一个大概率事件。这是因为，个人投资者在经过一轮又一轮投资实践之后，会有一部分投资者认识到自己不适合参与高风险的股票投资，继而退出股票二级市场，通过购买基金间接投资股票市场。也会有一部分投资者磨练出来，能够掌握资本市场运行规律，提升分析能力和风险控制能力，成为专业投资者。还会有一部分投资者转型为机构型的投资者，即成立公司进行股票投资；或者继续以个人名义进行投资，但其风险控制能力、融资能力都超过一般股民。

散户众多，散户逐步减少，这是我国股市发展必须经历的一个历史阶段，应当正视之、尊重之，不必当作什么羞耻的事。只有经历了必要的"课时"，股市才能把制度模式定下了，把文化气质定下来，把其基本地位定下来。

从西方国家股市发展的历史来看，也是如此：无论早期尚属雏形阶段的荷兰股市，还是后来在英国、美国形成早期交易所模式的股市，都经历过草莽丛生、欺诈盛行的野蛮生长阶段，都有一把辛酸泪。

中国从 20 世纪 80 年代恢复建立股票柜台交易场所，到 1990 年建立规范的证券交易所，其间也经历了很多坎坷，辛酸泪和发财梦共存。

但总体上看，由于中国改革是自上而下展开的，高度重视统一监管，所以，中国股市从起步时就注重建立规矩，并且坚持先试点积累经验，再全面推开，逐步完善相关制度。

经过 2015 年股市异常波动之后，管理层对股市制度建设的认识更趋一致，主要涉及这些问题：加大对违法违规行为的惩治力度，提高违法成本，完善发行上市制度，实现刚性退市等。新一轮资本市场制度改革就此展开，并且，有关制度改革成果通过修改证券法、完善刑法条款和相关法律解释，得到体现和落实。

实施投资者适当性管理制度，是保护个人投资者合法权益、促进个人投资者"实现收益风险对称"的重要举措。

2016 年 12 月 12 日，证监会颁布《证券期货投资者适当性管理办法》（以下简称《办法》），2017 年 7 月 1 日起实施。《办法》以"强化经营机构适当性责任"为主线，明确了经营机构实施适当性管理的行为规范，涵盖投资者分类、产品分级、适当性匹配等全过程、各环节，要求经营机构在了解把握投资者风险认知和承受能力、产品风险性的基础上，履行适当性各项义务，实现"将适当的产品销售给适当的投资者"。适当性制度安排的逻辑是，经营机构切实承担起"卖者有责"的义务，才能不断宣传和要求投资者应当"买者自负、风险自担"。对经营机构而言，适当性管理是其从事证券期货经营活动的基本底线，是其应当承担的一种义务与责任，是以客户利益为先、为客户最佳利益着想的具体体现。

从投资者方面来说，适当性制度的是投资者进入资本市场的"第一道防线"。投资者在购买金融产品时，也要做到"将适当的产品买给适当的自己"。这就要求，经营机构必须充分了解投资者的关键信息，对其向投资者提供的产品及服务有所认知，评估产品的风险，并在此基础上进行风险等级划分。证券期货交易具有特殊性，产品业务的专业性强、法律关系复杂，各种产品的功能、特点、复杂程度和风险收益特征千差万别，而广大投资者在专业水平、风险承受能力、风险收益偏好等方面都存在很大差异，对金融产品的需求也不尽相同。机构必须在信息告知、风险警示、适当性匹配等方面向中小投资者尽职尽责，让他们心服口服。

依据这个管理办法，普通投资者和证券期货经营机构之间，可以借此建立起更加公平合理的契约关系，从而增进市场主体之间的信任度，提高交易的可预期性。通过制度约束，促使证券期货经营机构销售金融产品时主动控制风险，抓住了风险控制的牛鼻子。

《办法》在统一投资者分类标准和管理要求的同时，也给实际操作和未来市场发展预留了空间。一是确定了监管规则，制定投资者基本分类作为底线要求、自律组织制定风险承受能力最低的投资者类别供经营机构参考、经营机构自主确定分类结果的统一而又分层的分类制度；二是明确普通和专业投资者基本分类，一定条件下两类投资者可以相互转化，经营机构从有效维护投资者合法权益出发可以对投资者进行细化分类。

股市建设需要一个过程，关键是基础制度建设。基础制度夯实了，发行上市、交易、持续监管、信息披露、执法监管各个环节都做到公平、有序、高效了，无论个人投资者还是机构投资者，自然会根据自身条件和市场状况作出恰当选择。由于股市是一个容纳各种要素资源的市场，利益诉求必然千丝万缕、阡陌纵横，不排除有的机构或者有的势力代表向规则制定者进行游说，作出干预。笔者认为，中国股市一些方面出现立法迟缓、执法不力、监管缺失情况，必然是管理者认识问题和外部影响问题交织的结果。对此，不必讳疾忌医。但总的来说，立法、执法、监管不到位的问题，主要是治理者的认识问题导致的，因为外部游说和干预，最终还是要进入监管者的大脑、形成认识，才能发挥作用。

如果说我国股市建设中存在一些天然短板的话，主要是吸收专业化知识的机制存在较大缺失。在我国，证券监管机构是实行"专家团队模式"，还是实行"行政管理部门模式"，是有过讨论的。两种模式的市场效果是有差异的。从实践经验来看，最好把专家团队模式与行政管理模式结合起来。

中国的文化传统决定了任何一个市场的建设都离不开管理部门的引导。毕竟，监管部门既拿着政策钥匙，又拿着执法权杖，其对市场的引导作用是非常关键的。

笔者多次说过，政策监管要发挥示范作用、渗透作用和辐射作用，因为一个新兴的市场，是需要不断试错、不断完善、不断夯实的。在相关制度推陈出新的进程中，监管者的引导具有事半功倍的作用。

所谓示范作用，就是通过监管执法告诉大家哪些行为是不能做的、哪些行为是可以做的。所谓渗透作用，就是通过持续监管传导规范意识，使一代代市场主体能够根植于依法办事、依法竞争、依法行权维权的机制里，根深才能叶茂，要让依法竞争的文化得到积累和沉淀。所谓辐射作用，就是监管行为不单是对资本市场内部的主体产生作用，而且对全社会的营商环境、资本市场外的其他主体产生直接或间接的影响，帮助大家认识资本市场，形成内外力量一起塑造资本市场信誉和形象的作用。

中国个人投资者众多，这并不是一个坏现象。不应简单地认为，其他发达股市中机构投资者较多、个人投资者较少，它们的制度就一定优于我们，我们就必须减少散户、挤压散户。这是毫无必要的。我们要坚定地按照"投资者有权利参与投资""投资者应当知晓市场风险""投资者风险承受能力要与所投资的产品相对称"的原则，为个人投资者提供投资便利服务和风险揭示服务。承担着投资者开户、中介服务、产品开发、产品销售等专业服务的机构，有责任了解投资者的基本状况，将合适的投资产品介绍给合适的投资者。专业服务机构应当向投资者介绍清楚投资产品的基本逻辑内涵、价值原理以及风险点。要引导投资者主动了解产品情况。在专业服务机构履行了这些程序后，投资者的自主决策才是合情合理的，其自担风险的逻辑才是完整的。

在实践中，也存在这样很有代表性的情况：一部分个人投资者确实不具备基本的市场知识、风险识别能力，缺乏相应的法律意识。他们仅仅凭着朋友、邻居的说法，自己并没有做了解和分析，就跟进买入和卖出。明明自己没有深入研究，却有一种"割他人韭菜"的心理，认为自己一定能抢在别人前面赚钱，贸然买卖。这样的投资者往往吃亏受损，但也有时会不明就里"赚到钱"。

对于这样的投资者，笔者并不主张人为地驱逐他们，而是主张让这个自然的历史演进历程走完。但是，监管者和证券专业服务机构有一个重大责任：揭示市场的残酷性。必须告知这些个人投资者：不具备基本的市场知识、风险识别能力，缺乏相应的法律意识，不能贸然投资，不能靠道听途说投资。监管者和专业服务机构，不能看着这些投资者明明自身懵懂，却滋生"割他人韭菜"的心理，放任这种文化也是犯罪。设想一下，如果全市场投资者都抱着"割他人韭菜"的心理，在自己亏损后又指责他人"割自己的韭菜"，这会形成多么严重的互不信任效应？所以，传递准确的市场信息，传播正确的投资文化，是极其重要的。专业服务机构切不可为了拓展客户规模，而放任这种劣质资本文化的泛滥。

如何在二级市场赚钱，是普通投资者十分关注的问题。对此，应当加强知识普及，消除误导性信息。有一句流行很久的股市谚语说，"一赢二平七亏损"，如果从字面理解，就是股民往往是一个赢钱、两个不赔不赚、七个亏损。如果真是这样，就不可能有那么多投资者了。这句谚语的本意是告诫投资者要谨慎投资，不要盲目参与、盲目决策。只有深入研究宏观经济基本面，深入研究上市公司经营状况，掌握操作能力，才能够在二级市场中获得较好收益。买卖股票能不能赚钱，关键取决于何时买、何时卖。就是说，要对大势和个股的当下估值和未来趋势有所掌握才行。赔钱的人，首先是因为对趋势的判断错误，其次是操作能力不足。赚钱的人则相反。

基于投资者个体能力的基本认识，在市场大趋势确定的情况下，赔赚的概率会有所变化：平衡市中，赔和赚的概率也相对均衡；牛市上升途中，赚的概率大于赔的概率；熊市下跌途中，赔的概率大于赚的概率。

从长期来看，股市波动可以反映一国的经济增长和改革进程，经济运行和改革举措决定着股市的基本面。但是，股市与经济和改革的关系不是单向的，而往往是双向的。如果股市健康繁荣，就会对经济产生正向推动作用，也会促进改革；反之，如果股市稳定性差，价值中枢错乱，则会对经济和改革产生反向阻碍作用。假设股市是健康的和有效的，投资者在估值相对低位买入代表经济发展趋势的股票，那么，随着经济的发展和改革的深入，就可以分享到经济发展和改革的估值增长。同时，结合市场的短期随机性波动，也可以技术性操作，博取差价。

一般认为，稳定繁荣的股市大致具备以下特点：（1）上市公司治理制度健全，上市公司盈利增长，分红、回购力度大；（2）机构投资者占比较高，机构投资操作理性程度高；（3）有完备的多空制约机制；（4）法治体系相对健全，执法到位。

需要说明的是，由于多种复杂原因，我国个人投资者操作频繁是一个通病。个人投资者赔钱与这一操作习惯有直接关系。因为,过于频繁的操作说明调整判断的次数过多,那么,不确定性必然增加。

以下两组 2015 年牛市时段的调查数据,印证了我国个人投资者操作频繁的现实:

深交所 2015 年 5 月 27 日发布的《2015 年 4 月深市个人投资者行为分析》显示,2015 年 4 月高市盈率股票的收益率(2.72%)远低于低市盈率股票(9.04%),但波动率(5.81%)却高于低市盈率股票(4.63%)。高市盈率、高波动率股票的主要净买入群体是中小散户和新股民,而个人大户和老股民主要为净卖出。深交所将开户年限为 5 年以上的称为老股民,开户年限 5 年以下的称为新股民;按年均每天持流通股市值,个人投资者分为个人小户(小于 10 万元)、个人中户(10 万—100 万元)和个人大户(大于 100 万元)。

据 2015 年 4 月道富集团公司(StateStreet)的调查,中国 81% 的散户投资者每月最少交易一次,这一比例远远超过了其他国家和地区。在中国香港,73% 的受访的投资者表示每月最少对股票、债券、外汇或者其他投资项目进行一次操作。在美国和法国,每月最少操作一次的散户比例分别 53% 和 32%。这项调查还显示,只有 3% 的中国投资者设定了明确的止盈与止损目标,而在美国这一比例为 20%。该机构认为,中国散户投资者频繁操作,与中国的投资文化不无关系。在美国,多数投资者是为了退休以后的生计而进行投资,但在中国和其他亚洲国家,投资者认为买卖股票有乐趣,许多退休人员将买卖股票视为消遣活动。

加强投资者保护,根本的是把市场机制建设好,监管执法要落实到位,信息披露要全面及时准确。投资者可以依法行权、依法维权、依法竞争,这样的局面就是对投资者最大的保护。中小投资者对上市公司治理享有基本的知情权、投票权。由于中小投资者所持有的股份比重较小，应通过制度安排，让他们的意志和诉求得到充分表达，贯彻到公司治理当中去。

建立有中国特色的证券集体诉讼制度，是维护中小投资者权益的重要途径。我国 2019 年修订的《证券法》明确了证券集体诉讼制度，并且已有具体案例。

在证券违法活动中，经常出现很多人受到侵害的情况。于是就出现了集团诉讼这种诉讼模式。这种模式在美国很盛行。具体而言，如果一家上市公司或者证券机构损害了个人投资者的利益，可以由一人或数人出面代表全体投资者起诉该上市公司或者证券机构，获得的赔偿由全体原告共享。按照惯例，在案件判决或调解成功后，原告把所获赔偿金的一部分分给律师事务所。

集体诉讼的另一个特点是，胜诉才收费，或者叫"诉讼风险"制收费。部分诉讼费用先由首席原告支付，而其他分散的原告都不需要支付任何费用。这就极大降低了原告打官司的成本。并且，由于集体诉讼的标的额足够高，采证较为容易，律师事务所很乐意"代劳"。这就为没钱打官司的人们寻求法律帮助提供了空间。

在美国，证券集体诉讼制度很普遍，可以说隔三岔五就会发生。我国赴美上市企业也经常遇到这类诉讼。阿里巴巴公司 2014 年在美国上市，2015 年 1 月，就被美国 Pomerantz 律师事务所、罗宾斯盖勒拉德曼和多德律师事物所（Robbins Geller Rudman & Dowd LLP）告上了法庭。理由是，阿里巴巴公司在上市文件中对公司的运作、财务预期以及监管风险陈述失实或误导。这些律所是集体诉讼在美上市的"中国概念股"的常客，在 2014 年遭遇做空和集体诉讼的中概股公司中，网秦、澜起科技、500 彩票、世纪互联、聚美优品等，都有 Pomerantz 等上述律师事务所的如影随形。

发起诉讼只是集体诉讼大戏的一个环节。整个集体诉讼的程序是这样的：第一步，确定诉讼主体。一个或数个投资者主动委托律所发起诉讼。律师事务所先以代表投资者之名发布调查声明，然后征召投资者作为原告委托他们调查、向法院提交诉状。只要有一名投资者愿意委托这些律师事务所发起诉讼，操作就可以进行下去。第二步，律师事务所准备起诉书和相关证据，发起诉讼。第三步，法院受理。法院受理后，就会组织双方进行调解。进入调解阶段后，律师事务所都不会再公开发表声明或者披露事件的进展，一般都低调处理了。所以，很多案件在高调起诉调查后，多半没有了下文。这个阶段通常会很长。第四步，确定是否赔偿以及如何赔偿。

2019 年修订的《证券法》规定，投资者提起虚假陈述等证券民事赔偿诉讼时，诉讼标的是同一种类，且当事人一方人数众多的，可以依法推选代表人进行诉讼。投资者保护机构受 50 名以上投资者委托，可以作为代表人参加诉讼，按照"默示加入、明示退出"的原则，代表经证券登记结算机构确认的权利人向法院登记，参加民事赔偿诉讼。

证券法同时明确了先行赔付、行政和解、专业调解等多种维权救济路径，有力保障投资者求偿权。强化了市场违法违规主体的民事责任。明确发行人控股股东、实际控制人在欺诈发行、信息披露违法中的过错推定、连带赔偿责任等。新增相关主体不履行公开承诺应赔偿投资者损失的相关规定；规定利用非公开信息交易、编造传播虚假信息等违法行为应承担民事赔偿责任。将投资者适当性管理制度入法，确立"卖者有责"，实行举证责任倒置，加大对证券公司违反适当性义务的处罚力度。

2020 年 7 月 31 日，最高人民法院正式发布《关于证券纠纷代表人诉讼若干问题的规定》，自公布之日起施行。至此，中国版的证券集体诉讼制度正式落地实施，权利受损的中小投资者将拥有便利、低成本的维权渠道。

2021 年 4 月 16 日，广州市中级人民法院发布公告称，康美药业虚假陈述民事赔偿案由普通代表人诉讼转为特别代表人诉讼，标志着中国证券民事赔偿集体诉讼第一案正式诞生。

2021 年 11 月 12 日，广州市中级人民法院对康美药业证券特别代表人诉讼一审宣判，康美药业作为上市公司，承担 24.59 亿元的赔偿责任；公司实际控制人马兴田夫妇及邱锡伟等 4 名原高管人员组织策划实施财务造假，属故意行为，承担 100% 的连带赔偿责任；另有 13 名高管人员按过错程度分别承担 20%、10%、5% 的连带赔偿责任。审计机构正中珠江会计师事务所未实施基本的审计程序，承担 100% 的连带赔偿责任，正中珠江合伙人和签字会计师杨文蔚在正中珠江承责范围内承担连带赔偿责任。原被告双方当庭未提出上诉。

**▊▎点睛之笔** **董少鹏：56 名投资者一小步，中国资本市场一大步**

56 名投资者一小步，中国资本市场一大步。最近，康美药业的 56 名投资者委托中小投资者服务中心（以下简称"投服中心"）展开特别代表人诉讼。最高人民法院已指定广州市中级人民法院对此案进行管辖。对于投资者保护乃至整个资本市场高质量发展来说，这是一个标志性事件。

笔者认为，启动证券纠纷特别代表人诉讼制度，将形成四个方面的效应：

第一是"维权效应"。

建立和完善特别代表人诉讼制度，可以大大提升中小投资者依法索赔的效率，提升维权成功率。

中小投资者众多是我国资本市场的一个基本特点。从一定意义上说，维护好他们的合法权益，保护他们的参与热情，就是维护资本市场的整体利益。由于中小投资者人数多，单个投资者索赔的金额比较小，而走完诉讼程序需要消耗大量精力、付出一定成本，很多中小投资者不想诉、不愿诉、不能诉。

而由投资者保护机构参与的证券纠纷特别代表人诉讼，通过代表人机制安排、专业力量"公益性介入"，能够大幅度降低投资者的维权成本，提高维权效率，对违法违规行为人形成震慑。我国的特别代表人诉讼制度规定，原告不需要预交案件受理费、申请财产保全不需要提供担保，这为投资者保护机构、中小投资者行使诉讼权力降低了成本，可以有效调动维权积极性。

第二是"倒逼效应"。

证券纠纷特别代表人诉讼主要适用于市场主体虚假陈述、内幕交易、操纵市场等案件，目的是提升普通投资者的维权能力。

投资者向上市公司、中介机构等索赔，首先是由于上市公司在依法合规披露信息方面出现了严重问题，同时，中介机构作为上市公司的"助手""合作者"，存在不尽职甚至渎职的情况。广大投资者依法维权，向违法违规行为人索赔，形成维权倒逼机制，才能促使上市公司、中介机构坚持诚信为先，切实提高内部治理水平，主动规范自身行为。

由于过去很长时间里投资者约束不足，导致违法违规行为人肆无忌惮，不关注中小投资者利益。本应存在的投资者约束压力、监督压力落空。完善投资者维权机制，降低维权成本，补上了制度短板，有助于市场主体提高执业质量，真正做到诚信尽责。

第三是"改革效应"。

所谓改革效应，就是通过补短板、强弱项，促进资本市场改革的系统化、协同化，努力达到最优改革效果。这一轮资本市场改革，以注册制为"牛鼻子",既注重在发行端准入环节实现市场化,提高增量上市公司的质量,也注重后端的监管执法效能,以有效的监管执法维护市场公平、促进优胜劣汰。

事中事后监管执法,既包括行政处罚和追责、刑事处罚和追责,也包括民事追责。建立特别代表人诉讼制度,补上民事赔偿救济的基础制度短板,可以形成立体化的制度合力,促进资本市场全面深化改革顺利进行。

深化注册制改革,需要加强法治保障。投资者依法对违法违规主体诉讼,形成强大震慑,是促进各主体公平博弈的重要一环。投资者依法维权,是对监管者的助力,是监管主体功能的延伸。所以,特别代表人诉讼制度是支持注册制改革的一项重大举措。

第四是"生态效应"。

提升我国资本市场的质量,必须及时有力地处罚违法违规的市场主体,推动优胜劣汰机制落地。过去较长的一个时期,欺诈发行、财务造假等资本市场的"毒瘤"危害甚广,不仅损害广大投资者的合法权益,而且对市场秩序、金融安全、社会稳定形成严重影响。

所以,完善证券纠纷特别代表人诉讼制度,提高违法违规成本,强化违法违规必受罚的氛围,形成可以追到"海角天涯"的震慑,本质上是在塑造良好的金融市场生态、资本市场生态。

证券纠纷特别代表人诉讼制度的显著优势,在于少数人启动诉讼,让尽量多的人获益。可以大幅度提高违法违规成本,靠强大的公众维权压力遏制资本市场违法犯罪行为。这对于资本市场运行生态和社会治理生态都有很大的帮助。

启动证券纠纷特别代表人诉讼制度,是深入贯彻党中央国务院关于对资本市场违法违规行为"零容忍"精神的重要举措,也是保护投资者合法权益、保障资本市场全面深化改革的有力行动。需要说明的是，这一改革具有鲜明的中国特色，体现了"为人民监管""为人民执法"的理念。其他国家的"代表人诉讼"制度，一是存在"职业代表人"与投资者争利的问题，二是存在过度依赖律师、激励过度导致滥诉的问题。我们作为社会主义国家，制度设计须走出代表人诉讼制度的误区，既借鉴国际最佳实践，又符合中国市场的实际，建立一个真正为公众服务的、公平、合理、有效的代表人诉讼制度。

我国的证券纠纷特别代表人诉讼制度，由国家专门设立的投资者保护机构作为代表人，律师要在投保机构的主导下开展工作。这很好地解决了诉讼必须坚持公益性方向这一根本性问题。同时，明确了诉讼费用标准，规定原告无须预交案件受理费、申请财产保全免于提供担保，以确保诉讼成本符合公益性诉讼要求。这样的制度安排，杜绝了诉讼代表人与诉讼委托人争利的问题，也杜绝了滥诉问题。

另一方面，诉讼程序既坚持"默示加入、明示退出"的机制，扩大了投资人参与索赔的范围；也坚持充分尊重投资者的自主决策权。投资者可以在两个阶段申请退出诉讼，选择另行起诉。参与特别代表人诉讼的投资者还可以在一审判决后，根据自身诉求决定后续法律行动，而不是"一次委托定终身"。

（《证券日报》2021 年 4 月 19 日）

# 六、进一步丰富中国股票市场层次和产品体系

2021 年 11 月 15 日，北京证券交易所（以下简称"北交所"）正式开市，从而形成了国内三家证券交易所相互补充、相互促进发展的新

格局。

北交所与上交所、深交所不同，是一个"长尾型"的交易所，即北交所作为全国中小企业股份转让系统（即"新三板"）的"头部"，新三板的创新层、基础层是基础——长尾部分。这一体例设计是一个创举，既可以满足符合条件的中小企业进入交易所市场的需求，也保留了中小企业在非交易所市场挂牌交易的需求，把"储备池子"和"交易所"结合起来，形成一个逐步递进、分层服务的市场系统。这与在同一交易所内部设立不同板块有相同之处——都是分层的，也有不同之处——在外部分层。长远来看，北交所将承担起更为丰富的融资和交易功能，不仅满足中小企业的上市需求，部分大中型企业也可以在这里上市。

目前，上交所内部设有主板和科创板，深交所内部设有主板和创业板。相对而言，主板市场主要接纳相对成熟的大中型企业上市，科创板主要接纳创新型的硬科技企业上市，创业板主要接纳创新创业型企业上市。不过，从本质上看，科创板和创业板主要是在上市标准上更具包容性，为不能在主板上市的企业开辟了上市途径；主板同样可以接纳具有硬科技资源企业、创新创业型企业上市，但在主板上市的该类企业要同时达到相应的财务标准。

多层次、多元化、包容性是全球股票市场发展的潮流，我国股票市场也必须遵循这样的逻辑加快发展和完善。主板市场主要服务较大资产和营业收入规模的成熟企业，为它们提供融资、并购和产业协同等服务，因此，对企业的盈利水平、资产规模等有较高的要求。但实践也证明，企业不可能都是常青树，任何企业都有其生命周期。在产业周期、运营管理、市场格局不断变化过程中，企业有可能由兴盛走向低迷，有的甚至衰败。而上市机制为企业提供了较好的融资并购、结构调整、品牌营销等条件，以及和上下游产业链贯通的条件；如果上市公司能运用好股市的运作机制，通过市场化操作消化不良资产，在市场风云变幻中不断优化资产结构、提升资产质量，就可以延长其生命周期。同时，毕竟也有一部分企业，无论如何调整也走不出困境，这就要退市甚至清盘。

创业板市场是为具有高成长性的中小企业和高科技企业而设立，支持企业开展技术创新、业态创新、商业模式创新等。它与主板市场的不同是，资产规模相对小一些，盈利标准要求相对低一些。通过不断调整完善，创业板上市标准包容性更强，特别是淡化了持续盈利的要求。这为中小创新型企业上市打开了通道。

深交所曾在2004年设立中小企业板，当时是为了服务收入增长快、盈利能力强、科技含量高的企业。它也是在创业板市场未能落地的情况下，设立的一个过渡性的板块。2021年4月，深交所将主板和中小企业板合并，中小企业板的历史使命结束了。

上交所科创板于2019年6月13日开板，7月22首批公司上市交易。科创板设立既是完善多层次股市的举措，也是落实国家科技创新战略的重大举措，承担着引领资本市场新一轮改革创新的使命。科创板主要服务于符合国家战略、突破关键核心技术、市场认可度高的科技创新企业，重点支持新一代信息技术、高端装备、新材料、新能源、节能环保以及生物医药等高新技术产业和战略性新兴产业，推动互联网、大数据、云计算、人工智能和制造业深度融合，引领中高端消费，推动质量变革、效率变革、动力变革。

千呼万唤的股票发行注册制首先在科创板试行，标志着股市运行生态的新纪元。不仅在发行上市环节，而且在跟投、交易、退市、投资者适当性、持续监管、惩戒失信、加大违法成本、引入中长期资金等方面，全面推进改革，为在全市场推广创新治理模式积累经验。

各地的"区域性股权交易中心",经历了从草莽丛生到逐步规范的发展过程,其间经历了数轮整顿和反弹。2017年,国家出台有关规范性文件,明确了这类交易场所的发展模式。一是1月20日印发的《国务院办公厅关于规范发展区域性股权市场的通知》(国办发〔2017〕11号),二是5月3日证监会发布的《区域性股权市场监督管理试行办法》。整顿后,全国保留34家区域交易中心,其中5家属于计划单列市大连、宁波、厦门、深圳、青岛,即辽宁、浙江、福建、广东、山东分别拥有2家区域股权交易中心。云南和西藏没有设立区域股权市场。

各地还有一批区域性的"金融资产交易所"。地方政府设立该类交易场所的目的,是为了盘活流动性差的金融资产,即所有金融机构资产交易必须"入场"。但在这些交易所运行中,也屡屡出现不规范操作,主要是超范围交易。目前这样的交易所有12家,还有一部分以"交易中心"名义存在。相关整顿工作还要继续推进。其中,北京金交所不仅管理规范,其定位和实际地位也与其他金融资产交易所拉开了距离,已是国家级交易场所,承担更多国家层面赋予的职能。

我国股票、基金产品体系也得到不断丰富。在股票普通股的基础上,2013年11月,管理层明确开展优先股试点,出台相关管理办法。2014年起,部分上市公司相继发行了优先股。可转换债券作为介于债券和股票之间的混合品种,也成为上市公司采用的一种重要融资方式。存托凭证(CDR)作为证券交易品种,也已在上交所科创板上市交易。

基金产品方面,目前已有股票基金、混合基金、债券基金、货币市场基金以及ETF基金。2017年和2018年相继推出了FOF基金、养老目标基金。2021年6月,基础设施证券投资基金(基础设施公募REITs)也开始进入交易所市场,成为投资者的新选择。

根据市场发展需要和不同投资者的利益诉求,应当进一步完善相关制度建设，包括允许上市公司设立双重股权结构，又叫 AB 股制度。具体办法是，上市公司发行表决权不一的 A、B 两类股份，A 股一股一权，而 B 股则是一股多权。在美国，创始股东或管理层持有的 B 股，可行使 10 倍投票权。美国《华尔街日报》、美国《纽约时报》、英国《每日邮报》、谷歌、脸谱等大公司都采取这种制度，Zynga 的 B 股投票权甚至到了 70∶1。

AB 股制度之所以在美国流行，但在另外一些地方不被接受，主要是源于配套措施的差异。在 AB 股制度下，创始人持有少量股份，却可以掌握公司大部分权利，很难保证其不利用手中权利去侵害中小投资者。为此，这项制度也在逐步完善。比如，作为补偿，高投票权的股票股利设置的比较低，投票权限管理者使用等。目前，科创板已允许有 AB 股制度的公司上市。

### 市场建设 北京证券交易所

北京证券交易所于 2021 年 9 月 3 日注册成立，是经国务院批准设立的我国第一家公司制证券交易所。

2021 年 9 月 2 日，习近平总书记在 2021 年中国国际服务贸易交易会全球服务贸易峰会上宣布："我们将继续支持中小企业创新发展，深化新三板改革，设立北京证券交易所，打造服务创新型中小企业主阵地。"9 月 3 日，北交所即正式注册。

11 月 15 日，北交所举行揭牌暨开市仪式。81 家公司成为首批上市公司。其中，10 家已完成公开发行等程序的企业直接上市，71 家存量精选层公司平移至北交所上市。

北交所遵循"一个定位""两个关系""三个目标"，不断完善自身建设。"一个定位"，是指北交所是支持服务创新型中小企业的主战场。

"两个关系"，一是指北交所与沪深交易所、区域性股权市场坚持错位发展与互联互通，发挥好转板上市功能；二是指北交所与新三板现有创新层、基础层坚持统筹协调与制度联动，维护市场结构平衡。

"三个目标"，是指构建一套契合创新型中小企业特点的涵盖发行上市、交易、退市、持续监管、投资者适当性管理等基础制度安排，提升多层次资本市场发展普惠金融的能力；畅通北京证券交易所在多层次资本市场的纽带作用，形成相互补充、相互促进的中小企业直接融资成长路径；培育一批专精特新中小企业，形成创新创业热情高涨、合格投资者踊跃参与、中介机构归位尽责的良性市场生态。

## 七、构建发展与安全相互统一的股市制度

任何一个市场都需要安全保障，股市也是如此。股市安全既包括自身系统性安全，也包括主权利益安全。也可以说，主权利益安全蕴含在系统性安全之中。

股市作为国家重要的基础设施，其承担的功能贯穿经济社会发展的各个主要环节。在当今世界，股市的价值中枢、运行秩序是否稳定，股市是否具有吸引力，已不单单是一个市场问题，而是一国政治经济社会长期稳定发展的重要支撑点。

作为基础设施，股市建设要坚持稳定性、便利性、安全性、持续性四个方面的原则。股市的稳定性，首先表现为制度的稳定性、连续性，其次是价值中枢的稳定性、一致性，这两个层面的稳定性决定着市场参与者预期的稳定性。因此，制度设计要以透明为第一原则，做到人人可监督、事事可稽查，尽最大可能压缩设租寻租空间、消除黑箱作业

空间。

股市的便利性，既包括投资的便利性，也包括筹资的便利性，还包括兼并重组的便利性。目前看，一方面，投资者参与股市的便利性已经具备，但大家对股市的稳定性不满意；另一方面，企业融资的便利性还有欠缺，但同时也存在少数企业滥用融资渠道的问题。

股市的安全性，既涉及市场参与主体的安全，也涉及市场整体安全，还涉及一国股市在全球竞争体系中的安全。市场秩序稳定、监管有效是确保市场参与主体安全的基础；依法治市的程度、风险防范体系的完备程度，是确保市场整体安全的基础；而一国股市在全球竞争体系中的安全，则与国家利益博弈紧密相关。

股市发展的持续性，是股市整体建设水平的集中体现。秩序相对稳定、投资相对理性、参与比较便利、风险总体可控，市场自然具备持续发展的条件，推进改革的成本也会比较低。

任何一个国家的股市，除了一般意义上的稳定发展和风险管理之外，都涉及"系统性安全"问题。股市安全是国家整体安全的一部分，"没有安全的发展"是"脆弱的发展"。解决好这个大问题，是我们提出并实施具体措施的根本出发点。

只有在"系统性安全"得到基本保障的前提下，才能谈及让市场主体充分博弈，自主配置资源，自主确定交易价格，监管者依据法律授权实行监管等问题。

经过三十多年的发展，借鉴国际市场经验，我们对股市的"系统性安全"有了更深刻的认识。即保障"系统性安全"不仅要靠监管者，更要靠市场主体，还需要协调、处置好市场外部的因素；不仅要靠证监会和股市参与者，还要靠中国人民银行、财政部、国资委、银保监会等整个宏观治理系统和整个资金流转系统。

　　值得思考的是，时至今日，仍有一些证券经营机构、投资机构、上市公司对股市的"系统性安全"问题麻木不仁。还有的投资机构和上市公司盲目追求自身个体利益，不惜伤害整个市场的利益，甘当"裸奔者"。

　　有人认为，股市就是一个交易场所，不存在国家利益之争。市场不稳定主要是监管不到位、市场主体不成熟。固然，股市暴涨暴跌与市场基础制度存在缺陷有关，我们应当进一步学习借鉴他国最佳实践，加以完善。同时，也必须加强国家利益、国家主权意识，在股市建设中加以贯彻。

　　长期以来，西方国家一些力量坚持唱空中国、做空中国，并且，这种力量在国际舆论中处于强势地位。近年来，西方一些势力透过各种渠道，特别是互联网媒体、高校、研究所、金融机构等，对中国经济事务进行干扰。无论是对中国经济增长的整体形势，还是对政府投资、地方债、房地产等的政策抉择，抑或是对"一带一路"倡议、亚投行建设，都有他们"执着工作的身影"。少数国家对我国东海、南海权益实施袭扰，对我国西藏、新疆和港台事务进行干涉，都很直白露骨。

　　股市作为一国经济和改革的晴雨表，不可能"纯而又纯"地存在于国家博弈逻辑之外。事实上，多个境外交易所都设立了针对中国股市的做空工具，但中国的交易所并没有做空他国股市的工具。中国境内一些机构，把境外这些针对中国市场的交易标的奉为圭臬，简单跟随其走势，令人忧虑。客观地说，国家关系原本就是双向的，既有合作互补的一面，也有利益博弈的一面，这都是很正常的。既然股市是一国经济和制度变革的晴雨表，那么股市上有利益争夺也丝毫不值得奇怪。面对挑战，我们应当坦然、勇敢而理性的对待，要坚持合作共赢的理念，通过金融谈判，谋求平等互惠的合作；也要维护自己的发展权益和系统性安全。

当前，中国经济金融的开放程度已很高，我们应当完善监测机制，提高监管水平，对于利用境内外金融工具，制造中国金融市场动荡的机构，不但要保持必要的警惕，而且要依法予以查处。

我们这样做，恰恰是真心希望塑造一个公平公正公开的市场，以平等姿态与各国各地区的投资者共同参与、共同分享市场价值。对于恶意做空力量、违法违规操纵行为，既不无限放大，也不无限度缩小，更不能鸵鸟心态、视而不见。无论他们来自哪里，我们都同样要依法处置、科学处置。

随着我国社会主要矛盾变化和国际力量对比深刻调整，经济社会发展面临的内外部风险显著上升。股市作为经济金融的重要枢纽，必然会遭遇内外部压力，有时外部压力通过内部因素来体现。为此，必须坚持系统安全观念，将政治安全、经济金融安全、人民安全、国家利益至上有机统一，要在复杂的国际竞争环境下敢于斗争、善于斗争，采取有效措施做强中国股市，靠竞争力克服和化解内外压力，赢得主动权。

从防止宏观经济大起大落而言，资本市场要公平合理定价，更多地为重点领域、薄弱环节的企业提供融资支持。从防止外资大进大出而言，要把资本市场与全金融系统一起考虑，加强统一协同监测，及时发现风吹草动；也要通过主流机构加强引领，在关键时刻发挥定盘星、压舱石作用。从保障粮食、能源、重要资源安全供给而言，相关大型上市公司的安全运营至关重要；相关大型上市公司对确保我国产业链、供应链稳定安全也承担着重大责任，应当确保这些公司自身系统性安全，也要确保其政治可靠。从防止资本无序扩张、野蛮生长方面而言，监管政策要不断完善，既要鼓励引导资本向需要的地方流动，保护其产权和知识产权，也要划出底线、红线，防止资本侵害公众利益、国家利益。从生态环境安全方面而言，要严格执法，加强常态化和随机性巡察，发挥社会监督的作用，鼓励上市公司、相关金融机构主动作为，带头维护生态安全；对破坏生态安全的主体，依法惩戒。我国上市公司已经是国民经济的半壁江山，它们从各自领域出发，对维护就业稳定，带动中小微企业发展，维护公共卫生安全、环境安全、供应安全等都承担着责任和义务。可以说，稳定股市，对于维护国家安全具有十分重大的作用。从政治安全和国家安全角度来看，应从内防腐败塌方、外防渗透破坏两方面谋划，完善治理措施。从内防腐败塌方来说，主要是加强重点岗位和重点机构的政治建设，将业务强和政治强统一起来。金融市场利益高度聚集、风险层层叠加、智力密度较大、腐败链条隐秘。股市作为金融体系的组成部分，对财富具有放大效应，资金流动便捷迅速，利益博弈更加激烈，腐败风险更为突出。

无论从发行上市环节、并购重组环节，还是股份代持、股权质押、业务分包等方面，都存在利益输送、利益交换的风险。特别是在信息披露环节，"一句话抵万金"，腐败交易更加隐秘。特别是，当金融腐败分子结伙成势之后，贷款、项目融资、股票融资、股权抵押融资等操作变成"阳光腐败"，资金向少数权势人群快速聚集；而腐败分子为了维护既得利益，在行政、执法、司法环节嵌入私利诉求，就必然导致政治上的不安全。

纵观中外历史和现实，金融这块巨大蛋糕历来被资本所追逐，也历来是不法分子的重点猎取对象。在一些国家，政客们对金融腐败见怪不怪，甚至与金融投机家沆瀣一气，谋取不义之财。还有的国家，把金融资本大鳄奉为"国家金主"，用法律形式把金融腐败保护起来，令"金融食利阶层"万世无忧，即使金主和其代理人触犯了法律和市场戒律，也可以花钱消灾。

2020 年新冠肺炎疫情肆虐以来，美国财富阶层借机大发横财的举动令人惊愕：3 月疫情骤然加重导致股市大跌，美国议会随即启动"直升机撒钱"模式，救股市排在第一位。截至 8 月上旬，美联储资产负债表猛增 2.8 万亿美元，比 1 月底的 4.2 万亿美元增加 67.3%，超过过去四轮（2008 年 11 月至 2015 年 12 月）量化宽松扩张规模。白宫还挑选出一些大型上市公司，向它们发放数以几十亿元计的补贴和贷款。救助"关键大企业"的资金预算总计高达 750 亿美元。而另一方面，至少 11 家公司的内部人士借此机会抛售股票，套现离场。同时，美国一些政客在救助消息公开前买入相关股票，公然搞"老鼠仓"游戏。

从已经审理的华融资产管理公司原董事长赖小民案、安邦保险吴小晖案等来看，无论是腐败官员，还是金融机构高管，其非法获利途径既包括受贿、贪污，也包括滥用职权安排或干预项目，不少行为还与资本市场操作相关。还有一些金融机构股东和高管，大搞循环注资、虚假注资和不正当关联交易，把大量的银行储蓄资金、国有资产"转化"为个人私产，把持牌金融机构当作私人摇钱树。为了把侵占行为洗白，把资金窟窿堵上，他们还借助股票上市转嫁风险。

加大金融反腐力度，既要从源头上反腐，从基础制度上反腐，也要从专业技术的运用上反腐。一些人把腐败行为"专业技术化"，这一点尤其值得重视。那些打着专业旗号进行的反常操作，必有利益输送，务必加强排查。

笔者认为，我国股市运行长期存在不稳定因素，固然与基础制度建设不完善有关，但也与金融腐败问题有多重关联。公平的制度需要处以公心的人来建立。金融既要讲专业，更要讲人民性。彻底清除金融领域的腐败问题，建立和巩固"人民的金融"，才能维护好金融安全，提高我国金融体系的竞争力。

从外防渗透破坏来说，当前最为突出的是两个方面：一是思想渗透和思维植入，二是长臂管辖和政策施压。

美国等西方国家通过舆论宣传，配合长臂管辖和政策施压，对中国金融市场包括股市进行一系列干扰。2018 年以来，美方针对中概股的施压就很典型。同时，美方在高科技和贸易领域采取极限施压措施。

在这种博弈中，有的人不能够从机制上认识国与国之间的竞争规律，有的陷入盲目崇美、惧美心理陷阱。针对美方打出的"脱钩"牌，有人臆测"脱钩"后中国将失去创新动力、甚至会立即落后三五十年。这实在是无稽之谈。第一，中国科技研发与美国相比当然存在很大差距，但是，高科技保持活力必须靠"用起来"，而不是"锁起来"。任何科技成果长期不给某一个特定国家使用，都是不可持续的。第二，中国有能力、有潜力、有底气赶超，压力越大越能激发赶超动力。历史已经证明，一个国家长期独享某一项高科技成果是不可能做到的。第三，不管先进的科技成果来自哪个国家，都需要其他国家的配套，都需要其他国家的市场，长期自拉自唱也是不可能的。

就全球经贸合作而言，资源只有在流动中才能获得优化配置。只要投入产出比这个经济规律不死，全球贸易就是无人可以阻挡的。美国当初把一些制造业转移到美国以外，是符合产业梯度转移理论的；现在试图把其所需要的制造业都"运回"美国去，是违背产业发展规律的。美国国内产业失衡，部分产业工人失业，应当从全球化视角来寻找解决之道。要知道，美国的金融资本通过在华尔街交易，并向全球其他金融市场传导，客观上调度着全球资源。如果说，这种"调度"损害到了美国自身利益，那么，解决问题的办法应该是改革华尔街，搞中美脱钩固然会破坏中国发展环境，但也将损害美国自身。美国政客应该认真审视一下华尔街脱离实体经济、过度追求金融超额收益的体制，把华尔街金融资本从全球化产业布局中获得巨额利润盘点一下，采取措施让它们吐出来一些。这一笔巨资对解决美国人失业问题会有用的。

再拿美国惯用的长臂管辖来说。过去一个时期，美国时常把其国内法滥用到多边场景，依据国内法把他国企业列入所谓制裁清单，或强行对他国实体实施各种核查。还有一种情况是，美国不通过联合国机制，单方面宣布制裁某个国家，并要求其它国家跟随其发起制裁。如此，美国的单边行动异化为多边行动。

在美方思想渗透和思维植入之下，一些中国人认为美方搞长臂管辖天经地义，或者心里不赞成但不敢开展必要的斗争。这深刻地反映在美国动用特工手段，在加拿大非法扣押华为孟晚舟一事上。事件发生后，一些人居然主张对美妥协，还有人认为美国行使长臂管辖权是对的。

在主权逻辑下，美方的长臂管辖做法是站不住脚的。阻断他国法律和措施在本国滥用，是一国的主权。20世纪90年代以来，联合国通过一系列决议，要求废除各种对他国企业和个人具有域外效力的单方面法律与措施，呼吁各国不承认、不执行此类法律与措施。破坏多边主义机制、将国内法凌驾于国际法之上，本质上是霸权主义遗毒作祟。2021年1月，商务部公布了《阻断外国法律与措施不当域外适用办法》，补上了阻断外国法律与措施"不当域外适用"的法律短板。

《阻断外国法律与措施不当域外适用办法》明确了负责外国法律与措施不当域外适用应对工作的工作机制、适用范围，规定了报告、审核、申请豁免、政府支持、反制、法律救济等具体内容，同时规定了罚则。工作机制主要依据"是否违反国际法和国际关系基本准则""对中国国家主权、安全、发展利益可能产生的影响""对中国公民、法人或者其他组织合法权益可能产生的影响"等因素，对有关外国法律与措施予以评估确认。一旦确认属于不当域外适用，将由国务院商务主管部门发布不得承认、不得执行、不得遵守有关外国法律与措施的禁令。这将从根本上改变过去应对这类问题时信号不明确、措施不完善、反制缺合力的情况。

事实上，阻断有关外国法律与措施的不当域外适用，国际上有例可循。欧盟、加拿大、墨西哥、阿根廷等经济体先后制定了阻断立法。例如，欧盟（欧共体）于 1996 年制定了《抵制第三国立法域外适用效果及行动条例》，并于 2018 年更新修订。

还有一种情况是，内外因素交织、内外力量一起发力，干扰我们开展正常的经济金融治理工作。比如我们解决房地产过度占有金融资源问题，内外就会出现中国经济即将崩溃的说法。我们治理互联网平台的过度垄断问题，内外就会出现中国打击新兴产业的论调。其实，这种必要的治理工作在其他国家也是需要的。

以美国为例，2020 年 12 月 9 日，美国联邦贸易委员会（The Federal Trade Commission，FTC）和 48 个州及地区总检察长对脸书（已更名为 Meta，因案件发生时未更名，故仍使用脸书）发起反垄断诉讼，针对脸书收购 Instagram 和 Whats App 及拒绝向特定竞争对手开放数据接口的行为，指控该公司通过长达数年的反竞争行为非法维持其在个人社交网络领域的垄断地位。2021 年 6 月 28 日，美国哥伦比亚特区地方法院以证据不充分为由裁定驳回诉讼，但允许 FTC 补充材料后再次提交诉状。2021 年 8 月 19 日，FTC 向法院提交了提供了更加具体的证据和论证，脸书拒绝向竞争对手开放 API、拒绝互操作性的事实是 FTC 紧咬的一大反竞争行为。2022 年 1 月 11 日，脸书要求撤销 FTC 对其反垄断诉讼的动议遭到法院的驳回，法院裁定指控脸书实施垄断行为的诉讼可以继续进行。

2022 年 3 月 31 日，路透社报道，美国司法部重新重视起对谷歌地图的反垄断调查，据称调查分两部分。其中一部分关注的是通过车载屏幕提供的导航等应用，另一部分则侧重于应用及网站的开发者。具体来说，该部门正在调查谷歌的要求，即如果一个网站或应用使用了谷歌的一种技术，就不能使用谷歌竞争对手开发的地图或其他技术。

2022年3月28日，欧盟反垄断负责人玛格丽特·维斯塔格表示，欧盟各国可能会在4月与欧盟立法机关就《数字服务法案》（*Digital Services Act*，DSA）达成一致。此前的一周，欧洲议会、欧洲理事会和欧盟委员会就《数字市场法案》（*Digital Markets Act*，DMA）达成一致，目的是规范苹果、谷歌、亚马逊、脸书等科技巨头，反对和遏制垄断。DSA的规则主要涉及线上中介机构和平台（online intermediaries and platforms），例如在线市场、社交网络、内容共享平台、应用商店以及在线旅游和住宿平台等，侧重于保护权利；DMA则主要针对"看门人"（gatekeeper online platforms），更侧重于促进公平竞争。

虽然不同法律制度和行政体制下，对于互联网企业垄断行为和涉及国家安全、公众安全行为的处置路径、方式有区别，但针对性地解决矛盾问题是殊途同归的。因此，认为美欧治理都是顺理成章、水到渠成，中国治理就是打压产业、毁坏行业，显然是不客观的。当然，我们会听取有益的意见，改进监管和执法，但是，一些过度渲染和干扰，也值得冷静思考。只要站在最大多数人的立场上，维护国家利益和公众利益，依法律程序处置风险，维护整体安全和特定领域安全，维护公正的竞争秩序和稳定的营商环境，就应当干下去。

**历史镜鉴** 董少鹏：叫停蚂蚁集团上市传递"为人民监管"积极信号

蚂蚁集团的业务模式和上市要求之间存在反差，叫停蚂蚁集团上市传递出"为人民监管"的重要信号。在注册制下，上市主体如何做好信息披露，审核部门如何核查信息披露是否充分，需要继续深入探索和实践。

2020 年 11 月 3 日傍晚，上交所根据有关规定，决定暂缓蚂蚁科技集团股份有限公司上市。这是为保护广大投资者知情权，规范注册制下股票发行上市活动的必要措施，也是稳定市场预期、促进上市公司和中介机构合规运作的必要举措。

此前一天，中国人民银行、中国银保监会、中国证监会和国家外汇管理局对蚂蚁集团实际控制人马云、董事长井贤栋、总裁胡晓明进行了监管约谈。上交所称，监管部门约谈蚂蚁集团以及蚂蚁集团向监管部门报告所处的金融科技监管环境发生变化等，属于可能导致蚂蚁集团不符合发行上市条件或者信息披露要求的重大事项，故根据《科创板首次公开发行股票注册管理办法》第二十六条和《上海证券交易所股票发行上市审核规则》第六十条等规定，暂缓蚂蚁集团上市。

蚂蚁集团如今庞大的业务链条和业务规模，起源于支付宝业务。随着其累积用户规模和交易数据实现天文数字级增长，开始涉足放贷业务。据华泰证券测算，蚂蚁集团超过七成利润来自微贷。目前蚂蚁集团的余额宝和花呗、借呗业务也获得了牌照。可以说，蚂蚁集团是集科技公司、电子商务公司、网络销售平台与银行零售业务公司于一身的超级公司。对于这种特殊类型的企业，是按照科技公司估值还是按照金融公司估值，市场中存在争议。有必要通过进一步评估，再给出判断。

目前，蚂蚁集团通过长期经营积累了数亿消费者的大数据资源，这块资源既是需要保护的个人信息，其脱密后的数据也属于公共数据资源，如何保护好、监管好、运用好这些数据资源，是需要加以研究，并补上相关制度短板。科技公司与金融业务结合，为用户提供更为便捷、普惠、适用的服务，是科技进步的一个必然结果，是一件好事，但对这类创新型企业的监管也需要跟上。

对于金融科技公司，既要鼓励创新、弘扬企业家精神，也要加强监管，依法将金融活动全面纳入监管，有效防范风险。要针对这类企业的特点，增强业务信息披露全面性和透明度，保护金融消费者和投资者的合法权益。还应当加快建立数据资源产权制度、数据资源交易流通制度，明确数据资源交易的标准规范。

科技发展是为了满足人民对美好生活的需要，金融发展也是为了满足人民对美好生活的需要。监管的目的是维护市场公平秩序，维护公众利益和国家利益，促进经济社会整体健康发展，抓手是真实、充分、及时的信息披露。蚂蚁集团的业务模式，其开展业务与公共资源的关系，以及由此引发的监管制度变革，都是需要群策群力，加以认真研究解决的。

（证券日报网 2020 年 11 月 5 日）

## 八、中国股市指数要形成全球引导力

在国际金融市场，指数是一项重要资产，是一国金融竞争力的表现。

目前，欧美交易所和投资银行建立的金融指数，是各国投资者的投资基准和投资工具，比如，著名的明晟指数（MSCI），是由有美国摩根士丹利资本国际公司编制的。这个指数涉及股权指数、固定资产指数、对冲基金指数、股票市场指数等。在中国国内上市的股票，长期未被加入该指数。

从 2015 年开始，MSCI 提出接纳中国 A 股股票入局。为此，中国完善了 QFII（合格境外投资者）、RQFII（人民币合格境外投资者）等制度措施，证监会相关法规认可名义持有人和证券权益持有人等概念。在外汇管理方面，提升了 QFII 资金进出的便利程度。

但是 MSCI 并没有迅速回应中国的善意，而是拖拖拉拉，将 A 股纳入该指数几乎成了一个"拉锯战"。它虽然是一个商业机构，但却不断地向中国股市监管层提出各种要求，包括实行注册制、开放信誉评级机构入场、改变国有股占比较大的格局等。MSCI 好像是一个考官一样。但是，该指数的确能够呼风唤雨，是绝大多数国际投资者的风向标。目前，追踪 MSCI 的基金公司多达 5719 家，资产总额达到数万亿美元。看起来，它有颐指气使的资格。这说明，有竞争力的指数产品体系本身就是金融战略资源。

2017 年 6 月，MSCI 决定把 A 股纳入其全球新兴市场指数，初期纳入的标的占 5% 纳入因子。这些 A 股约占该指数 0.73% 的权重。

之所以在 2017 年取得这样一个成果，有三个原因：（1）我国于 2016 年 10 月加入了 SDR 货币篮子，人民币汇率机制的稳定性增强；（2）2017 年 A 股的全球互联互通机制开始建立。通过设立沪港通、深港通，境外投资者可以便利地买卖池子里的 A 股股票；（3）2017 年，中国证券交易所放宽了对涉及 A 股的全球金融产品预先审批的限制。据分析，MSCI 也根据中国股市的实际情况对相关纳入条款进行了必要的调整，其中包括先把沪深港通相关标的纳入。

还有更为重要的一点，该指数选择纳入 A 股的时点，是中国股指相对低的时段。这充分说明，该指数公司具有极强的资本属性，其在纳入一国证券标的的时候，是要充分考虑买入成本和时机的。所谓"走在增长曲线的前面"，强者有强者的办法。

目前纳入中国 A 股标的的国际指数，除了 MSCI，还有标普道琼斯指数、富士罗素指数。截至 2020 年 11 月，国际指数纳入的 A 股公司的数量已占上市公司总数近 1/3。

中国股市标的纳入国际指数，对境外投资者参与中国股市特别是机制化、规模化地参与，是一件好事。外资成规模地进入中国股市，有助于增强相互了解和信任，有助于促进相互投资，锁定资本层面的相互联系，也有助于完善中国股市治理。

中国股市是一个发展中的市场，但其依托的是全球最大的货物贸易市场、制造业主场、消费大市场、新兴的科技创新主战场。虽然中国股市还存在诸多结构性问题，但其市值已居全球第二位，主要的国际指数不把中国股市纳入其中，则是不完整的。并且，全球各地的投资者参与中国股市愿望是强烈的。特别是很多跨国公司都在中国开展业务，它们亲身感受到投资中国市场的巨大收益，会从长远考虑，加大对中国市场的参与度。主要国际指数中国股市纳入国际化机制，也符合跨国公司的战略需要。

中国与国际主要指数公司合作是大势所趋，但同时，双方合作应本着相互尊重、互联互通的准则。国际指数公司简单拿"外国尺子"来测量中国股市，是不公平的谈判方式。它们应当多了解中国股市实际，弄清楚中国的管理模式和管理经验，在此基础上，按照平等互惠原则，落实把中国股市标的纳入的问题。

基于同样的道理，中国建立本土的、有国际竞争力的指数体系，也是极其必要的。目前中国已有上证综指、深圳成指、创业板指、科创板指，还有上证 50、上证 100、中证 300 等指数。但中国指数的国际竞争力还很不够，目前基于中国股市指数的国际化投资产品还很少。同时，一些境外主体在境外设立以中国股票为标的的指数。比如 2006 年新华富时 A50 指数期货就在新加坡上市。新华富时指数公司还开发了新华富时中国 25 指数等。类似的境外中国指数还有很多，此处列举的是相对有影响的指数。

中国建立本土的、具有国际影响力的指数产品十分迫切。从路径上来看，中国没有必要复制明晟指数、标普道琼斯指数和富时罗素指数的做法，但有必要将自己的指数产品推销到国际市场。所谓推向国际市场，就是让国际投资者到中国市场交易相应的指数产品，以及让中国指数产品到境外交易所上市。

中国指数和相关产品在编制策略、样本选取、理念引领等方面要坚持守正创新，既要符合国际规范，也要体现中国市场风格。一要做到数据扎实准确，二要做到程序公开透明，三要选取有价值含量的信息，要经得起外部研究者追问。同时，不能简单复制已有的指数和指数体系，而要靠创新吸引投资者。指数竞争也是科技竞争，如果不往前走，仅仅复制别人的模式，则没有出路。就像华为通过开发鸿蒙系统开发 5G 技术一样，往前走，发展空间才能打开。

**▊附　编制中国 A 股指数的国际指数公司**

1. 明晟指数（MSCI）公司，指美国摩根士丹利资本国际公司。该指数涉及股权指数、固定资产指数、对冲基金指数、股票市场指数等。

2018 年 6 月起，A 股标的被纳入 MSCI 新兴市场指数，纳入因子为2.5%。2018 年 8 月提升纳入比例至 5%。2019 年进一步把纳入因子提高至 20%。

MSCI 新兴市场指数是"大池子"，还有些小池子，如 MSCI 中国A 股国际通指数（MSCI China A Inclusion Index）、MSCI 中国全股票指数（MSCI China All Share Index）、MSCI 中国 A 股指数（MSCI China A Onshore Index）。

2. 富时罗素指数（FTSE Russell）公司，位于英国，是全球第二大指数编制公司。该指数涵盖全球各地 98%可投资的股票市场。

2019 年 6 月，富时新兴市场指数首次纳入 A 股标的，纳入因子为 5.5%；同年 8 月 24 日，这一比例从 5%提升至 15%；2020 年 6 月，纳入因子提升至 25%。

富时公司曾开发过中国大陆股市指数—富时 A50 指数（China A50 指数），其包含 A 股市场市值最大的 50 家公司，其总市值占 A 股总市值的 33%。

3. 标普道琼斯指数（S&P Dow Jones Indices）公司，是标普与道琼斯两家指数公司于 2012 年 7 月合并而成的，旗下拥有著名的标普 500 指数和道琼斯工业指数等。

2018 年 12 月 31 日，标普道琼斯指数公司宣布，将沪港通、深港通机制内的中国 A 股标的纳入其旗下的标普 BMI 指数、道琼斯全球指数等六个指数（即"宽基指数"），自 2019 年 9 月 23 日开盘前生效。纳入因子为 25%。

需要说明的是，标普指数全球基准指数继续把中国 A 股排除在外。

此前，标普道琼斯指数公司于 2015 年 8 月 28 日推出"标普中国 500 指数"，2016 年 4 月 13 日推出的"标普新中国行业指数"。

**点睛之笔** 董少鹏：融媒体时代，资本市场呈现哪些新特点？

中宏网 2020 年 12 月 26 日消息（记者王镜榕）2020 年即将结束，新的一年即将到来，经济增长面临诸多挑战，资本市场前景备受关注。资本市场是信息和信心市场，既要进一步深化自身的体制机制改革，又要适应融媒体时代信息链生态的变化，实现相融共生。

就如何深刻理解和贯彻落实党的十九届五中全会精神，切实推进媒体融合，深化资本市场改革开放，更好服务经济社会高质量发展等问题，中宏网专访了我国资本市场早期改革发展的参与者之一，从事证券市场和宏观经济研究 28 年的媒体专家、证券市场政策专家、中宏观察家、证券日报社副总编辑董少鹏，请他就相关问题发表看法。

## 融媒体时代，中小投资者易受低质信息的伤害

**中宏网记者**：作为证券类核心主流媒体负责人，您怎么看待当前形势下推进媒体融合的紧迫性和必要性以及如何在证券类媒体去落实推进？

**董少鹏**：媒体人要拥抱融媒体时代，主动做融媒体人。新闻信息服务就像水和空气一样，是现代人的必需品，媒体是重要的基础设施。融媒体的快速发展与信息化社会的进程相匹配，不融合发展媒体就没有出路。凡是有效的媒体平台、媒体方式、媒体工具、媒体技术都可以运用，关键在生产出高质量的新闻产品。

证券类媒体具有投资参考属性，新闻信息产品的制作，除了符合一般新闻信息资讯的规范标准外，更要符合口径准确、表达准确、解读准确的要求。目前证券类媒体在内容方面还有很大的提高空间。

融媒体平台建设可以因地制宜、因媒体制宜，可以采取自主建设和参与商业平台相结合的方法。

**中宏网记者**：信息披露一直是资本市场改革和监管的一个重要抓手和实现途径。结合《证券日报》探索实践，您对推进证券类媒体融合发展，更好服务资本市场治理有何前瞻和建言？

**董少鹏**：资本市场与融媒体有天然黏合性，两者是"亲戚"。资本市场随时对各种信息作出反应，有时甚至走在媒体前面。证券类媒体要

生存下去，就必须快速回答市场关切，多渠道、多元化挖掘市场基本面信息，作出深入解读。对重点上市公司、重点证券期货机构、重点投资人群的动向，必须给出及时反映。既要进行基础性数据分析，也要及时传递感性信息。记者、研究员要深入接触市场主体，反映它们的真实情况，也要充分运用市场主体主动提供的信息。

证券类媒体的作用有两个：一是传播新闻，发现、解读和传播；二是共建市场。证券类媒体既要客观公正反映市场情况，也要积极建设市场，就市场中出现的问题与监管部门等沟通，资政建言，并监督监管者。

**中宏网记者**：中小投资者的权益如何依法保障一直备受市场关注。在当前数字驱动媒体生态发生深刻变化背景下，您对如何发挥融媒体监督力量，更好实现和维护中小投资者的权益有何思考或建言？

**董少鹏**：融媒体时代的中小投资者，既容易获得信息，也容易受到低质量信息的伤害。保护中小投资者合法权益，首先要深入了解并把握他们的特点。虽然我国的资本市场已经建立了30年，但整体看，投资者的"资本意识"和"风险意识"还是很不足的。上亿个人投资者的情况也是千差万别的，目前还很难做到提供个体化个性化的服务。

媒体首要职能依然是努力提供及时、全面、丰富、深入的信息，呈现出一个合法、专业、精准、迅捷的媒体生态，让投资者在资讯友好型环境里参与投资。可以尝试运用数字技术为投资者提供个性化资讯服务。

**优化资本市场生态环境，监管者作用首当其冲**

**中宏网记者**：证监会日前召开会议（以下简称"中国证监会专题会

议")传达学习贯彻五中全会精神，您对会议特别强调的"主动担当作为"精神及其思路如何解读？

**董少鹏：**优化资本市场生态环境，监管者的作用首当其冲，因为监管者掌握比较全面的市场信息，可以对市场发展趋势和风险点、创新点作出总体评估。用怎样的政策举措引领市场健康发展，需要进行系统性、战略性谋划。监管者要主动担当，让研究和规划走在市场曲线前面。这是很不容易做到的，要敢于取舍、善于取舍。坚决打击违法违规行为是第一位的。

**中宏网记者：**中国证监会专题会议强调，认真学习贯彻《中共中央关于制定国民经济和社会发展第十四个五年规划和二〇三五年远景目标的建议》的部署要求，抓紧谋划和推动"十四五"时期资本市场重点工作，加快形成资本市场服务经济社会高质量发展的制度、机制和体系，并从六个方面作出安排。您对此六个方面重点工作的内在逻辑如何解读？对"十四五"我国资本市场改革开放再出发有何前瞻？

**董少鹏：**我国资本市场还有一些课要补。要通过系统性、贯通性、稳定性强的制度体系，支撑各类市场主体到市场上参与、竞逐，实现优胜劣汰。买者、卖者、中介各负其责，对自己的失败买单，对他人的成功点赞。

这六项重点工作中，第一条"着眼于提高直接融资比重，加快完善多层次资本市场体系，进一步畅通直接投融资入口，不断完善有利于扩大直接融资、鼓励长期投资的制度安排"，关键词是"畅通"。要畅通渠道，实现各负其责，依法担责。第二条"把支持科技创新放在更加突出位置，加快建成优质创新资本中心，更好发挥科创板、创业板、新三板、私募股权投资基金支持创新的功能作用，完善市场化激励约束机制，引导各类创新要素集聚，助力打好关键核心技术攻坚战"，关键词是"科技创新"。第三条"以注册制和退市制度改革为抓手，带动发行承销、交易、持续监管、投资者保护等各环节关键制度创新，全面加强资本市场基础制度建设"，关键词是"基础制度"。第四条"守牢不发生系统性风险底线，着力健全市场风险的预防、预警和防范处置机制，持续做好资本市场各类风险防控工作，坚决维护国家经济金融安全"，关键词是"安全"。第五条"完善资本市场监管执法体系，加快推动健全证券执法体制机制，推动构建以科技手段为支撑的监管执法新模式，深化'放管服'改革，着力提升监管效能"，关键词是"执法"。第六条强调加强党建，为重点工作任务顺利落地提供坚强政治保证，关键词是"政治"。

这六条是相辅相成的，畅通是市场目标，科技创新是核心任务，基础制度是底层保障，执法是监管保障，安全是基本要求，政治是干部和人才保障。畅通的目的是释放市场主体活力，实现市场内部自平衡，为此需要做好基础制度、监管执法、风险防范等。而畅通的市场循环要支持科技创新，服务创新驱动战略。这六条是资本市场进一步推进法治化、市场化、国际化的必要条件，需要统筹抓好做好。

"十四五"时期资本市场大有可为，监管者、市场主体要进一步解放思想，坚持按照市场规律办事。既不要惧涨怕跌，也不要助涨助跌，而是坚持保护依法合规行为，打击违法违规行为。要坚持问题导向，而不要搞花样政绩工程，不要揠苗助长，不要遏制市场创新。要加强社会化监督，对监管者腐败严惩不贷。

| 第 五 章 |

# 中国股市对外开放

中国经济是开放的经济，中国股市当然也是开放的股市。但同时，中国股市作为新兴市场，其与世界金融市场的互动仍需经历一个循序渐进的过程。应当按照互联互通的思路，构建和发展中国股市的开放机制，没有必要制定具体的计划指标；而应当从完善市场功能的角度扩大开放。在发行、上市、交易、并购、市场主体准入等方面实行内外资一视同仁的政策，实现互联互通，这就是最好的开放状态。

在开放状态下，外资主体也必须遵守中国的各项法律要求，不能损害中国的重大战略部署和经济、政治利益。中国股市须加强方便外资进出的机制建设，开发可在全球交易的指数产品、股票债券产品等；要完善清算、托管、外汇管理等制度。还要防范跨境资本流动可能引发的风险。对外开放与维护金融主权是一致的，不应形成对冲关系。开放是市场活动的开放，而不是主权让渡。

## 一、中国股市是全球经济和全球金融的有机组成部分

虽然中国股市创立的时间不长，但它从一开始就引人注目。虽然我

185

们审视本国股市时，总对其草莽丛生阶段感到一些难堪；并且，至今中国股市仍存在一些短板，在很多方面"技不如人"，但它一直是国际社会观察中国的重要窗口。股市的这个特殊作用从来没有丧失。

改革开放四十多年来，中国市场的国际地位是逐步变化和升级的：最初，发达国家把中国当作"世界工厂""跟随者"，国际投资者的重点是开拓中国市场，提高在中国市场的份额；到 2000 年前后，国际投资者把中国市场作为配置资源的重要场所，不仅加大对中国的投资，而且将中国作为区域总部或者全球的重要分发地；2010 年以后，中国制造业的系统性竞争力得到确认，中国科技竞争力显著提升，在更多领域实现"并跑"，在 5G 等领域甚至实现了"领跑"。

至 2021 年，中国国内生产总值为 114.4 万亿元，稳居全球第二大经济体；人均 GDP 达到 80976 元，按年平均汇率折算达 12551 美元，超过世界人均 GDP 水平。我国已是全球第二大消费市场。我国有 14 亿多人口的超大规模内需市场，有世界上规模最大、成长最快的中等收入群体（2020 年为 4 亿人左右）。2012 年至 2020 年，我国社会消费品零售总额从 20.6 万亿元增长到 39.2 万亿元，年均增长约 8.4%。2021 年，国内社会消费品零售总额超过 44 万亿元，跨上新台阶。我国还是世界第一制造业大国，制造业增加值连续 12 年居全球首位，220 多种工业品产量世界第一，是全世界唯一拥有联合国产业分类中全部工业门类的国家。我国从 2013 年起成为全球第一货物贸易大国。2021 年货物进出口总额超过 39 万亿元，继续保持全球第一。我国还是全球第二大外资流入国和外资流入最多的发展中经济体。

我国科技创新取得重大积极进展。近年来，在前沿技术和关键核心技术方面相继取得突破，在铁基超导、量子通信等基础和应用研究领域取得一批重大原创成果；一些高新技术产业，如高铁、5G 移动通信等也进入世界前列。科技创新"三跑并存"中并跑、领跑的比重越来越大。2020 年我国科技进步贡献率预计会超过 60%。2021 年我国 R&D 经费与 GDP 之比再创新高，达到 2.44%，比上年提高 0.03 个百分点，已接近经济合作与发展组织（OECD）国家疫情前 2.47% 的平均水平。世界知识产权组织 2021 年发布的全球创新指数（GII）显示，我国科技创新能力在 132 个经济体中位列第 12 位，较上年再提升 2 位，稳居中等收入经济体首位。我国每年新增大学毕业生 700 多万人，为产业发展、技术竞争提供了强大的人才后备力量。

我国经济还具有超强的韧性，这已多次得到检验：1997 年亚洲金融危机之后，我国经济走出了连续 10 年高增长、低通胀的黄金发展期。2008 年国际金融危机之后，我国在 2010 年超过日本成为全球第二大经济体。2010 年我国 GDP 总量仅相当于美国的 40.4%，但到了 2019 年我国 GDP 已相当于美国的 67%。

中国取得这些发展成就，具有历史合理性，主要是因为中国人勤劳智慧、敢于奋斗，只要有和平的发展环境，就能够在方方面面不断取得长足的发展。当然，中国实现跨越式发展，综合实力显著提升，必然改变全球的和区域的力量对比。

2018 年，美国单方面掀起针对中国的贸易摩擦，这并非偶然，而是说明中国经济的全球竞争力已经形成，中国模式给"守成大国"带来了一定压力。中国走过四十多年改革开放路程，不仅选准了发展路径，而且经过反复调试磨合，发展模式愈加成熟老练，逐步担当起世界创新发展的引领者角色。这个引领者角色是综合性和整体性的，不单单是发展动力的提供者，而且是模式塑造者、文明示范者、逻辑发现者。

模式塑造者，是指中国经济发展形成了模式创新，与传统自由市场经济国家的发展模式有显著不同，具有时代性。新发展模式的突出特点是，坚持在宏观调控和市场机制之间构建平衡结构。经典的自由市场经济理论过分强调市场主体的作用，对中央政府在整体的供需关系、产业结构、投融资结构、创新驱动等方面的作用是很不重视的。甚至，不少信奉西方经济学理论的学者和政客从根本上反对政府出台指导性、预测性的产业政策。中国特色社会主义市场经济是将有为政府和有效市场有机结合的经济，是以人为本的经济，是遏制资本垄断的经济，是高度重视大中小微各种规模经济体融合互动发展的经济。中国这个经济体作为模式塑造者当之无愧，中国特色社会主义市场经济的发展路径和继续探索的进程对其他发展中的经济体是有示范作用的。

文明示范者，是指中国在发展经济、保障民生、参与全球经济金融大循环的过程中，充分体现美人之美、美美与共这一多元共生的发展理念。中国不仅在政治上、军事上不搞霸权主义，在经济发展上也同样坚持合作共赢的原则。中国把自身大市场作为与全球投资者、生产者、消费者共享的市场，反对在国际经济合作中搞单边主义、保护主义、霸凌主义，与各国一起构建公平正义、合作共赢的经济金融新秩序。这不仅有利于大的经济体之间保持平衡关系，保持全球经济秩序稳定，也有利于全球各类经济体之间友好相处。

逻辑发现者，是指通过解决实践中的矛盾和问题，使经济发展模式更加优化，让经济发展成果更多地惠及普通百姓，使财富分配更加均衡和公平；同时，确保科技创新成果转换到产业链供应链之中，实现各类创新与经济效益相统一，经济发展、人的活动与大自然可持续发展相统一。在发展目的和方法论之间架起桥梁，这本身就是对逻辑的发现。逻辑本身是客观存在的，发现它则需要实践探索。因此，中国经济发展模式、发展文明的演进，也是对普遍逻辑进行发现和验证的过程。

在中国经济规模壮大、质量提升、结构优化的历史进程中，股市是一个实实在在的受益者，也是为经济转型升级发展服务的重要支持平台。事实上，中国股市已经成为世界第二大股市。截至 2022 年 3 月 23 日，中国沪深两市总市值为 81.54 万亿元，上市公司家数达 4684 家。北交所总市值 2136.32 亿元，上市公司 89 家。

当然，由于股市在机制建设上还存在一些不足，还没有达到与实体经济发展水平相匹配的治理水平。在不少时候，人们会看到股市行情和实体经济运行存在背离。因此，对股市治理也存在很多批评。即便如此，中国经济和股市的发展节奏总体上是相互吻合的。

中国经济和中国股市都是全球体系的重要组成部分，国际舆论中存在矮化、丑化中国经济和中国股市的情形，这是不符合历史辩证法的。我们应该坚持既不拔高、也不贬低的基本态度。

近二十年来，西方一些政客和学者试图把中国经济和中国股市分开来谈，既承认中国经济在产业链、供应链、创新链中的积极作用和重要地位，又对中国股市进行刻意贬低。这种话术形成了一定的舆论误导，具有一定破坏性。外界对中国股市指责最多的有如下三点：上市公司没有创新能力，弄虚作假严重；上市公司的国有股比例过高；散户比例太大。

如果我们把外界的批评当作一种鞭策，有则改之无则加勉，大力推进改革，更好地与世界其他经济体相互融合发展，也是好事。但我们也要反过来看，中国股市创立三十多年，它走过的路和取得的成果是客观可靠的。有些问题是真问题，不改是不行的；有些问题却是伪问题，应当保持既定的路径和模式。

股市发展如同人的成长，必须修满一定量的课时，才能收获相应的成绩。所以，我们看待中国股市，一定要历史地看、辩证地看、全面地看，既不能说它好上天，也不能说它一塌糊涂。

开放是最好的塑造。通过制度型的市场开放，让外国的投资者、专业服务机构和企业，与中国的市场主体一起参与市场，在法律法规框架下竞争，分享市场发展的红利，对于塑造中国经济和中国股市在全球市场中的地位，是必由之路。

**▎点睛之笔** 董少鹏：构建开放型世界经济的三点思考

习近平主席在 2021 年新年贺词中指出，改革开放创造了发展奇迹，今后还要以更大气魄深化改革、扩大开放，续写更多"春天的故事"。这预示着，连续多年对世界经济增长贡献率超过 30% 的中国，将以更深更广更厚实的开放发展，为构建开放型世界经济作出新贡献。

自 2008 年国际金融危机以来，世界经济发展掣肘因素明显增多：经济增长动能不足，单边主义、贸易保护主义、逆全球化思潮不断抬头。特别是近年来，美国频频挥舞贸易保护主义大棒，表现出明显的逆全球化倾向。新冠肺炎疫情在全球的蔓延，也给世界经济笼罩了一层乌云。人们不禁担心，经济全球化会不会发生逆转？

对于世界经济将如何走向未来，习近平主席在世界经济论坛 2017 年年会开幕式上发表主旨演讲指出："我们要主动作为、适度管理，让经济全球化的正面效应更多释放出来，实现经济全球化进程再平衡；我们要顺应大势、结合国情，正确选择融入经济全球化的路径和节奏；我们要讲求效率、注重公平，让不同国家、不同阶层、不同人群共享经济全球化的好处。"[1]经济全球化是人类社会发展的必然趋势，是不可逆转

---

[1] 《习近平主席在出席世界经济论坛 2017 年年会和访问联合国日内瓦总部时的演讲》，人民出版社 2017 年版，第 5 页。

的时代潮流。全球化进程中出现一些问题，是正常的，这恰恰需要大家一起努力，引导和调整好经济全球化，消解经济全球化的负面影响，让它更好惠及世界各国。

作为世界第二大经济体、制造业第一大国、货物贸易第一大国、外资流入第二大国，中国早已同世界经济和国际体系深度融合。服贸会、广交会、进博会如期举行；签署《中欧地理标志协定》《区域全面经济伙伴关系协定》，完成中欧投资协定谈判……一直以来，中国秉持多边主义理念，在稳定发展国内经济的同时，积极参与全球经济金融合作和国际治理，发挥了一个大国应有的"定盘星"作用。

疫情的暴发、经济的停滞，让世界更加渴望和合之声。大道不孤，天下一家。困难之际，中国倡议世界各国携手书写合作共赢的新篇章，并将在多个层面推动全球经济合作。

打造开放新高地，为全球投资者提供便利。去年在做好疫情防控的同时，我国对外开放的脚步不仅未减慢，反而有所加快。一年来，中国商品和服务进口额增速明显高于全球平均水平，全国外商投资准入负面清单由 40 条减到 33 条，自由贸易试验区由 18 个增至 21 个。未来，中国将进一步落实好开放举措，打造更具吸引力、包容性的自由贸易试验区、自由贸易港，建设开放新高地，促进国际大循环。

持续优化全境营商环境，让各国企业共享大市场。中国在疫情后出台的各项纾困惠企政策，对在中国境内注册的企业一视同仁。在进一步落实好外商投资法和相关配套法规基础上，将继续完善公开透明的涉外法律体系，强化知识产权保护，维护外资企业合法权益，改革完善政府服务。同时，将压缩《中国禁止进口限制进口技术目录》，为技术要素跨境自由流动创造良好环境，让中国市场成为世界的市场、共享的市场、大家的市场。

积极参与国际经济治理，推动国际合作机制改革。作为全球主要经济体，中国将继续深化双边、多边、区域合作，通过平等协商，构建互惠互利的合作机制、治理机制。在国际多边机构和区域合作机制下，中国将积极加强沟通、协调、合作，贡献更多中国智慧，为全球化发展注入强劲新动能，推动全球经济形成富有活力的增长模式、开放共赢的合作模式、公正合理的治理模式、平衡普惠的发展模式。

（《解放军报》2021 年 1 月 7 日）

**点睛之笔** 董少鹏：中国和欧盟达成的这份重要协定，对世界意味着什么？

2020 年 12 月 30 日，在新年钟声即将敲响之际，中欧领导人共同宣布如期完成中欧投资协定谈判，标志着全球两大经济体揭开了互惠合作的新篇章。在逆全球化、单边主义抬头的背景下，中欧达成这样一个平等平衡的投资协定，为世界经济稳定复苏注入了汩汩暖流。

这一来之不易的成果也展现了中欧领导人和工作团队的务实作风、深谋远虑。在完成谈判之后，双方将开展文本审核、翻译等工作，力争推动协定早日签署。此后，协定将在双方完成各自内部批准程序后生效。

当然，达成协议并不意味着解决了双方投资合作的所有问题，在协议框架内的合作事项，如市场准入承诺、公平竞争环境等方面的内容，还需进行技术性、机制性落实。但双向承诺就是良好的开端。特别是，双方经济互补性、互持性强，合作有利于双方根据各自资源优势、市场优势、治理优势形成自身经济的更优模式和更好效果，也有助于全球经济稳定复苏。在协议以外的内容，如双方与第三方开展合作时，对双边协议带来何种影响，可能出现的特殊因素会不会冲击中欧合作，都需要双方继续展示大智慧，妥善处理矛盾，增强合作的黏性。

正如习近平主席在视频会晤时所说，"中欧作为全球两大力量、两大市场、两大文明，应该展现担当，积极作为，加强对话，增进互信，深化合作，妥处分歧，携手育新机、开新局"。（注：2020年12月30日，习近平主席同俄国、法国、欧盟领导人举行视频会晤，中欧领导人共同宣布如期完成中欧投资协定谈判。《人民日报》2020年12月31日）中欧两大经济体、两大市场既离不开世界，也彼此相依；各国各经济体都是如此，文明样式、传统底蕴是各具特色、各有千秋的，有共识有分歧是常态，关键是如何对待这些"同"与"不同"。加强合作不仅是谋共同利益之路，也是增强和丰富各自优势之路。

此次中欧投资协定的一个特别之处，就是将"可持续发展"嵌入其中，强调在解决分歧时坚持高透明度和广泛参与度，中方承诺不以降低劳动者和环境保护标准为吸引投资的手段。协定还将有效实施《巴黎气候协定》纳入其中。这些条款符合双方利益，并非一方对另一方的附加诉求。中国在推进经济高质量发展同时，加强治理透明度和公民广泛参与，是全面建设现代化国家的题中应有之义。

基于深度共识，双方还将承诺在大多数经济领域不对企业数量、产量、营业额、董事高管、当地研发、出口实绩、总部设置等实施限制，并允许与投资有关的外汇转移及人员入境和停居留。在公平竞争规则方面，双方立足于营造法治化营商环境，就国有企业、补贴透明度、技术转让、标准制定、行政执法、金融监管等与企业运营密切相关的议题达成了一致。可见，不同社会制度、不同政治模式并非开展全方位经济合作的障碍，恰恰相反，唯有相互尊重，才能达成双赢的协定，从而有利于双方扩大共同利益、增厚各自发展利益。

对于中欧达成的协定，也有各种解读，但既然双方达成协议，就已经体现了双方的共同利益诉求，也将形成双边约束。总体上看，中欧投资协定是对标国际高水平经贸规则的，是平衡、高水平、互利共赢的协定。双方都拿出了高水平和互惠的市场准入承诺，所有的规则也都是双向适用的，这将为企业打造公平竞争的环境，惠及中欧双方企业乃至全球企业。

在 2021 年即将到来之际，中欧达成这样一份协定，给不稳定的世界带来的新气象，注入了新动能。中欧共同坚持和平共处，共同坚持开放合作，共同坚持多边主义，共同坚持对话协商，是对世界潮流的积极引领，是送给世界的最好新年礼物。

（中国网 2020 年 12 月 30 日）

## 二、中国股市初步建立起了全球市场互联互通机制

如何看待中国股市与全球市场的互联互通关系，是一个既需要科学精神、又需要脚踏实地的重大认识问题。截至 2022 年 3 月 31 日，外资持有 A 股市值为 3.36 万亿元，所占比例为 4.48％。这主要指外资通过沪深港通、QFII 和 RQFII 机制持有的 A 股流通股占比。

笔者认为，应辩证看待这个口径的统计数据，不宜看得过重。因为外资是否愿意进入中国股市，是需要一系列必要条件的，即中国股市开放程度、货币自由化兑换水平、监管便利度、投资习惯等。是否一定要追求外资在流通市值中的占比，以及达到何种水准算是开放，应当从战略层面加以判断。

目前，中国本土的金融资本远没有达到美国金融资本的发育程度，何况，从一定意义上讲，美国华尔街的金融资本就是国际金融资本。在

目前情况下，对外资持有中国上市公司流通股的比例提过高要求，是不切实际的。应当把拓展互联互通机制，促进投资者相互参与对方市场作为基本的工作方向。

目前，外资在日本和韩国股市市值的比例分别达到约 30% 和 15%，对这个历史形成的状况要理性辨析。第二次世界大战以后，欧美资本与日本、韩国市场经历了长期磨合，并且，欧美资本和日韩产业长时间交织在一起，形成了相互渗透、相互依赖的关系。中国股市对外开放，是在既有的国际金融体系和秩序下开始的，构建什么样的互联互通机制，是需要试错的，是需要一个塑造过程的。因此，简单比较外资持有中国本土市场流通股的比例，是不必要的。

如果不使用"外资持有流通股"的概念，而使用"外资持有上市公司股权"的概念，把外资持有 A 股上市公司的股权加总起来，这个比例是不低的。早在 2012 年，把境内外上市的中国公司都计算在内，外资以战略投资等方式持有的股权比例已达 15% 左右，其实不算低了。

任何一个国家的市场，在多大程度上、以何种方式吸收和使用外资，是该市场的制度、结构、特点和外资偏好叠加起来的市场化结果，不应当简单地复刻、复制其他市场的模式，不必刻舟求剑。

建立开放的股市，吸引国际资本参与，是中国股市创建者们既有的初心。早在 1993 年 7 月，我国就推出了 H 股发行试点。首家在香港联交所上市的 H 股公司是青岛啤酒股份有限公司。所谓 H 股，指在内地设立公司，到香港市场发行股票并上市。当时的主要目的是通过香港市场吸引外资，为企业发展服务。当然，境外投资者也可以通过购买 H 股分享中国内地企业发展的红利。在此前，内地企业赴港上市主要走红筹股通道。所谓红筹股，是指在香港注册、但主要资产在内地的公司，在香港市场发行股票并上市。

1997 年后，国有企业赴海外上市达到一个高潮。中国石化、中国石油、中国电信、中国移动等相继在香港、纽约、伦敦、新加坡等地上市。2001 年 12 月中国加入世界贸易组织后，特别是 2003 年 6 月《内地与香港关于建立更紧密经贸关系的安排》签署后，境内企业赴境外上市的数量进一步增多。主要上市目的地是我国香港地区，以及美国、新加坡。

1991 年，我国还推出了人民币特种股票（B 股）发行上市试点。即在境内设立的公司，可以在上交所、深交所发行以外币计价的股票。开辟 B 股市场的初衷也是吸引外资，但随着改革开放日益深入，吸引外资的途径越来越多，B 股这个渠道就不那么重要了。

当时 B 股市场是一个和 A 股市场相互隔离的市场，只允许外国投资者参与。由于 B 股市场规模小，新增资金少，市场活跃度和吸引力大幅度降低，关闭 B 股市场的呼声日渐高涨。到 2005 年前后，B 股市场的前景已然清晰，即已完成了历史使命。B 股上市公司有的被吸收合并，有的转为 A 股公司，有的转为 H 股公司。目前 B 股公司已经不多了。

B 股市场的作用快速减弱，甚至退出资本市场对外开放的大棋局，是必然的。因为，"引进来"和"走出去"是一个问题的两个方面，企业赴境外融资的渠道拓宽了，必然引进更多的外资；狭小的 B 股市场只能黯然退出。

扩大国内股市的承载力，吸引国际资本入场，是市场化建设的重要内容。2002 年 11 月，中国人民银行和中国证监会启动了合格境外机构投资者（QFII）境内证券投资试点，标志着 A 股市场对外开放进入新的阶段。2003 年 7 月，首单 QFII 指令正式发出，境外投资者买卖 A 股的渠道打开了。2011 年 12 月，我国推出人民币合格境外机构投资者（RQFII）试点。在此制度下，境外金融机构可将其募集的人民币资金投资境内资本市场。QFII 制度是在人民币没有实现完全可自由兑换、资本项目尚未开放的情况下，以资格认定的方式开放外国投资者进入股市，用一定额度的外币资金转换为当地货币（人民币）进行投资的制度。RQFII 制度比照 QFII 制度执行。

2019 年 9 月，国家外汇管理局宣布，经国务院批准，自 2020 年 5 月起，取消 QFII 总额度限制，取消 RQFII 试点国家和地区及额度限制，取消 QFII、RQFII 单家机构投资额度限制。

截至 2022 年 4 月 30 日，共有 689 家境外机构获批 QFII 资格，231 家境外机构获批 RQFII 资格。截至 2022 年 3 月 31 日 QFII、RQFII 境内资产合计 14953.43 亿元。两类投资者持股市值占 A 股流通市值的 1.3%。

与此同时，为了推动内地金融机构"走出去"，促进资本跨境双向流动，2006 年 8 月，合格境内机构投资者（QDII）境外证券投资试点正式启动。2014 年 11 月，人民币合格境内机构投资者（RQDII）境外证券投资试点开始施行。允许外资在中国境内设立证券公司、基金公司等机构，是我国资本市场开放的重要内容。

1995 年，中国股市刚刚建立 5 年，我国即建立了第一家中外合资证券公司——中国国际金融有限公司。成立时前两大股东为中国建设银行、摩根士丹利公司。此外，光大证券有限责任公司也是较早成立的合资券商。

我国加入世界贸易组织以后，根据加入世界贸易组织的承诺，2002 年，中国证监会发布了外资参股证券公司、基金管理公司相关规则；沪深证券交易所也出台了关于"境外特别会员"管理规定。

2002 年，首家合资基金公司——招商基金管理公司成立。2016 年，首家由外资控股的合资基金公司——恒生前海基金在深圳设立。2019年8月，首家由外资绝对控股的公募基金公司——上投摩根基金管理有限公司成立。2020年4月1日起，中国取消基金管理公司外资股比限制。2020年5月，上投摩根基金管理有限公司的外资大股东摩根资管，将中方股东的股权全部收购下来，该公司成为外资全资控股的中国本地基金管理公司。截至2022年4月30日，共有45家合资基金管理公司，占比33%。

这主要指的是公募基金。私募基金方面，从2016年6月起，中国允许符合条件的外资私募证券投资基金管理人在中国开展相关业务。截至2022年3月31日，中国基金业协会共登记35家外资私募证券投资基金管理人，备案的174只产品规模为约400亿元。

证券投资基金托管业务也加速开放。2020年7月10日，中国允许外国银行在华分行申请基金托管资格，净资产等财务指标可按境外总行计算。渣打银行、花旗银行在华子行已获得相关业务资格。

2003年，中国加入世界贸易组织后首家合资证券公司——华欧国际证券公司获批成立（2009年12月2日更名为"财富里昂证券有限责任公司"）。中银国际证券有限责任公司、高盛高华证券有限责任公司、海际大和证券有限责任公司（现更名为"海际证券"）、瑞银证券有限责任公司等也相继成立。

2017年11月，中国宣布外国投资者投资证券、基金管理和期货公司的持股比例将放宽至51%，3年后取消外资股比限制。2018年4月28日，经国务院批准，中国证监会发布《外商投资证券公司管理办法》，允许外资持股比例达到51%。2020年4月1日起，中国取消证券公司外资股比限制。2020年6月，瑞信通过增资成为瑞信方正证券公司的控股股东，更名为瑞信证券（中国）有限公司。2021年7月，摩根士丹利收购摩根士丹利华鑫证券股权，实现对其控股，更名为摩根士丹利证券（中国）有限公司。2021 年 8 月，摩根大通持有摩根大通证券100% 股权，成为中国第一家外资全资控股券商；10 月，高盛宣布收购高盛高华股权至 100%，成为第二家外资全资控股券商。

截至 2022 年 3 月 31 日，共有 9 家外资控股证券公司，除摩根大通证券、高盛高华证券外，另外 7 家外资持股比例达 51%。

2014 年和 2016 年，我国先后建立了沪港通、深港通机制。这是一个有中国智慧的创举，其妙处在于：通过设置"两地证券机构 + 证券交易服务公司"这样一个"中间转换器"，不需要两个市场过多地调整制度安排，就可以实现两者之间的资金利益的双向流动，满足两地投资者的投资需求。具体说，沪港通就是"沪股通 + 港股通"。沪股通为香港投资者服务，香港投资者委托香港的经纪商经，由香港联合交易所设立的证券交易服务公司，就可以向上海证券交易所进行申报，买卖规定篮子里的沪市股票。港股通是为内地投资者服务的，内地投资者委托内地的证券公司，经由上海证券交易所设立的证券交易服务公司，就可以向香港联合交易所申报买卖规定篮子里的港股股票。这种制度设计极大地方便了投资者在本地开通账户、买卖境外股票的需要。

截至 2022 年 3 月 31 日，沪港通成交金额累计达 48.83 万亿元，其中北向沪股通为 35.90 万亿元，南向港股通为 12.93 万亿元；深港通成交金额累计达 47.22 万亿元，其中北向深股通为 38.06 万亿元，南向港股通为 9.16 万亿元。沪深港通渠道下境外投资者持股市值 2.79 万亿元，占 A 股市值的 3.47%。

运用沪深港通成熟运作的经验，2019 年 6 月 17 日，中英监管部门和交易所设计推出了沪伦通机制。沪伦通和沪深港通的区别在于，前者直接交易的是股票，后者直接交易的是托管凭证（DR）。具体说，就是以一定的标准选定两地上市公司，入篮子的上市公司可以发行存托凭证，并在对方市场上市交易。

具体来讲，伦敦证券交易所（以下简称"伦交所"）上市公司的股票可以通过跨境转换的方式，转换成中国存托凭证（CDR），在上交所交易。上交所上市公司可以把股票转换成全球存托凭证（GDR），在伦交所上市交易。上交所的上市公司也可以直接在伦交所新增股份发行GDR融资。

这一互联互通机制，相当于为中国本土上市公司赴境外上市开辟了新的渠道。2019年，华泰证券在沪伦通机制下发行了首只GDR，在伦交所上市。随后，长江电力、中国太保、国投电力也发行GDR并在伦交所上市。此前，海尔智家于2018年发行GDR并在德国法兰克福交易所上市。

2022年，中国的GDR试点进一步拓宽范围。2月11日，证监会发布《境内外证券交易所互联互通存托凭证业务监管规定》，将中国企业在境外发行GDR的国别范围拓展到了瑞士等。3月15日至18日，三一重工、国轩高科、乐普医疗、杉杉股份相继发布公告，拟发行GDR，在瑞士证券交易所上市。

2022年2月11日，证监会对《关于上海证券交易所与伦敦证券交易所互联互通存托凭证业务的监管规定（试行）》进行修订，修订后名称定为《境内外证券交易所互联互通存托凭证业务监管规定》，自公布之日起施行。其中重要的一条，是"允许境外基础证券发行人融资，并采用市场化询价机制定价"，国别适用范围由英国拓展到瑞士、德国。这意味着互联互通机制得到进一步拓展优化。

互联互通机制是务实的开放举措，也体现了制度性创新思维。无论是沪深港通，还是沪伦通，这样的制度安排既体现了互惠互利的原则，也体现了尊重和维护对方市场管理模式、管理方式的理念。在这个理念之下，各个市场的模式差异、发展差距问题，就不成为制约双方合作的障碍了。只要各自市场有健康的齐备的法律制度，有相应的监管制度，双方就可以在互联互通机制下相互学习，在监管制度、交易机制、产品创新等方面互相激励、相互融通。

可以想见，伴随中国经济高质量发展进程，中国本土的成熟投资者将日渐壮大。在互联互通机制下，中国本土投资者可以方便地投资境外市场，境外投资者也可以方便地投资中国市场。这样，不但国内外两个市场可以更好地沟通合作，包括资本在内的各种资源也能够得到更加优化的配置。同时，中国本土市场还可以与境外市场相互学习，相互借鉴各自好的经验，既提高市场效率，又增强市场与实体经济的适应性、包容性。当然，在这个过程中，各国的金融监管主权应该受到尊重，各国的金融安全也应该得到保护。

## 三、完善市场监管与促进市场发展相统一

在开放状态下发展股市，监管必须跟得上。既要考虑一般市场风险，又要兼顾内外市场的联动效应；既要观察本土各项市场因素、政策因素、突发因素对市场的影响，又要充分认知国际金融风险的可输入性、传染性。

总体来说，实体经济不能健康平衡发展，是最大的金融风险来源。所以，金融监管必须坚持"金融与实体经济一盘棋"的原则，坚持金融为实体经济服务，随时防止和遏制"纯粹的金钱游戏"。中国是社会主义国家，更有条件做到"金融与实体经济一盘棋"。中国应当成为引领

未来金融发展的强大新兴力量。

维护金融市场特别是股市的基本稳定，是任何经济体都必须坚持的基本战略。有了基本稳定，才谈得上深化改革，才谈得上转型升级。金融市场发展和改革，要坚持市场化、法治化的大原则；但同时，政府的职能不能缺位，在市场遭遇严重系统性风险时，该出手时就要果断出手。应当说，正确处理稳定、发展和改革的关系，是"一盘棋"思维的重要支撑点。

关于金融市场监管，涉及三个层面的意思：一是政府有监管责任，行业组织也有监管责任；二是监管要根据市场情况不断改革完善；三是各监管主体必须守土有责，依法尽责。监管要全覆盖，不能留下空白；监管要增强协调性，防止各自为战。

笔者认为，监管责任、监管边界、监管协调、监管创新、监管权威和信用，都是"一盘棋"思维的重要元素。从监管责任来说，既要有分工，也要有合作，这就需要将监管边界厘定清楚，将协作机制完善起来。而监管边界也是不断变化的，执法者、监管者要永远将市场发展的责任放在肩上。监管协调不能只靠上级耳提面命，更要靠各个监管主体主动协调。监管创新则是要以公正公平为先，在兼顾市场效率的前提下，创新和完善监管手段、方式、渠道和机制，避免监管僵化、脱离实际。

目前，我国金融监管体制实行"统分结合"模式，即在国务院金融稳定发展委员会(以下简称"金融委")统一领导协调下，中国人民银行、中国银保监会、中国证监会按照各自分工履行"分内"职责，同时按照统一部署开展跨领域监管。央行主要负责制定和执行货币政策，同时履行金融市场宏观管理职责；银保监会负责维护银行业和保险业合法、稳健运行，履行监管职责；证监会负责维护证券、基金、期货以及金融衍生品市场的合法、稳健运行，履行对相关市场主体、交易场所、行业组织的监管职责。同时，金融委领导协调下，中央各金融管理部门对地方金融市场负责"条线"监管，地方政府对地方金融市场负责配合"区块"监管。条线和区块责任结合起来，地方政府和地方金融监管部门主要负责区域内金融风险处置、业务发展和消费者保护等工作。鉴于金融风险具有复杂性、交叉性、传染性、外溢性，各个金融监管部门和地方政府首先应当做好分内事，做到守土有责，关键时刻要勇于担当，敢接烫手的山芋。同时，务必加强信息共享、资源合理调动，切实做到监管行动一盘棋。

金融市场本质上是信用市场，监管部门必须强化信用意识，自身首先要讲信用，之后才能引导市场主体讲信用。讲信用，是"一盘棋"思维的核心内涵。

2015 年股市异常波动之后，针对资本市场的"旧症""新疾"，国家进一步完善和加强监管，推出了一些新政策，包括规范上市公司并购重组，严控借壳上市，提高信息披露质量，落实退市机制，清理不合格私募基金，强化对中介机构稽查，等等。完善和优化银行理财产品业务管理，加强组合类保险资产管理产品业务管理，清理分级证券投资基金，强化保险公司股权信息披露要求，清理保险公司非法股东。查处了一系列违法违规案件。这些措施有效化解了跨行业、跨市场、跨产品风险，而且彰显了监管权威，促进了市场有序发展。

笔者认为，完善和加强监管的目的，是促进资本市场公平公正公开，提高市场发展的质量。监管是发展的必要内容。监管与发展是相辅相成的：（1）监管的目的是发现坏人、惩罚坏人，但也是为了保护更多的好人；（2）有效监管的结果是保障市场公平、公正、公开，让参与者心服口服地赔钱，心平气和地赚钱；（3）定价公平和运行稳定的资本市场，可以为经济实体优化资源配置、提高运营绩效提供平台；（4）运行高效的企业和相对合理的产业布局，可以为资本市场提供更大的"可服务空间"和充足的原动力。

抓监管和抓发展是一体两面，二者不可偏废、不可失衡。监管者不单承担着监管的任务，而且肩负着相当程度的市场发展任务。特别是我国的证券监管部门，与发达市场的证券监管机构有很大不同。中国证监会除了抓日常监管，还要考察、评估市场发展的状况，包括成果和不足，并不断提出发展规划，涉及路径、步骤甚至工具的选择；而美国证监会则可以尽量少地考虑类似问题。当然，从长期来看，监管部门应当专司监管，不应该成为市场的大管家，但目前，发展市场的职能仍然占有不小分量。

进入新发展阶段，资本市场生态优化和监管进步仍是一组对立统一的关系。没有好的市场生态，单向度地讲严格监管，就会陷入形而上学；没有适合和高效的监管体系，市场运行基础、市场生态也会受到损害。"监管经"要念好，"发展经"也要念好。

监管"永远在路上"，但每个阶段又有不同的情况，每个阶段的监管有不同的特点。但有一点必须明确，监管需要累积经验、累积"课时"，高等级的监管体系不是一下子可以建成的。今天的监管是在既往监管基础上的新发展，未来的监管是在今天基础上的延续。

任何监管举措，都不应该是一个"严"字所能完全覆盖的，而是重在完善机制、完备体制。监管制度和举措要根据实践不断调整完善。总之，监管是为了发展，要服务于发展；发展是监管的基础，要为监管提供支持。

坚持完善监管与促进发展相统一，关乎国家信誉和政府信誉。这是因为，政府既要"有所为"，要对市场秩序、人民福祉、国家安全等负责；又要"有所不为"，对市场主体减少干预、对人民依法享有的自由不去干预、对国际间的合作交流提供保障。

股市治理说简单也简单，依法治市，政府该管的管好、不该管的放到位，就可以了。说复杂也颇为复杂，无论证监会，还是其他监管部门，涉及特殊监管事项，可能会涉及权限边界、监管资源不足的问题。还有些问题表现在股市当中，但可能不属于股市监管的事项，甚至难以界定该怎么管。比如 2020 年的蚂蚁集团垄断经营和非法开展金融活动问题。

中国股市是以改革大潮为背景持续发展的，目前仍处在深化改革阶段。从以往改革历程来看，不是每一项改革措施都可以得到顺利实施。比如注册制就经过了五年多时间，创业板经过了近十年时间。再如股市发生异常波动，究竟在什么情况下启动维稳机制以及采取哪些措施，都需要认真评估，都要考虑社会效果。

所以，把完善监管与促进发展统一起来，这本身就是股市治理的艺术。除了做好该做的工作，还必须加强与市场沟通，包括与境外的沟通。要把政府和监管部门对形势的判断、对主体的评估、对政策的拿捏，及时准确地告诉市场投资者，并获得他们的支持，不断厚植监管者、执政者与市场的信任。

**▍点睛之笔** 董少鹏："十四五"时期证券监管的主要任务

1 月 28 日,2021 年证监会系统工作会议在北京召开，围绕"十四五"规划建议，部署新的一年资本市场改革发展稳定重点任务。会议认为，证监会系统在四个方面进一步深化了对资本市场工作的规律性认识，即讲政治才能明方向，落实"建制度、不干预、零容忍"九字方针才能推动高质量发展，坚持系统观念才能破解突出矛盾和问题，"忠专实"的干部队伍是监管事业重要支撑。认识是行动的先导，一系列有力举措已经在路上。此次会议有一些新的提法，传递出积极监管信号，值得所有市场参与者认真思考。

第一，"注重发挥市场内生机制作用"。

对证券市场来说，内生机制主要是供需平衡机制和定价机制。近年来，监管者坚持 IPO、再融资、并购重组常态化的理念，努力降低外部力量对市场涨跌、对市场主体依法竞争的干扰，坚持该由市场决定的交给市场决定。易会满主席提出"四个敬畏"的监管理念，也是为了充分发挥市场内在机制的作用。

2020 年面对疫情防控和经济下行双重压力，证券市场做到了常态化举措和应急措施的相互协调，稳步扩大注册制试点范围，扎实推进改革开放新举措，实现了融资规模、市值规模、股市指数稳定增长，市场主体获得感增强。注册制继在科创板试点后，已在创业板落地实施，在全市场推广的预期强烈，这说明公众对市场化方式解决供需矛盾、市场化方式确定价格是认可的。

当然，注册制改革不是孤立存在的，提高信息披露质量，严把发行上市关，严格退市制度，严格执法，是保护市场内生机制的四个重要方面。过去两年来，监管者遵循系统观念，以注册制改革为核心，完善制度、补上短板，着力优化市场生态，大幅度拓展了市场化建设的深度。2021 年，要在此基础上，推进注册制配套制度改革和完善，强化中介机构责任约束，释放市场主体活力和创造力，为全面落实注册制改革创造条件。同时要全面提高上市公司质量，坚持法治化市场化原则，推进优胜劣汰。

第二，"合理确定资本市场重点支持的方向和领域"。

这个提法很新，新在"合理"二字，指的是资本市场服务经济社会发展大局，必须做到措施实、落地实、效果实，防止举措"大波轰"、行动"口号化"。只有遵循资本市场发展规律，深悟市场供需两方面特点特别是阶段性特点，才能拿出既紧扣发展重点任务又吻合市场需要的举措，并以此凝聚更多更大共识。完善 IPO、再融资制度，落实退市制度，推进交易所债券市场改革，提升金融期货期权体系，都要充分考虑实体经济需要、市场主体预期稳定、市场运行安全有序，要把改革、发展、稳定、执法统一起来。

"十四五"规划建议提出，"坚持创新在我国现代化建设全局中的核心地位，把科技自立自强作为国家发展的战略支撑"。证券市场在支持科技创新、产业升级、产业链供应链稳定安全方面可以大有作为，但同时，围绕注册制改革，还应对各类科技创新企业的合理定位、融资需求、产出周期、考评标准、风险控制等作出制度性安排。这并非一件易事。证监会提出，要完善科创属性评价标准，加强对拟上市公司股东信息披露监管，切实加强监管和风险防范，坚决防止资本无序扩张。这是很有针对性的。要进一步深入调查研究，完善制度措施。

第三，"优化中长期资金入市环境"。

推进中长期资金进入证券市场，使之成为支撑经济高质量运行的长期资本，是当前的重要课题。设立科创板并试点注册制以来，投融资双方依据对称的信息确定发行价格成为市场共识。同时，科创板、创业板市场涨跌幅限制放宽，退市机制更具刚性，炒短、炒小、炒新的投机风受到遏制。这为中长期资金入市打开了空间。

前不久，监管层明确提出"促进居民储蓄向投资转化"，这是扩大中长期资金来源的重要一环。推动储蓄转为投资，并不是要鼓励每个储户都成为股民，而是通过多种方式、多种渠道、多种产品和服务，为个体投资者提供转化平台。要进一步壮大专业资产管理机构的力量，大力发展权益类基金产品，鼓励产品创新和机制创新，让普通居民选择"委托机构"的天地更宽。

要加大政策倾斜和引导力度，稳步增加长期业绩导向的机构投资者，通过它们承接储蓄转化来的投资。将推动个人养老金投资公募基金政策尽快落地。要完善有利于扩大直接融资、鼓励长期投资的会计、审计、财税等基础制度和关键政策，实施梯度税率措施。要进一步拓宽境外投资者进入股票、债券市场的渠道，增强外资参与便利度，以开放促改革。完善对个人投资者中长线投资的鼓励政策。

较高的市场治理水平和完善的优胜劣汰机制，是吸引长期资金入市的关键。所以，优化中长期资金入市环境，不仅要出台对中长线投资者的鼓励政策，更要把市场基础制度建设好、稳定住。

第四，"强化场内外一致性监管"。

这一提法是在"坚决打赢防范化解重大金融风险攻坚战持久战"项下讲的，很有针对性。近几年，针对金融体系中的重点风险源，监管层坚持标本兼治、消化存量和遏制增量并举，实施了"精准拆弹""挖渠导流"等重大举措。在证券市场领域，对股票质押、债券违约、"伪私募"等风险点进行了排查处置。在处置这些风险过程中，大家充分认识到"马路警察各管一段"的思维和做法本身就是巨大风险，必须坚持系统思维，必须对风险防控实施全流程、全链条、全场景覆盖。

强化场内外一致性监管，主要是针对上市公司股票场内场外质押提出来的。通过一致性实施严格业务标准、强化机构监管、提高信息披露要求、压实控股股东责任等措施，取得了实效。笔者认为，这一经验对于证券市场具有全局性意义，证券监管部门要会同其他监管部门和机构，将各类金融活动依法全面纳入监管，消除监管真空。这样，才能系统化地防范化解重大金融风险，为金融和实体经济良性互动、高质量运行提供制度保障，筑牢保护网。

（《证券日报》2021 年 1 月 30 日）

## 四、中国股市监管体系参与跨境监管合作

由于中国股市开放程度不断提高，并且，中国公司到其他国家上市融资、参与并购等活动不断增加，中国证券监管部门和其他国家监管部门加强跨境监管合作，已经进入常态化。

跨境监管合作，一是监管信息互换合作，二是执法合作，三是双方给予对方市场主体以平等互惠的市场便利。显然，随着中国经济实力增强和市场深度不断拓展，中外双向投资的规模在快速增长，中外证券监管合作机制必须加强。

当然无论是双边合作还是多边合作，都存在法律制度、监管机制相互对接的问题。不同国家因国情不同、市场情况不同，监管体制机制、执法措施手段都有各自的特点，在合作时应当相互尊重，以切实解决问题、创造对等合作环境为要。双边、多边监管权限的划分，以及遇到的冲突，都应当以互利合作为第一宗旨，在此基础上协商解决问题，不断完善合作机制。有些问题一时难以解决，也可以暂时搁置。只要双方互相需要、互为有利，没有什么问题不能化解。

1993 年 6 月 19 日，中国证监会、上交所、深交所、香港证监会、香港联交所共同签署了证券事务的《监管合作谅解备忘录》，成为中国证监会签署的第一份监管合作谅解备忘录。截至 2020 年 11 月，中国证监会和全球的 65 个国家和地区的证券期货监管机构签署了备忘录。2007 年 5 月，证监会签署了国际证监会组织（IOSCO）《磋商、合作及

209

信息交换多边谅解备忘录》。以此为基础，中国监管机构参与多边监管合作进入新的阶段。截至 2020 年 10 月，上交所、深交所、中金所、中国结算、中国投保基金、中国证券业协会、中国证券投资基金业协会已成为 IOSCO 附属会员。

关于在美上市中国公司的监管合作问题，应当从美国法律和中国法律两方面来评估。美国法律规定，在美国上市的公司，必须由在美国监管部门注册的投行和会计师事务所等服务机构提供服务。就会计审计来说，美国的《萨班斯法》规定，任何为在美上市公司提供审计服务的会计师事务所都要成为美国公众公司会计监督委员会（PCAOB）的注册会员。即外国会计师事务所只要在 PCAOB 注册并接受其监管，是可以为外国赴美上市公司提供服务的。目前为在美上市中国公司提供审计服务的会计师事务所，主要是普华永道、德勤、毕马威、安永四大会计师事务所旗下的中国事务所。这些中国所均在 PCAOB 注册，因而不存在不合法问题。按照《萨班斯法》，PCAOB 权限很大，它派出的检检查组可以自主选择检查对象，查阅所有的工作底稿，甚至现场检查。

我国《证券法》规定，中国证券监督管理机构可以和其他国家或地区的证券监督管理机构建立监督管理合作机制，实施跨境监督管理。同时明确，境外证券监督管理机构不得在中华人民共和国境内直接进行调查取证等活动，未经国务院证券监督管理机构和国务院有关主管部门同意，任何单位和个人不得擅自向境外提供与证券业务活动有关的文件和资料。这些规定是符合维护国家主权和相关保密法原则的。但这也明确规定了美国证券监管机构不能直接查阅在美上市中国公司的所有工作底稿，也不能直接到公司进行现场检查。一国证券监管机构到另外一国境内开展相关调查，应当通过双边合作机制，这是国际惯例。

那么，该如何解决在美上市中国公司的监管问题呢？

其实，针对这些问题，中美之间曾经做过探索，并且达成了相关的协议。2012 年 4 月，中国证监会通过国际证监机构的协作机制，在美国证券交易委员会的协助下，查清了宏盛科技利用虚假提单骗取信用证承兑额 4.85 亿美元，虚增 2005 年、2006 年主营业务收入的案件。

2013 年 5 月，中国证监会、财政部与美国 PCAOB 签署了执法合作谅解备忘录，建立了在执法项下向 PCAOB 提供审计工作底稿的合作机制。2017 年，登云股份 IPO 造假，中美双方也进行了证券监管合作。中美双方积极探索会计师事务所日常检查的合作模式，于 2016 年至 2017 年对 1 家在 PCAOB 注册的中国会计师事务所开展了试点检查，并就联合检查方式保持沟通。

截止到 2020 年 11 月，在国际证监会组织多边备忘录等合作框架下，中国证监会向多家境外监管机构提供了 27 家境外上市公司相关审计工作底稿。其中，向美国证监会和 PCAOB 提供了 17 家（含向 PCAOB 提供的 4 家）。

2018 年以来，在美国一些政客的操纵下，美国证监会和 PCAOB 提出，中概股公司审计机构必须无条件提供会计审计底稿。否则，这些公司就必须接受美国本地会计师事务所的二次审计。这就打破了 2013 年中国证监会、财政部与 PCAOB 达成的执法合作谅解备忘录精神，回到了美国完全依据其国内法办事的原点。中方并不禁止或阻止相关会计师事务所向境外监管机构提供审计工作底稿，但中国法律同时规定，审计工作底稿不能够由会计师事务所直接向美方监管机构提供，而应当通过监管合作渠道进行。这是因为，由会计师事务所直接向境外监管机构提供审计底稿，是与我国的《档案法》《证券法》《保守国家秘密法》等法律规定相冲突的。

2019 年，中国证监会多次就会计师事务所联合检查方案与美国证监会和 PCAOB 进行沟通。2019 年 10 月，中美双方还就香港会计师事务所审计的存放在中国内地的在美上市公司审计工作底稿交换事宜达成了共识。2020 年 8 月 4 日，中国监管部门根据美方的最新要求和想法，再次向 PCAOB 发送了更新的方案建议。

不过，在美国政客的推动下，2020 年美国国会通过了《外国公司问责法》，并经总统签署生效。其中规定在美国上市的外国公司的审计机构，必须接受 PCAOB 对其审计工作底稿的检查。如果外国公司连续 3 年未能通过 PCAOB 的审计，将被禁止在美国任何交易所上市。2021 年 12 月 2 日，美国证监会通过了该法案的修正案，并制定了实施细则。这样，连续 3 年不能满足 PCAOB 检查审计底稿要求的公司，就要被强制退市。

北京时间 2022 年 3 月 10 日，美国证券交易委员会依照《外国公司问责法》，把 5 家中国企业列入"预退市名单"。这一做法引起了中概股价格调整，并诱发了国内股市的波动。3 月 23 日，微博公司也被列入"预退市名单"。随后，美国证监会持续拉长这个名单。

针对这个问题，中国证监会和美国证监会进行了沟通，但解决这个问题将是非常曲折的，因为美方强权政治向股市监管领域不断延伸，已经成为趋势。按道理，凡是在美国上市的中国公司和中国概念公司，都是符合美国证券市场规则的，否则也不会在美国上市。美国监管机构根据调查需要，调阅中国在美上市公司的会计审计底稿，是有合作通道的，即通过中美监管合作机制。因为，跨境金融监管涉及主权问题，应当通过双边合作机制，而不应当单边行动。

需要重视的是，《外国公司问责法》不仅仅是对获取会计底稿作出规定，而且要求发行人向美国监管机构证明其并非由一国政府所有或控制，还要披露国有股比例，甚至董事的政治身份，等等。

所以，美国政客们出于打击中概股信誉的目的推动实施《外国公司问责法》，对于这个政治因素，要充分加以考虑。美国监管机构应当对上市公司执行统一的上市标准，而不能因国别差异制定另类标准。

在全球化时代，一国企业到另一国的市场开展业务或上市融资，应当同时遵守两个国家的相关法律和规则。双方的股市监管机构都有责任在法定职责下对上市公司和服务机构实施有效监管，因此，双边的监管合作应当遵循合作的大原则，遇到问题本着服务实体企业、促进市场公平竞争的角度来处理。

目前，中国内地和香港地区的跨境监管合作机制已经实现良性循环。2016 年在沪港通跨境操纵案件中，内地和香港监管机构合作，查实了唐某等操纵沪港通标的股票小商品城、非法获利 4000 余万元一案。在调查期间，证监会根据相关线索同步查实了犯罪嫌疑人操纵 5 只内地股票非法获利近 2.5 亿元的案件。

但客观来说，中国内地和香港地区的跨境监管合作模式具有特殊性，且经过了长时间近距离磨合，其不能复制到中美两国之间的跨境监管合作框架之下。中美之间的跨境监管合作仍然需要创制性安排。具体包括：（1）中美两个监管部门须对联合检查相关上市公司的合法合规情况达成必要的协议；（2）中国证监会应弥补对境外上市中国公司的境内日常监管空白，包括对该类企业上市过程的最低限度境内监管、上市后最低限度的境内持续监管；（3）规定中介机构参与持续监管合作的方式方法；（4）中美执法合作机制。

加强这方面的合作，总体上对于维护中国的市场秩序，投资者、消费者的权益，是有利的。不仅在中国交易所上市的公司是公众公司，在境外上市的公司也是公众公司，只要其业务在我国境内，或者其业务在境外但行为损害了我国国家利益和公民的利益，都可以进行监管。同时，境外上市地监管机构对主体在中国的上市公司实施监管，是为了维护市场公平公正，是为了保护投资者权益，而不应当加入其他目的。

2022年8月26日，中国证监会宣布，中国证监会、财政部与美国公众公司会计监督委员会（PCAOB）签署审计监管合作协议，将启动相关合作事项。这标志着中美双方监管机构为解决审计监管合作这一共同关切问题迈出了重要一步。

合作协议体现三方面重要内容。一是确立对等原则。协议条款对双方具有同等约束力。中美双方均可依据法定职责，根据合作协议，对另一方辖区内相关事务所开展检查和调查，被请求方应当在法律允许范围内尽力提供充分协助。

二是明确合作范围。合作协议范围包括协助对方开展对相关事务所的检查和调查。其中，中方提供协助的范围也涉及部分为中概股提供审计服务、且审计底稿存放在内地的香港事务所。

三是明确协作方式。双方将提前就检查和调查活动计划进行沟通协调，美方须通过中方监管部门获取审计底稿等文件，在中方参与和协助下对会计师事务所相关人员开展访谈和问询。美方不能单独入境对相关中国会计师事务所开展调查取证活动，这符合中国证券法相关规定。

按照这样的监管合作框架开展合作，需要解决三个问题：1.会计师事务所审计工作底稿应过滤掉国家秘密、个人隐私、企业底层数据等敏感信息，而主要反映企业财务信息，为投资者和监管机构查核上市公司财务可靠性提供依据。2.上市公司、会计师事务所应遵循中国的数据安全法、个人信息保护法等信息安全相关法律法规，切实依法依规保管和处理涉密敏感信息。3.对监管合作中可能涉及少量敏感信息的处理和使用，作出特别合作约定，既确保双方履行法定监管职责，又有效保护相关信息安全。

此次协议初步构建了双方平等合作的机制，希望双方继续努力，本着合作共赢的精神，就具体问题沟通协商，推动协议顺利推进。

# 五、人民币国际化、中国对外贸易自由化与股市机制

人民币国际化、中国对外贸易自由化，是中国在金融和贸易两个场景下的发展成果和开放表现。

全球化是个好东西，但正确的全球化规则更重要。只有各参与主体相互尊重，一起商量、制定规则，各自严格遵守规则，实行严格的监管政策，全球化才能够健康地发展下去。因此，人民币国际化、中国对外贸易自由化，是需要中方和各相关方在法律上、机制上、执行上都达成共识，遵循利益共享原则，并切实公平地落实，才可能实现。

无论是维护健康的全球经济金融体系，还是促进全球经济金融合作，都要基于合理定价、信息透明、有效监管、利益共享的基本原则。全球各种要素资源在公平、诚信、有序的状态下流动，生产力就会受到保护，就能够持续发展。反之，生产力就会受到破坏和抑制。各国在制定执行本国金融货币政策和参与全球金融合作时，都应该遵循维护全球市场预期稳定、交易稳定、防控风险的要求。

客观来看，无论是全球贸易还是金融，都并非完全在诚信、有序的状态下发展。特别是 2008 年美国金融风暴之后，贸易保护主义、单边主义，金融领域的霸权操作，都时有发生。就像货物贸易领域有倾销一样，金融领域也有倾销情形。比如美国，在其国内经济增长遇到困难时，往往大肆发行美元，向全球转让危机。这种金融倾销行为应当受到

遏制。

人民币国际化，是中国主权货币在全球市场依法和依据市场需要流通使用的活动，必然涉及多边金融合作机制问题。人民币国际化是与中国对外贸易向广度和深度不断拓展紧密相关的。金融活动是实体经济中资金和资本运行的表现形式，金融和实体经济相容共生。所以，人民币国际化和中国对外贸易自由化也是互为表里的。

所谓贸易自由化理论，来源于市场资源配置自由化的逻辑，是指一国对外国商品和服务的进口所采取的限制逐步减少，为进口产品和服务提供贸易优惠待遇的过程，并且主张以市场为主导。世界贸易组织的宗旨就是贸易自由化。

全球贸易自由化有利于发展中国家，也有利于发达国家，关键是实现了优势互补、资源互补、市场互补。但现实中，我们看到，发达国家在实现其全球化战略的过程中，虽然在货物和服务贸易方面推进了自由化，但对于本国的战略技术仍然实施垄断，并且希望加强和固化其垄断。由于战略技术发展关系到各国根本和长远利益，以立法形式颁布并实施国家战略技术发展计划，成为许多国家对战略技术发展进行直接干预的重要手段。美国、欧洲许多国家、日本、韩国等都有相应的安排。当然，中国也不例外。

2018年以来，以全球自由贸易领导者自居的美国，针对中国发起持续的单边贸易战，可谓锣鼓喧天，不达目的不罢休。这既是近年来单边主义、贸易保护主义的升级版，也反映出现全球市场面临新的矛盾，需要通过结构性调整来实现再平衡。

中国经济在经历了较长时期的投资驱动、规模扩张、补课式发展阶段后，必然进入高质量发展、靠科技创新驱动发展的阶段。实现国内大市场和全球大市场的相互贯通协同，利用好两个市场、两种资源，就需要贸易自由化。设立自由贸易试验区，就是为了建立更加开放的市场经济体制，在解决政府和市场平衡关系上实现突破，探索社会主义条件下的与全球自由贸易体制相一致的贸易体制。

2013年8月，党中央国务院决定设立中国（上海）自由贸易试验区。随后，自由贸易试验区相继在各省、自治区、直辖市建立。2018年4月，党中央决定海南全岛建设中国（海南）自由贸易试验区，分步骤推动自由贸易港建设。2020年6月3日，海南自由贸易港11个重点园区同时挂牌。2021年6月10日，十三届全国人大常会第二十九次会议通过了《中华人民共和国海南自由贸易港法》，并于当日起施行。

建立一系列自由贸易试验区（港），既将其统一于"贸易自由化便利化"的总体规则下，又坚持多地多点试验，总结个性经验和特色成果，目的是推动制度创新，形成商品、服务、人才、资本、信息等各要素资源的自由便利流动的制度体系，实现国际贸易投资规则在中国土地上落地生根，实现真正的制度型开放。

自由贸易试验区（港）是开放措施，也是自身市场升级措施，对内外资市场主体一视同仁。所以，自由贸易试验区（港）所实行的制度，成熟后是可以在全国推行的。

在建立自由贸易区（港）的同时，中国还签署了《区域全面经济伙伴关系协定》，已于2022年1月生效。中欧投资协定谈判也取得重大进展。虽然目前受到美国的干扰，但相信这一进程还会向前推进。中国还于2020年11月20日宣布将积极考虑加入全面与进步跨太平洋伙伴关系协定，目前已与多个成员进行了商谈。

中国还充分发挥自身庞大市场优势，主动为全球贸易合作搭台，设立了服贸会、广交会、进博会、消费品博览会等新的贸易投资平台。

随着中国对外贸易深度广度不断拓展，规模不断壮大，人民币的使用必然得到提升。但人民币使用的提升和它作为结算货币和储备货币的功能，还是有区别的。

目前人民币国际化的主要方式是贸易结算和直接投资，跨境人民币结算增长较快，证券投资业务大幅增长，成为推动人民币跨境使用增长的主要力量。

2021年9月18日，中国人民银行发布的《2021年人民币国际化报告》指出，2020年人民币的支付货币功能进一步增强，投融资货币功能深化，储备货币功能上升，计价货币功能有新的突破。

2020年，人民币跨境收付金额较快增长，银行代客人民币跨境收付金额合计为28.39万亿元，同比增长44.3%，收付金额创历史新高。人民币跨境收支总体平衡，全年累计净流出1857.86亿元。2021年上半年，银行代客人民币跨境收付金额合计17.57万亿元，同比增长38.7%。

报告显示，2020年境外投资者积极配置人民币资产，证券投资等资本项下使用人民币成为人民币跨境收支增长的主要推动力量。截至2021年6月末，境外主体持有境内人民币股票、债券、贷款及存款等金融资产金额合计10.26万亿元，同比增长42.8%。其中，2020年，沪深港通业务人民币跨境收付金额合计1.70万亿元，同比增长65.3%，净流出4132.87亿元，2019年为净流入1221.74亿元。其中，沪股通和深股通合计净流入1780.52亿元，港股通净流出5913.39亿元。

除了股市、债市作为人民币跨境使用的重要平台，人民币计价的大宗商品也是人民币国际化使用的重要载体。目前包括原油、铁矿石、PTA和20号胶4个特定品种的境外投资者，交易这些品种可以使用人民币或者美元作为保证金。

据环球银行金融电信协会系统（SWIFT）发布的数据显示，2021年6月，在主要国际支付货币中人民币排在第5位。人民币在全球外汇储备中的占比为 2.5%，较 2016 年人民币刚加入特别提款权（SDR）篮子时上升 1.4 个百分点。

2021 年第一季度，在国际货币基金组织（IMF）官方外汇储备货币构成（COFER）中人民币排在第 5 位。人民币支付金额占所有货币支付金额的 2.5%，较去年同期上升 0.7 个百分点。

目前全球已经有 70 多个央行或货币当局将人民币纳入外汇储备。

人民币国际使用的重要前提是，以人民币计价的资产价格保持总体稳定，无论是货币市场、股市、债市还是楼市，都要保持相对稳定的运行状态。

我国拥有巨大市场空间和消费群体，后续人口知识结构有比较优势，科技创新投入逐年增加，创新驱动战略稳步推进，制造业整体强健。同时，我国作为社会主义国家，宏观调控机制比较健全，能够做到财政货币政策和产业政策、就业政策相对协调，货币政策长年保持在正常区间，人民币相对于主要可兑换货币有较高利差。这些都是我国经济基本面长期保持稳健的重要条件，是人民币资产赢得全球投资者青睐的基础。

人民币国际化面临着支付体系安全的巨大挑战。SWIFT 具有全球垄断地位，但因该系统受到美国等国家的控制，其独立性存疑。近年来，该系统对伊朗、俄罗斯、朝鲜等国家实施单边制裁，给这些国家造成经济损失。因此，中国作为大国，应当在这方面未雨绸缪，加强自主性、独立性。

目前，相关国家已经建立了与 SWIFT 系统类似的系统。一是俄罗斯于 2014 年建立了俄罗斯银行金融信息系统（Financial Messaging System of the Bank of Russia，SPFS），基本上复制、模拟了 SWIFT 系统。截至 2021 年 11 月 10 日，SPFS 系统有 400 个使用者。二是中国于 2015 年 10

月建立了人民币跨境支付系统（Cross—border Interbank Payment System，CIPS）。三是欧洲和伊朗联手打造的 INSTEX 机制。

我国建立的 CIPS 更具包容性和适应性，和 SWIFT 系统有可比性。目前已具备如下服务功能：（1）运行时间为 5×24 小时 +4 小时，实现对全球各时区金融市场的全覆盖；（2）在实时全额结算模式的基础上引入定时净额结算机制，满足参与者的差异化需求，便利跨境电子商务；（3）业务模式设计既符合国际标准，又兼顾可推广可拓展要求，支持多种金融市场业务的资金结算；（4）丰富参与者类型，引入金融市场基础设施类直接参与者；（5）系统功能支持境外直接参与者扩容，为引入更多符合条件的境外机构做好准备。

当然，由于使用习惯、方便程度、迁移成本等原因，目前接入和使用 CIPS 和 SPFS 系统的金融机构和企业客户规模还不能和 SWIFT 系统相比。但假以时日，这两个或其中的一个成长为区域性的甚至全球性的重要基础设施，形成相当的影响力，并非不可能。鉴于中国经济巨大的基本盘和广泛的对外经贸联系，CIPS 更具成长前景。

2022 年，SWIFT 被西方国家绑架，干扰破坏全球金融支付安全又添了新案例：2 月 27 日，美国和欧盟、英国及加拿大等发表联合声明，宣布禁止俄罗斯使用 SWIFT 系统。

SWIFT，英文全称 Society for Worldwide Interbank Financial Telecommunication，中文译为"环球银行金融电信协会"。该协会建立的系统，也就是 SWIFT 系统。目前，全球 200 多个国家和地区 11000 多家银行机构、证券机构、市场基础设施和企业客户都参加了该系统。尽管 SWIFT 系统并不代表客户持有资金或管理账户，但其可在全球各主体间安全地传输、交换"金融报文"。可以说，SWIFT 系统是全球独一份的"金融报文"传输交换服务商。在全球贸易纵横交错的时代，安全高效的金融贸易结算离不开它。

以人民币跨境清算为例，相关主体接受 SWIFT 系统服务的具体流程是：境外人民币业务参加行在境内代理银行开立清算账户（即人民币同业往来账户），当跨境资金通过代理行模式清算时，境外参加银行首先通过 SWIFT 系统将资金收付信息传递至境内代理银行，境内代理银行通过人民银行跨行支付系统或行内清算系统代理境外参加银行办理资金汇划，境内代理银行借贷记人民币同业往来账户，完成与境外参加银行之间的资金结算。

由于 SWIFT 掌控着全球的金融报文通道，所以，SWIFT 把任何一国的金融机构驱逐出去，就相当于切断了该金融机构与全球银行系统间的信息交互和确认渠道，接近失联。如一国的大量金融机构无法使用 SWIFT 系统，其就失去了在全球方便进行跨境收付款的信息渠道，这必然对一国的国际贸易造成重大影响。

但也要注意，这种危害也并非不能克服，并非完全没有应对之策。如上文所说，SWIFT 系统并不代表客户持有资金或管理账户，而是提供"金融报文"传输服务。就是说，如果双边或多边能够解决"金融报文"传输和确认问题，就可以保持贸易如常进行。目前来看，中国的 CIPS 具有这样的前景。

除了建立替代 SWIFT 系统的基础设施，还可以通过双边货币互换合作等方式，绕过 SWIFT 系统进行金融和贸易结算。

更为重要的问题是，我们必须反对和遏制将 SWIFT 系统等公共产品政治化的倾向。目前 SWIFT 系统启动制裁，一是依据欧盟法律和比利时法律；二是听从美国号令，依据美国国内法对美国制裁对象实施次级制裁。同时，由于美国可以窥探 SWIFT 系统的信息，往往借此胁迫该系统采取有利于美国的措施。

维护全球经济金融合作的健康秩序，有赖于各成员相互尊重、互利互惠。如果全球公共产品被所谓"强者"当作打压某一个成员的工具，则正常的经济金融合作必然受到损害。有鉴于此，即使在特定情况下，需要对于使用诸如 SWIFT 系统这样的公共产品对有关成员实施制裁，也应当完善相关审议程序，审慎把握制裁的方式和程度。必须避免其成为行使霸权的工具。

股市是重要的投融资市场，我国大量上市公司都开展了国际业务，它们无论是投融资还是持有境外资产，都离不开人民币国际化。我国金融机构跟随本土企业走出去，为它们提供金融服务，也离不开人民币的国际化。境外投资者参与中国股市投资，到中国收购实体资产，在中国开展证券期货等业务活动，也离不开人民币国际化。

因此，人民币国际化是中国经济和金融在全球经济和金融体系当中地位提升的必然要求。就像美元在全球广泛使用和被作为储备货币一样，人民币国际化也应当以广泛使用为基础、以成为重要储备货币为标志。全球的投资者、消费者、生产者信赖人民币、使用人民币、储备人民币、交易人民币，是其实现国际化的主要表征。

中国股市作为中国经济的晴雨表，其定价机制、价格发现机制、稳定的交易机制、对实体经济的反馈机制和作用，都是支持人民币国际化的重要因素。所以，建立一个强大的股票市场，使其成为投资者愿意来、留得住、能成长的市场，是人民币提升全球竞争力的必要基础。

## 六、中国股市应进一步扩充全球承载力

扩充中国股市的全球承载力，一是扩充资金承载力，让更多境外资

金参与进来；二是扩充实体经济承载力，让更多具有全球业务和全球影响力、品牌力的企业上市；三是扩充科技承载力，让更多科技创新成果通过 A 股的上市公司实现产业化、规模化，让更多在全球具有科技影响力的企业来上市。

中国股市扩大全球承载力，不仅是一个技术问题，更多的是制度问题。开放和安全从来就是一柄双刃剑。美国股市之所以既开放，又能够保持总体安全是与美国在全球安全格局当中的地位紧密相关的。美国在全球拥有货币主导权、军事干预权、重大国际组织发言权，以及由此形成的战略塑造能力，这就使得其在全球协调配置资源十分便利和有效。其调节股市供需矛盾只是一个不大不小的"子项"。

美国股市能够吸引大量源源不断的资金、全球顶尖的行业领军企业、领先科技力量，是与美国具有强大的综合国家实力相呼应的。后发展起来的国家，要建立强大的股市，使之承载全球的大量资源，就应当把股市建设作为整体国力建设的重要方面。借鉴美国经验，可以在综合实力上建设上加深思考、有所作为，但也要去除美国在货币主导、国际安全格局、重大国际利益分配等方面的消极做法，增强建设性。

中国股市应当进一步完善发行上市制度，率先推进中国周边国家企业到中国证券交易所上市的进程。中国股市作为一个后发展的股市，注重引进发达地区的企业和机构，这是对的。但更应该从全球短板区域入手，鼓励相对不发达地区的企业和机构参与中国的市场，为它们提供上市和交易服务。要通过这种服务，引导和提升全球短板区域的经济和金融质量。同时也为发达地区的优势企业和优势金融机构提供投资和并购的机会。

事实上，这些年来，中国的证券交易所已经在"一带一路"沿线国家和地区开展一系列证券市场合作。2015 年 11 月，上交所、中金所和德意志交易所集团合资成立中欧国际交易所。2017 年 3 月，上交所、深交所、中金所、中巴投资有限责任公司以及巴基斯坦哈比银行完成了巴基斯坦交易所 40%的股权收购。2018 年 5 月，上交所和深交所成功竞得孟加拉国达卡证券交易所 25%股权。2018 年 7 月，上交所持股 25.1%的阿斯塔纳国际交易所（AIX）在哈萨克斯坦正式开业。2019 年 6 月，由上交所、深交所和上交所公益基金会联合设立上海交易所国际交流合作中心，为资本市场服务"一带一路"建设提供有力支持。深交所已与"一带一路"沿线国家和地区的 46 家交易所和金融机构签署合作谅解备忘录。沪深交易所市场已发行多只"一带一路"债券，并推动境内和"一带一路"沿线国家和地区相关机构和优质企业等通过交易所债券市场融资。

还应当基于中国上市公司的特点，在境内外建立以人民币计价的、可供全球投资者使用的各类基金产品，方便它们通过这些基金，分享中国上市公司成长的红利。目前来看，中国开发立足本土的国际投资基金面临诸多的困难，包括品牌影响力、研发比较优势、渠道网络，都难以望美欧大型投行和基金的项背。但长期来看，这是必须要做的工作。中国的大型基金、大型投行应该投入人力物力财力，并吸引国际人才，用国际化的模式来开展国际市场营销，逐步扩大中国本土国际投资基金的市场份额。

中国已经在吸引国际大型投行、基金方面作了很多工作，也形成了很多成果。目前，多数国际大型投行和基金都已经在中国设立了分支机构，并在中国开展相关业务。其中部分国际投行，作为上市公司的承销商、财务顾问等，也在通过它们的业务塑造中国股市的竞争力。这些都是积极的现象。要进一步鼓励它们按照公开透明的原则发现优质资产，推动优质资产上市；也发挥它们的价值再发现能力，促进劣质资产退出市场。

无论对境内的机构还是境外的机构。目前最紧迫的一件事，是采取系统性措施，全面提升存量上市公司的质量。这方面的空间还很大，有些工作还没有放开做。要以敢于对历史负责，敢于突破禁锢，切实推动这项工作。上市公司质量的核心是创新驱动能力，具体表现是每股净资产的盈利能力。要鼓励投资银行对上市公司进行"提质打造"。可以采取股权回购、资产置换、低效资产剥离、缩股等方式，提高上市公司的净资产收益率；引导企业加大研发投入，或引进更多科技成果，加强企业产品和服务的科技储备；严格依照净资产收益率、流动比率、速动比例比率等关键性指标，为上市公司的股权定价，增强二级市场定价和资产质量的关联度，唤醒和增强资本对资产质量的正反馈。提升了上市公司资产质量，并且通过投资银行的运作，使之形成稳定和准确的定价机制，必然对长线资金、理性资金和价值型资金形成稳定的吸引力。这是提高股市国际全球承载力的制度基础、市场基础和价格基础。

要鼓励境外投资机构到中国股市来投资，鼓励境外优质企业到中国股市来上市。同时鼓励境外金融机构到中国来开展各类投融资服务。同时划清底线，加强信息披露，严格依法监管。要允许各类金融机构在市场缝隙中发掘机会，赚取利润。我国监管机制目前已经比较成熟，可以对跨市场、跨产品、跨境内外的金融风险进行处置，可以对任何类型、任何所有制结构的机构做到一视同仁、一致监管。

当然，要做到一视同仁和一致监管，就要在法律法规上扎紧篱笆；同时，加强与境外监管机构的对等合作。

增强中国股市的国际承载力，需要加强中国股市的价值引领能力，特别是加强中国股市的独立定价能力。当然，独立定价能力并非特立独行，而是由长期驻扎在中国股市的资本，根据国内外政治、经济、金融形势的变化，对重点公司、重点领域作出科学的价值判断，形成与基本面大体吻合的平滑的股指运行曲线。

每当中国股市大起大落时，境内机构投资者都存在看境外机构脸色行事的情况，这实在令人感到担忧。比如，在新加坡上市的新华富时A50指数，被国际投资者和国内股评人士当作分析国内股市走势的重要指标。而在中金所挂牌交易的中国股指期货却不能发挥这样的功能。这个问题需要彻底解决。有关专家建议，中国应该开辟股指期货的夜盘交易，这样，就可以消化国内外各种利多利空因素，是价格变化在股指期货上得到体现，从而引领次日股票市场方向。笔者认为，这值得研究。

增强中国股市的国际承载力，还必须增强排查、处置重大金融风险的能力。2020年3月，政府工作报告提出"设立金融稳定保障基金"，其目的就是应对重大金融风险，为处置风险准备工具和弹药。化解风险要有充足资源。笔者认为，这些资源主要包括三个方面：一是监管资源，二是专业管理技术，三是必要的资金。地方政府、金融监管部门、行业主管部门应该按照各自法定责任出人、出力、出钱。

目前，行业性的、特定领域的风险处置资金筹集和使用机制已经具备。包括存款保险基金、保险保障基金、证券投资者保护基金、信托业保障基金等，这几个基金的资金来源一是市场主体缴费，二是市场管理收益归集形成。金融稳定保障基金主要用于处置重大金融风险，与存款保险基金、证券投资者保护基金、保险保障基金等是有区别的。这样安排，是为了避免道德风险。

目前我国比较突出的金融风险包括，地方政府债务和隐性债务风险、企业债务风险、个别房地产企业风险、互联网金融风险、股权过度质押和过度担保风险、中小金融机构风险、金融市场运行风险等。但是，金融稳定保障基金的定位应该守住"金融"这个根本，统筹金融稳定和经济稳定两者关系，发挥好事半功倍的稳定保障功能。进一步说，不宜把不属于金融风险的其他领域风险纳入金融稳定保障基金覆盖范围，也不宜把属于通过机制改革可以化解的风险纳入常态化的稳定保障范畴。应把不属于金融风险的内容稳妥剥离开，把风险处置资源用在刀刃上。

从国际经验和中国实践来看，金融稳定保障基金的功能应当主要通过金融机构来传导：一是发挥"付款箱"的功能，即在金融机构倒闭清算时承担赔付功能，保护金融消费者的权益；二是对问题金融机构提供财务支持和流动性帮助；三是在问题金融机构重整过程中发挥财务和顾问职能；四是通过向特定金融机构注入流动性，向市场传导稳定意愿和稳定价值；五是接受财务和流动性支持的存续的金融机构，承担偿还资金的责任义务。

关于资金筹集，可以将金融机构和交易场所缴纳费用作为常态来源，具体比例可以根据"金融稳定系数"来核算。由于金融稳定保障基金具有公共产品功能，承担着稳定金融体系的长期任务，可以由政府注入一部分资金。在具体方式上，可以考虑将市场交易印花税的一部分或全部划拨至保障基金。政府也可以通过向金融机构发行相应债券筹资。

### 中央电视台《对话》节目手记

2020 年 7 月 25 日，中央电视台《对话》节目聚焦中概股回归，笔者应邀参与了节目筹划，并作为专家在节目中发言。

在节目中，360 董事长兼 CEO 周鸿祎、中芯国际董事长周子学、博纳影业集团董事长兼总裁于冬等中概股企业负责人，讲述他们赴美上市的得失及回归 A 股的感受。我与中国人民大学副校长吴晓求、海通证券公司总经理瞿秋平、财经评论员叶檀一起，参加了讨论。

节目从 7 月 24 日下午 4 点开始录制，结束时已经到晚上 7 点了。节目组全体人员挑灯夜战、通宵达旦，没有一刻休息，到 25 日太阳升起时，基本完成了后期制作。而往常，制作这样一部片子需要一周的时间。之所以超常规推出此片，是为了在近期股市波动和国际局势变化的情况下，更好地与观众共同思考，应对变化。

7 月 25 日节目播出后，受到好评。当然，50 分钟的片子毕竟容量有限，一些没有播出的内容也很珍贵，现择要分享部分内容。

在听了三位企业家对美国股市监管和做空机制的看法后，笔者说："如果你爱她就送她去美国上市，如果你恨她就送她到美国去上市。"无论当初到美国上市，还是后来从美国退市、回归国内上市，无论是公司自己觉得需要改变，还是美国大环境变化，总体上是市场的选择，是市场行为。"

随后，大家都自然地拿"爱"来比喻上市公司与市场的关系，比喻上市公司在不同发展阶段的感受，现场笑声不断。略有遗憾的是，不知编导是否担心观众对我的这句话作引申解读，没有剪进去。但少了这句点睛之笔，也少了现场起承转合的欢乐。

笔者认为，部分中概股回归国内市场，补上了"投资者的筹码短板"，因为国内投资者也想投资有创新能力、市场前景广阔但目前未必形成稳定盈利的股票；科创板市场则是补上了"承接平台的短板""市场制度的短板"。过去即使这些企业想在国内上市，投资者也不一定会接受。所以，国内市场承接能力增强、投资者理念升级，是市场发展的必然。

随着科创板的持续发展，也必然会淘汰一些公司，一些公司也会退市。到那时候，我们也可以说"如果你爱她就送她去科创板上市，如果你恨她就送她到科创板上市"。这样一种市场生态，是我们所要塑造的。

这篇手记的标题，定为"如果你爱她就让她去上市，如果你恨她就让她去上市"，是把对美国股市的认识与对科创板的期待结合起来了，即坚持市场化。

周鸿祎、于冬都提到了美国股市做空机制，主持人陈伟鸿也就瑞幸咖啡造假问题向大家提问。对此，笔者说，中国企业到美国上市，是经过了国际投行、国际会计师行审核的，所以有的公司存在造假问题，并非完全与这些中介机构无关。作为上市公司，第一位的是自己要严守诚信底线，不要逾越。不管是卖咖啡的，还是养扇贝的，只要作假，大家都义愤填膺。对造假必须零容忍。

周子学、周鸿祎两位对 A 股的"市值生态"都有比较清醒的认识，强调不要过于看重市值，更不能过于看重一时的市值。吴晓求表示不认同为了市值而回归，因为只要市场是透明的，即使两个市场估值有较大差距，也都是合理的。

笔者说，企业上市有三大功能：一是品牌功能，二是融通功能，三是约束功能。融通功能是很丰富的，包括股债融资、内部激励、战略合作、并购重组、产业链优化等。约束功能也是多方面的，股东约束、管理层约束、投资者约束、法律约束、市场约束等。企业在哪里上市，要根据这三大功能的叠加效应来决定。

周子学说，过去公司的业务主要在国际市场，现在国内市场也壮大起来了，所以要回来上市。但是总的看，中芯国际在国际市场的竞争力还远远不够，要奋起直追。周鸿祎说，网络安全与国家利益是一致的，360 应该在国内资本市场植根发展。

于冬也强调，博纳影业的观众在国内，市场在国内，在美国市场得不到投资者认同，所以一定要回来。但遗憾的是，博纳影业 2015 年从美国退市后，一直未能在国内上市，现在还在排队。我和叶檀都建议他，不管是借壳上市还是合并上市，都可以，不必死等 IPO。

大家还讨论了美国现政府打压中国企业、打压中概股的问题。吴晓求指出，美国政府打压中概股会对现有市场秩序造成损伤。笔者指出，美国华尔街之所以成为全球金融中心，是依靠三大支柱，即开放的金融市场制度、跨国企业全球化资源配置、美元的全球储备货币地位。美国现政府将贸易单边主义推向资本市场，打压中概股，必然破坏其开放的金融市场制度，也不利于跨国企业在全球配置资源，将伤害华尔街体系。

我们建立开放包容的现代市场经济，要学习积极的做法，不要学习消极的做法。

### ▋▋历史镜鉴 央视《对话》特别策划：中概股回归的背后

2020 年 7 月 25 日，中央电视台《对话》节目聚焦中概股回归，邀请已回归的中概股企业负责人 360 董事长兼 CEO 周鸿祎、中芯国际董事长周子学、博纳影业集团董事长兼总裁于冬，讲述他们赴美上市的得失及回归 A 股的感受。

董少鹏与中国人民大学副校长吴晓求、海通证券公司总经理瞿秋平、财经评论员叶檀一起，参加了讨论。陈伟鸿担任主持人。

以下为播出实录：

2018 年 2 月 28 日，360 正式更名回归 A 股，作为第一家赴美上市的互联网安全公司，360 为何借债 200 亿元也要回来？ 2020 年 7 月 16 日，中芯国际正式登陆科创板，上市首日市值突破 6000 亿元，成为目前科创板规模最大的 IPO，被誉为中国芯片第一股的中芯国际回归后市值的暴涨原因何在？ 2016 年 4 月 8 日，博纳影业正式从纳斯达克退市，作为国内第一家赴美上市的中国影视公司，为何在电影取得高票房的同时，在美国的股价却长期低迷？

从西游到东归，中概股经历了怎样的心路历程？中概股回归潮的背后又有着怎样的故事？

**主持人陈伟鸿**：大家好！最近，股市是一个相当热门的话题，今天这期《对话》延续一下这个热度，来关注一下中概股的回归，今天现场请到了 3 位已经回来的中概股企业的负责人。三位大概在海外待了多长时间？

**周鸿祎**：我是 2011 年在美国纽交所上市，大概是 2016 年还是 2017 年退市……

**陈伟鸿**：退下来的时候记不住了，去的时候记得特别清晰，这是一种什么样的情感？

**周鸿祎**：就像你结婚的时候记得比较清楚，离婚了可能就记不太清楚了。

**陈伟鸿**：非常妙的回答，我觉得也准确地说出了当时的那种心境啊。那周子学先生、于冬先生呢？

**周子学**：中芯国际是 2004 年在中国香港和美国同时上市，2019 年退市，应该是 15 年的时间。

**于冬**：我们是 2010 年 12 月 9 日在纳斯达克上市。

**陈伟鸿**：博纳影业这些年给中国电影市场，包括国际电影市场贡献了非常多的优秀的影片。我觉得，您很像自己拍的影片《中国机长》，驾驶飞机回来了。不过，刚才大家都提到了上市。接下来，我们看一张图，这里记录了一部分中概股企业上市敲钟的情景。现场的三位可以找一找，有没有找到自己。

**周鸿祎**：嗯，我找到了。

**陈伟鸿**：当时是一种什么样的心情？

**周鸿祎**：因为当时已经上过一次市了，所以再上市就没有那么激动的心情了。360退市回来，能够再次上市，还是历经了很多波折，觉得长出了一口气。

**陈伟鸿**：当时有没有举办一些特别的活动来庆祝？

**周鸿祎**：没有。很多人觉得上市就是达到了一个顶峰。其实我觉得上市之后，压力会变得更大，因为股民对你有期望，公司每个季度都要披露财报，你的一举一动都要受到监管。

**陈伟鸿**：周子学先生？

**周子学**：我们中国的股票市场建立得比较晚，因为刚开始做嘛，要求条件比较苛刻，比如说需要长期盈利等。但是，高科技企业往往是做不到的，一开始也想在中国上市，但是实际上做不到。在国外上市这么多年，有很多艰辛。2020年国家对高科技企业非常支持，特别是设立了科创板。应该说很包容、很支持这个行业。

**陈伟鸿**：照片里好像没看到于冬先生，没看到博纳影业上市敲钟啊。

**于冬**：博纳影业2016年从美国退市，回归的路比较艰辛。到今天，还在IPO排队的阶段。当时选择到境外融资上市，这个过程很感慨，如果再给我一次机会上市，我会更加成熟稳健地来面对全球市场的竞争。

**陈伟鸿**：周总，大家都在跟进中芯国际上市的新闻，如果您看到这样一个标题：中芯国际募资金额532亿元，排位第一，创下了一个历史纪录，市值翻了15倍，您高兴吗？

**周子学**：其实我有一个想法啊，就是自己生了一个孩子，当爸爸了，很高兴，但同时也感到有负担了，因为我要把他抚养大。很享受这种责任感。当然，我们对公司的市值是有一个期待的，我们在招股说明书中写了打算要筹集多少钱，这和最终实际拿回来多少钱是有区别的。这次招股超过了预期，也是两种心态的混合，高兴是因为股民们认可我们，各界支持我们；但从另一方面来说，市值这么高上去，将来公司的回报会不会达不到这个程度，心理上同样有一种压力。

**陈伟鸿**：对这件事，我们到底该怎么看待？是不是我们在外面被别人低估了，回来上市获得正确的评价了？

**周鸿祎**：当年巨人、分众、完美回来的时候，都是多少个涨停板，很多人在炒。只要你的流通盘子不是很大，就能炒得很高。那么，作为企业家，你大概有什么样的价值，自己心里应该有个数。投资者把股价炒到最高，你要把它当真，那就坏了，因为你撑不起来这个市值，它总要回落到一个合理估值。大股东持股过了限售股，公司价值才会现出原形。

**吴晓求**：股票估值是市场的核心问题。360 和中芯国际都已经在 A 股上市了。我也在思考，他们再次上市的动机是什么？我不怎么接受美国股市给的估值低所以回来这样的说法。因为我们不能得出中国股市的估值就是非常恰当的，美国股市的估值就是不恰当。相对而言，只要透明度足够，市场给出的估值就都是恰当的。

如果是出于再次创业的需要，或者是由于国际环境发生一些变化，回来上市也是可以的。

**周鸿祎**：我非常赞同吴校长的观点。当年，一些中概股跌得不成样子，有的都低于发行价了，所以大股东以很便宜的价格收回来，包装一下回来上市，希望赚取利差，这种情况肯定是有的。但是，360 不属于这种情况，我们上市的时候股价并不高，因为美国投资者不太理解 360 的盈利模式，觉得一个做杀毒软件的，又不靠杀毒软件挣钱。360 上市的时候大概只有十几亿美元的市值。后来还被浑水公司做空。再后来，我们的股价稳步上升。到 2016 年 360 退市的时候，市值已经达到 100 亿美元，超过发行市值大概 5 倍。我们给了投资人 30%的溢价回报。

360 退市的原因其实很简单：生意可以是无国界的，但是网络安全行业是有国界的。未来随着数字化信息化发展，整个世界面临越来越大的危险，就是网络攻击。现在，网络攻击不再是让你电脑中毒这么简单，它会让你整个社会都趋于崩溃，电站停电、交通中断。网络安全越来越像网上的国防工业。所以，无论是俄罗斯还是美国，它们的网络安全公司都要跟自己的国家利益保持高度一致。当时我们是中国最大的网络安全公司，显然没法在美国去拓展业务。这是我们当年退市的最主要原因。

**陈伟鸿**：于冬当年出去，也是带着一种梦想，希望能够把中国元素、中国符号带到国际市场上。

**于冬**：我们在美国股市经过了 6 年洗礼，决定还是回来，因为我的观众在这里，我的市场在这里。我们虽然在美国上市，但美国电影行业对我们是不认同的。他们认为好莱坞才是世界级的企业，你一个中国人的电影公司，怎么能够引领世界电影的潮流？所以，这是很孤独的一个过程。

我是起了个大早，赶了个晚集。华谊兄弟赶上了创业板开市的时机，在国内上市了。如果我早点知道创业板要开，我就不去美股了。我们俩走了完全不同的路。5 年后，华谊兄弟市值达到 800 多亿元，而我们美国的市值最多就是折合人民币 30 亿元。而当时我们两家在中国电影市场的市场份额、影响力是旗鼓相当的，我们在电影出品量上、在海外发行量上甚至超过了华谊兄弟。不过，虽然我公司在行业内是前三名，但是美国的股市分析师看不到这些情况。那时候，我们融不到钱，市值一再下跌，变成僵尸股一样。

我印象最深的是，我们拍的《智取威虎山》作为 2014 年贺岁片，票房接近 10 亿元，已经是冠军了，但是，我们在美国股市的股价天天跌，最低的时候不到三块钱。从那一刻开始，我觉得孤悬海外，很无助。我一定要回来，不管付出多大代价。

**陈伟鸿**：周总，中芯国际也是历经这样的曲折之后，下定决心要回来？

**周子学**：其实这里有产业规律，中国集成电路产业慢慢起来了，市场也起来了。我们接近 60％ 的客户是中国客户。中芯国际在美国是 ADR（存托凭证）上市，是非主流的，并且量也不多；但上市审计费、监管费等成本还很高；并且十几年没有融到资。所以，在那里上市的价值不大，就必须回来了。

我们也在香港主板上市，那里有它的市场优势，但是那里的投资者并不是特别支持高科技。而国内，现在不管机构投资者还是老百姓，对高科技还是非常友好、非常支持的。我们也看到，其他同行纷纷在 A 股上市，做得也很好，那我为什么不回来呢？我们最终决定 CDR 退市，保留在香港主板上市，同时在 A 股上市。从一定意义上讲，中芯国际回归，代表着中国资本市场的改革和创新。

**瞿秋平**：科创板，也包括创业板的改革试点，为这一类企业进一步融资提供了非常好的通道。经过三十年发展，资本市场制度成熟起来，中概股回归是一件大事。我国经济正在转型当中，对于创新，国家政策是支持的，投资者是关注的，分析师是认同的。这三者合一，形成了科技类中概股回归的大好时机。

**叶檀**：中概股当初出去上市，现在回来上市，都是对的，没有好坏之分。如果当初中概股没有到国际上去融资，不可能发展这么快，所以不能说当初是错的，而应该说是对的。现在这个特殊的阶段回来，立足于国内市场，当然是对的。

**陈伟鸿**：我相信今天在座的三位，最初一定都是带着满满的爱到了美国资本市场。请看，这幅照片是 2010 年博纳影业上市时的照片。当时媒体描述，于冬先生在上市仪式上激动得泣不成声。您可以给大家重现一下当时的场面吧？

**于冬**：10 年前，我 39 岁，第一次勇闯好莱坞，勇闯美国资本市场。当时在纽约华尔街，在纳斯达克市场，第一次因为中国电影升起五星红旗，我还是激动得流下了眼泪。

我们路演的时候，中国电影市场已经从原来不到 10 亿元票房规模增长到 100 亿元的规模，已经是一个非常了不起的市场。但美国人根本不认为你是一个全球市场。我就给美国投资者讲中国电影市场成长的故事，我当时还学了一句英文：Each Chinese people watchs movie one time one year，300 millions box office。我今天都记得，这样的沟通是第一次，因为之前没有任何一个中国电影公司在美国上市。

**陈伟鸿**：这幅照片是 2011 年奇虎 360 上市的场面，上面有周总吗？

**周鸿祎**：必须有啊。

**陈伟鸿**：我为什么问这个问题？因为在我的印象中，周总一直都穿红色 T 恤，可这张照片上没有那个穿红色衣服的人。

**周鸿祎**：当时是去股市融钱，要给人家面子嘛。路演要求穿西装啊。我只有结婚那一天和路演时才穿西装，其他时间都不穿西装。

**陈伟鸿**：当时你站在现场，有没有像于冬先生一样，对公司在美国的发展有一个很大的愿景？

**周鸿祎**：看来于冬是一个文艺青年啊，当时能有这么多感慨。我是一个技术直男，当时好像都有点麻木了，因为经过十几天的路演，总觉得该结束了。

我觉得上市就是为了给 VC（风险投资）回报，所以当时第一个简单的想法就是，终于可以给投资人有一个交代了。2010年我们曾经跟大公司发生过冲突，我要不是一家上市公司，被人摁死了都没人知道。所以，360一定要成为一家美国上市公司，这样别人再欺负360时，它好歹是一家上市公司。当然，这是当时一种比较质朴的想法。

公司上市之后，品牌、知名度、别人对你的信任度都得到提升，可以利用资本的力量去做很多并购，所以这对公司发展是一个促进。

还有一个，就是给员工回报。我经常对员工讲，工资是养家糊口的钱，想买房子买车是不够的。我们是全员持股，员工通过公司上市，可以实现财务自由。所以，当时上市的想法，可以说又综合又简单。

**陈伟鸿**：现在回想起来，你们觉得在美国上市究竟得到了什么？

**于冬**：首先我得到了第一桶金——1亿美元。这1亿美元对于当时的博纳影业来讲是至关重要的。我用这笔钱，在6年里作了60亿元（人民币）的生意，拍了63部电影。我从6家电影院做到了30多家，每年还有利润。再有，上市帮助博纳影业建立了现代企业制度，包括规范的财务制度、内控制度。这三年，我们经历了最严格的监管。

这是所得，如果说所失的话，其实我还是错过了一个中国电影市场快速成长的时间。

**陈伟鸿**：那周总，你怎么评价360在美国上市期间的得与失？

**周鸿祎**：我觉得，整体来讲还是得大于失。回头看，公司接受国际会计师事务所的严格的财务审计，接受美国SEC的监管，还要遵守美国的《萨班斯法》，如果我们做假账，是要坐牢的。我们还经历过国际资本做空。总的来说，我们学到了国际化的一种经验。所以，公司回到中国上市，哪怕再强的监管，反而觉得没有任何问题。我的第二家公司在纳斯达克上市时，因为对这种监管制度都习惯了，就不觉得上市是一个很麻烦的事。

我觉得最大的失，是在股价上涨的时候，做了一些错事。虽然嘴上说要保持空杯心态，但事实上还是没有经验，毕竟没有见过那么多钱。公司有了 100 亿美元市值，手里有了上百亿元人民币的现金，还是会心态失衡，就想做一些大事。于是作了一些不成功的收购或者不成功的投资，赔了不少钱。这也许是一个成长的代价。

**陈伟鸿：**现在请中芯国际周总说一说。你们在美国上市时，就破发了，但是后来坚持了 15 年，这么长时间才决定退市，好像决策时间有点长？

**周子学：**集成电路是一个重资产行业，如果企业的资本金不足，很难靠银行融资来实现发展。所以，投资对这类企业是极端重要的。

我理解，现在中国股市进一步改革开放，党中央和各级政府非常希望集成电路产业发展起来，我国这个产业也到了该起来的时候了。但是，我们确实还落后，中芯国际在国际市场也不是最先进的。经常有人说，你是中国的什么龙头老大啊，你是中国同行业排名第一啊。我是不看这个东西的，因为这个行业是国际化的，在中国当第一有什么用呢？我到国际上去排名，是很小的。

**陈伟鸿：**那你看中的是什么？

**周子学：**我看中的是，作为一个企业，必须首先做到不死掉，然后才能讲发展。那么，企业要生存发展，必须在技术领先。这就要拿到更多的钱，或者说自己挣更多的钱，去做研发。从规律上说，公司的技术领先了，就可以生产出新的产品了，就有议价权了。

**陈伟鸿：**周总道出了自己的心声。请问另一位周总，您当时也是带着爱远行，到了美国资本市场；在退市回归的过程中，除了您刚才提到的美国市场发生变化的原因，有没有感受到，这边还有爱在等待着你，在呼唤着您？

**周鸿祎**：我的运气不太好，没赶上科创板。而且我们是举债实现私有化，才退市的。给大家一个建议，如果再办理退市，千万不要去借钱。债主借给你钱的时候，是很友好的；当你拿了他的钱之后，对你的压力是很大的，因为钱都是有成本的。当时我们也差点上不了市，我们就找各个有关部门去沟通，后来我们是借壳上市的。

360 公司是一个有国家战略技术性质的公司，我们也承担了很多重要的网络安全职责。我们现在的网络安全感知探测防御技术，能达到跟美国匹敌的水平。我觉得有点生不逢时，没有赶上中国资本市场这么好的时候。

**陈伟鸿**：这么多中概股企业要回归，请问专家怎么看？

**叶檀**：第一，是到时候了。记得 2010 年设立创业板时，我们就觉得要通过高科技引领中国经济转型，当时条件不太成熟，那么，现在必须要做。第二，在海外上市的中国企业，如果它是好企业，诚信经营，有优势，这个时候人家不要，刚好是我们张开怀抱的时候。

**陈伟鸿**：现在，国内股市的怀抱张开得很有力度，制度的创新性和包容性都不可同日而语了，这对中概股企业来说也是一个吸引力。

**吴晓求**：我们过去有一个误区，就是认为中国资本市场基本上是一个融资的市场，所以就不会注重上市公司的产业属性、未来的成长性。这些中概股回来，能够加快资本市场转型，发挥高科技企业对中国经济转型的推动作用。当然，中国市场还要进一步开放。未来除了中概股公司，其他国家的高科技企业到中国上市，也许是我们新的目标。

**陈伟鸿**：今年 1—6 月，有 23 家中国企业到海外上市。有很多中概股回归，但依然有很多企业前赴后继，到海外上市，您认为后者出发的动力到底是什么？

**吴晓求**：我觉得它们又在走十年前二十年前的路了，因为它们不了解外面是挺复杂的，挺严峻的。实际上，中国资本市场正走在进一步改革开放的阶段，等到我们的主板、创业板都实行了注册制，都可以消纳这些企业。

**周鸿祎：**还有一个原因，很多国内企业吸收的风险投资是美元基金，它们到一定时候必须在境外上市，才能退出。

**董少鹏：**现在这些机制都可以解决了，没问题了。过去我们争论要不要建立国际板，是因为当时的制度设计存在设专席专座的问题。我认为，只要依照一样的上市标准，境外企业都可以来国内上市。现在，在上海科创板上市的一些回归股票，有的是以港币计价，有的是用美元计价，我们都开放了（通过发行存托凭证的方式）。确实，我们在以开放的心态在做，一是坚持制度型开放，对内外资企业实行完全一致的规则；二是鼓励支持在全球市场配置股票；三是人民币适应全球化，不能简单说人民币国际化，要达到一个什么程度，就是说人民币汇率形成机制、人民币的全球流通这方面还要进一步开放开发。

**陈伟鸿：**刚才听到吴晓求先生说，现在又有一批新的企业，踏着你们从前的足迹继续再向前，从他的话语中好像听出了隐隐的一些担心。我想，你们作为前浪，不妨给这些后浪提个醒。你们认为，马上要出发的它们，未来应该注意些什么？

**周鸿祎：**有的企业选择在国内上市，也有的企业有国际化发展需要，可能想到国外上市。我觉得，来来往往是非常正常的，不应该去做太多的解读。最近，我的一家公司就去纳斯达克上市了。

我的建议也很简单，一是如果到海外上市，要对那里的监管做好充分的思想准备。我觉得，国外市场的监管标准是非常严格的，一个公司如果能经过这样的历练，公司的治理结构、国际化管理等都可以上一个台阶。二是刚上市时的市值没有那么重要，它不能决定你的一辈子。应当通过不断加强公司业务，利用资本市场机制开展并购等，让公司的市值能够持续地走下去。现在太多的媒体过度渲染上市第一天的市值，如果奔着这个目标去，公司上市的压力会特别大。

**周子学：**有一些企业是节奏没踩好。比如，它为了在主板上市，申报了两三次，花了四五年时间，都没成功。于是想，干脆出去上市算了。没想到，它出去上市时，国内的科创板市场出来了，深圳创业板也改革了，但它回来上市已来不及了。所以，我的建议是，你们可以先到香港上市，然后再回到内地上市。

**于冬：**我觉得，公司的投资人是很关键的。当初我们去美国上市，也是红杉资本这样的境外机构为公司架设了 VIE 结构，得以到美国上市。那么这一轮回归，我们又需要买方财团买回股票，那么，我这边的投资人就显得非常重要。比如我有有腾讯、工银国际、中信银行、中信证券这些大机构，它们有耐心。我没有想到，回来后，IPO 排队要这么长时间，不管怎样，三年也该轮到我了。很多人建议我借壳、重组，我都觉得没有必要，我们这么成熟的公司，直接申报就可以了。

**陈伟鸿：**那你觉得亏吗，熬了这么多年？

**于冬：**这就是我的投资人对我的帮助。反而是这些投资人说，于总你别着急，就老老实实排队，我们又没有逼你还钱。我现在这些投资人很宽容，不像第一轮 PE 基金投资人，有那么紧张的时限要求。这些机构投资人都是很理解我的，所以，在 A 股排队的过程中，反而给了我更多专注拍电影的时间。但是今天，对不起，我已经排了第四年了，也要给投资人有交代。

但是我相信，好公司就是好公司，去年博纳影业实现了 83 亿元票房，折合 12 亿多美元。去年全球电影票房实现 414 亿美元，迪士尼和福克斯合并之后是 110 亿美元，是巨无霸；第二名是索尼影业 47 亿美元；随后是哥伦比亚影业，40 多亿美元；第 6 名派拉蒙影业，12 亿美元。博纳影业在单一中文电影市场已经达到 12 亿美元，可以与派拉蒙并列。我觉得中国电影的成长空间是有的。李书福当年说，希望中国的汽车能够跑遍全世界，而不是全世界的汽车都跑遍全中国。把这句话换到电影行业，就是，我希望中国的电影能够在全世界的影院放映，而不仅仅是全世界电影都到中国来放映。

**陈伟鸿：**谢谢于冬，这也是他满满的情怀。我想，我们必须要好好面对这样的痴心不改啊。

**吴晓求：**的确，中国资本市场发展了三十年，是坎坷的。我们现在设立了科创板，并试点注册制改革，这是还原了资本市场本来的含义，体现了资本市场的本质要求。就是说，企业上市真正由市场来决定，由市场来选择。我们要建设一个和美国市场可以大体竞争的、有财富管理功能的、国际化的市场。中概股回归，以及未来市场的发展，是大有前途的。

很多专家说，中国市场上 70% 的投资者亏损，20% 收益持平，10% 的人盈利。如果这样，这个市场肯定没出路的，应该是 70% 的人盈利，20% 的人收益持平，10% 的人亏损，因为市场在不断地成长，上市企业在不断地成长。

**陈伟鸿：**谢谢现场各位的分享，谢谢大家的建议！在经济高质量发展新时期，我们期待一个更加强大、也更加成熟的资本市场作为支撑。对于我们今天关注的中概股企业来说，面对的使命是，如何让已经开的好头继续下去。对中国资本市场来说，拿出更多的创新性、包容性和国际交流的便捷性，是必须要面对的责任担当。

# 附 录

# 习近平总书记关心资本市场记事

党的十八大以来，习近平总书记高度重视资本市场工作作出一系列重要指示批示，为新时代资本市场改革发展指明方向，注入强大思想动力。

## （一）"发展资本市场、完善人民币汇率市场定价机制是中国的改革方向，不会因为这次股市、汇市波动而改变"①

2015 年六七月间，中国股市发生异常波动，长年积累的深层次矛盾得以暴露。原本准备推进的注册制改革也不得不搁置下来。国内外对中国股市何去何从高度关注。

9 月 22 日，习近平主席飞抵美国西雅图，开始上任后首次访美。同一天，美国《华尔街日报》刊发了对习主席的书面采访，习主席回应了外界对中国股市的关心。他指出，股市涨跌有其自身的运行规律，一般情况下政府不干预。政府的职责是维护公开、公平、公正的市场秩序，保护投资者特别是中小投资者的合法权益，促进股市长期稳定发展，防止发生大面积恐慌。前段时间，中国股市出现了异常波动，这主

① 《习近平在对美国进行国事访问时的讲话》，人民出版社 2015 年版，第 14 页。

要是由于前期上涨过高过快以及国际市场大幅波动等因素引起的。为避免发生系统性风险，中国政府采取了一些措施，遏制了股市的恐慌情绪，避免了一次系统性风险。境外成熟市场也采取过类似做法。在综合采取多种稳定措施后，市场已经进入自我修复和自我调节阶段。发展资本市场是中国的改革方向，不会因为这次股市波动而改变。

中国最高领导人如此公开而坦率地谈论股市问题，是第一次。这既表明习近平总书记高度重视股票市场发展，不回避其中的矛盾问题，也预示着中国股市经过 26 年发展壮大，即将开启向高质量发展的新阶段。

2013 年 11 月，党的十八届三中全会通过《中共中央关于全面深化改革若干重大问题的决定》，对新时期中国面临的重大和紧迫问题作出系统改革部署。其中对资本市场的表述是，"健全多层次资本市场体系，推进股票发行注册制改革，多渠道推动股权融资，发展并规范债券市场，提高直接融资比重。""推动资本市场双向开放，有序提高跨境资本和金融交易可兑换程度"。"注册制改革"和"双向开放"的提法十分引人注目，前者体现了通过改革构建更合理的市场和政府关系的诉求，后者展现了统筹发展和安全、积极参与国际经济秩序治理的重要思想。

2014 年 5 月，国务院发布《国务院关于进一步促进资本市场健康发展的若干意见》，对发展多层次资本市场、提高证券期货服务业竞争力、扩大资本市场开放、防范化解金融风险、营造资本市场良好发展环境等作出系统部署和全面安排。其中对注册制改革作出了部署。可以说，这是围绕注册制改革制定的一套系统性改革方案。

到 2014 年年底时，注册制改革方案已经形成。但因 2015 年六七月间股市发生异常波动，导致注册制改革暂时搁置，防范和化解市场风险成为阶段性工作重点。当然，推进市场化改革的大方向并未改变，积极创造条件、择机试点注册制改革一直在筹划中。

2015 年 11 月，《中共中央关于制定国民经济和社会发展第十三个五年规划的建议》提出，"积极培育公开透明、健康发展的资本市场，推进股票和债券发行交易制度改革，提高直接融资比重"，"降低杠杆"率"推进资本市场对外开放改进并逐步取消境内外投资额度限制"等。2016 年 3 月，《中华人民共和国国民经济和社会发展第十三个五年规划纲要》在全国人民代表大会上通过，确定了这些内容，为注册制改革定下了基调。

随后，监管层按照"保持新股发行常态化，努力形成有利于注册制改革的发行市场秩序"的思路，推进市场主体归位尽责、提升市场主体定价能力、强化信息披露和交易所一线监管、从严打击违法违规行为。可以说，坚持新股常态化发行和市场化定价，为推进注册制改革营造了市场氛围和舆论氛围。

### （二）提出发展股市 47 字方针

习近平总书记高度关注股市稳定发展，将其作为供给侧结构性改革，经济高质量发展的重要内容，要求牢牢把握服务整体经济这条主线，推进股市改革，提出了一系列重要思想。

2015 年 11 月 10 日，习近平主总书记持召开中央财经领导小组第十一次会议，根据新情况对股市发展提出具体要求，即"要防范化解金融风险，加快形成融资功能完备、基础制度扎实、市场监管有效、投资者权益得到充分保护的股票市场"①。这是习近平总书记首次系统性提出

---

① 中共中央文献研究室编：《习近平关于全面建成小康社会论述摘编》，中央文献出版社 2016 年版，第 44 页。

股票市场发展的基本方针，对市场重点环节制度化市场化建设给出具体指引。把防范化解金融风险作为前置语，体现了发展和安全的整体统一。

2016 年 1 月 18 日，习近平总书记在省部级主要领导干部学习贯彻党的十八届五中全会精神专题研讨班上的讲话众指出，"领导干部必须有较高的经济专业水平"①。资本投入、安全生产、股市调控、互联网金融管控等都是高风险、高技能的，如果判断失误、选择不慎、管控不力，就会发生问题甚至大问题，严重的会影响社会稳定。一段时间以来，在安全生产、股票市场、互联网金融等方面连续发生的重大事件，一再给我们敲响了警钟。

2016 年 4 月 29 日，习近平总书记主持召开中共中央政治局会议，会议强调，宏观经济政策要增强针对性。要保持股市健康发展，充分发挥市场机制调节作用，加强基础制度建设，加强市场监管，保护投资者权益。②

2017 年 7 月，习近平总书记在全国金融工作会议上，系统阐释了对金融工作的认识，作出重要部署。他强调，要紧紧围绕服务实体经济、防控金融风险、深化金融改革三项任务，完善金融市场体系，"把发展直接融资放在重要位置，形成融资功能完备、基础制度扎实、市场监管有效、投资者合法权益得到有效保护的多层次资本市场体系"③。

2017 年 10 月，习近平总书记在党的十九大报告中指出，"深化金

---

① 中共中央文献研究室编：《习近平关于全面建成小康社会论述摘编》，中央文献出版社 2016 年版，第 202 页。

② 《中共中央政治局召开会议　分析研究当前经济形势和经济工作》，《人民日报》2016 年 4 月 30 日。

③ 《习近平谈治国理政》第二卷，外文出版社 2017 年版，第 279 页。

融体制改革，增强金融服务实体经济能力，提高直接融资比重，促进多层次资本市场健康发展"①。

2022年4月30日，习近平总书记主持中央政治局第三十八次集体学习，主题为"依法规范和引导我国资本健康发展"。习近平指出，"必须深化对新的时代条件下我国各类资本及其作用的认识，规范和引导资本健康发展，发挥其作为重要生产要素的积极作用""要继续完善我国资本市场基础制度，更好发挥资本市场功能，为各类资本发展释放出更大空间"。

2022年5月16日，习近平总书记在《求是》杂志发表《正确认识和把握我国发展重大理论和实践问题》，其中论述了"正确认识和把握资本的特性和行为规律"问题，指出"要探索如何在社会主义市场经济条件下发挥资本的积极作用，同时有效控制资本的消极作用。"

资本市场作为国民经济重要组成部分，与投资、生产、流通、消费、科技、信息监管、执法等各个环节都有关联，并且相容共生，必须紧紧围绕实体经济需求，筑牢防范风险之堤。习近平总书记关于资本市场发展的一系列重要思想，为资本市场全面深化改革指明方向，注入活力。

## （三）科创板开启股市改革新时代

2018年是改革开放四十周年，资本市场改革也迎来历史的转折点。

这一年，美国发起对中国的贸易争端，对中国高科技企业进行打压，对中国输美产品频繁增加关税。在此背景下，中国深入实施创新驱动发展战略，推进关键核心技术攻关，加强重大科技基础设施、科技创

---

① 习近平：《决胜全面建成小康社会 夺取新时代中国特色社会主义伟大胜利——在中国共产党第十九届全国代表大会上的报告》，人民出版社2017年版，第34页。

新中心等建设。同时，继续坚定扩大开放，一是下调部分商品进口关税，关税总水平由9.8%降至7.5%；二是新设一批跨境电商综合试验区；三是复制推广自贸试验区改革经验；四是大幅压缩外资准入负面清单，扩大金融、汽车等行业开放。

国务院发布了《国务院关于同意设立中国（海南）自由贸易试验区的批复》，实施范围为海南岛全岛。有关部门相继公布了《外商投资准入特别管理措施（负面清单）（2018年版）》和《市场准入负面清单（2018版）》。这一年，一批重大外资项目落地，新设外资企业增长近70%。

11月5日，习近平主席在首届中国国际进口博览会开幕式上提出，将在上海证券交易所设立科创板并试点注册制，支持上海国际金融中心和科技创新中心建设，不断完善资本市场基础制度。① 这个重大宣布，标志着经过近4年筹备的发行注册制改革进入启动实施阶段。

12月19日，中央经济工作会议在北京举行，习近平总书记发表重要讲话。会议对资本市场发展作出进一步阐述，即"资本市场在金融运行中具有牵一发而动全身的作用，要通过深化改革，打造一个规范、透明、开放、有活力、有韧性的资本市场，提高上市公司质量，完善交易制度，引导更多中长期资金进入，推动在上交所设立科创板并试点注册制尽快落地"。会议还强调，"要提升产业链水平，注重利用技术创新和规模效应形成新的竞争优势，培育和发展新的产业集群"。② 这些阐述表明，更具包容性的股市改革将开始，科创板将被赋予支持科技创新的重要使命。同时，用"牵一发而动全身"来描绘资本市场作用是首次。

科创板于2019年7月22日正式开市，重点支持新一代信息技术、

① 《习近平谈治国理政》第三卷，外文出版社2020年版，第206页。
② 《中央经济工作会议在北京举行》，《人民日报》2018年12月22日。

高端装备、新材料、新能源、节能环保以及生物医药等高技术产业和战略新兴产业，推动互联网、大数据、云计算、人工智能和制造业深度融合，引领中高端消费，推动质量变革、效率变革、动力变革。

2019 年 10 月，党的十九届四中全会通过的《中共中央关于加强坚持和完善中国特色社会主义制度　推进国家治理体系和治理能力现代化若干重大问题的决定》也对资本市场发展提出要求，即"加强资本市场基础制度建设，健全具有高度适应性、竞争力、普惠性的现代金融体系"。①2020 年 10 月，党的十九届五中全会通过《中共中央关于制定国民经济和社会发展第十四个五年规划和二〇三五年远景目标的建议》，作出新发展阶段的具体部署，其中提到，全面实行股票发行注册制，建立常态化退市机制，提高直接融资比重。

以科创板开市为标志，中国股市开启了用增量市场激发存量市场活力、用增量改革带动全市场深化改革的新时期。以发行注册制为牵引，在发行上市、交易、并购重组、信息披露、持续监管、集体诉讼等方面展开了系统化改革。

## （四）宣布建立北交所

2021 年 9 月 2 日，习近平主席在 2021 年中国国际服务贸易交易会全球服务贸易峰会上宣布："我们将继续支持中小企业创新发展，深化新三板改革，设立北京证券交易所，打造服务创新型中小企业主阵地。"②9 月 3 日，北交所注册成立；11 月 15 日，北交所在北京市西城区

---

① 《十九大以来重要文献选编》（中），中央文献出版社 2021 年版，第 282 页。

② 习近平：《在 2021 年中国国际服务贸易交易会全球服务贸易峰会上的致辞》（2021 年 9 月 2 日），《人民日报》2021 年 9 月 3 日。

金融街金阳大厦开市。

在新的历史时期建立北交所，表明扩大我国股市的承载力具有迫切性、现实性，也表明股票、股市这些东西已经成为中国老百姓的日常了。

早在民国时期的北平市，曾经设立过"北平证券交易所"，运行时间为1918年至1939年。新中国成立后，于1950年2月设立"北京证券交易所"，1952年年中关闭。此后，北京这片土地告别了有证交所的历史。

直到1988年，由当时的国家体改委主管的"中国证券市场研究设计中心"，向中央提出一份报告，建议设立"北京证券交易所"。后来中央决定把证券交易所设在沪深两地。不过，北京还是试点了两家证券交易场所，一是1990年12月国家体改委批准设立的"全国证券交易自动报价系统"（STAQ），初期以交易国库券为主，后来法人股交易规模壮大；二是1993年4月中国人民银行批准设立的名为"中国证券电子交易系统"（NET），主要交易法人股。这两家交易场所均于1999年秋天关闭。

2001年6月，由中国证券业协会设立"代办股份转让系统"，承接沪深股市退市股票和原STAQ、NET系统流通股的转让交易业务，称为"三板市场"。2006年年初，在北京中关村科技园区建立了新的"代办股份转让系统"，称为"新三板市场"。2013年1月，以代办股份转让系统为基础，全国中小企业股份转让系统（"新三板"称谓继续保留）开始运营，标志着三板市场进入新阶段。

2020年7月27日，新三板精选层正式设立并开市交易。北京证券交易所开业后，精选层的挂牌公司整体平移进北交所，并维持新三板基础层、创新层与北京证券交易所"层层递进"的市场结构。

　　设立北交所，是习近平总书记关心中小微企业发展，站在深化金融服务实体经济、扩大普惠金融服务面、建设中国特色现代资本市场的高度，亲自谋划和部署的一项重要工作。北交所走上中国经济的历史舞台，使得中国资本市场呈现出金字塔和矩阵式的结构，将为中国实体经济、金融和科技相互融合促进发展提供坚实的制度基础和平台支持。

　　时隔 69 年，"北京证券交易所"这个名字重新回到北京市民的生活中。但这已是一个新时代的开始。

# 索引及说明

**党的十一届三中全会**

1978 年 12 月 18 日至 22 日，中国共产党十一届三中全会在北京举行。全会作出了实行改革开放的新决策，启动了农村改革的新进程。

**美国《1933 年证券法》(*The Securities Act of 1933*)**

1933 年由美国国会通过，联邦政府颁布。该法的重要功能是两个：一是明确了对联邦一级跨州证券发行活动的监管责任，二是明确了发行注册制的程序和内容。

**美国《1934 年证券交易法》(*Securities Exchange Act of 1934*)**

1934 年由美国国会通过，联邦政府发布。该法主要对证券交易行为作出规范，明确各主体的法律责任。它同《1933 年证券法》一起共同构成美国的证券法律体系。

**美国证券交易委员会 (United States Securities and Exchange Commission，SEC)**

1934 年成立，美国联邦政府直属机构，负责美国证券市场监督和管理工作，具有准立法权、准司法权、独立执法权。

**中国证券投资基金业协会**

2012 年 6 月成立，根据《中华人民共和国证券投资基金法》，基金管理人、基金托管人应当加入协会，基金服务机构可以加入协会。

### 全国社会保障基金（全国社保基金）

由国有股减持划入的资金和股权资产、中央财政预算拨款、经国务院批准以其他方式筹集的资金及其投资收益构成，是中央政府专门用于社会保障支出的补充、调剂基金。全国社会保障基金理事会是该基金的管理运营机构，为国务院直属事业单位。

### 美国纽约证券交易所（*New York Stock Exchange*）

1817 年 3 月成立，当时的名称为"纽约证券交易委员会"。1863 年启用"纽约证券交易所"名称。1934 年 10 月，其注册为全国性证券交易所。

### 《中华人民共和国证券法》

1998 年 12 月 29 日，九届全国人大常委会第六次会议审议通过，1999 年 7 月 1 日正式施行。随后历经多次修改。

### 《中国人民银行法》

1995 年，八届全国人大三次会议审议通过，从法律上确立了中国人民银行作为中央银行的地位。

### 党的十八大

中国共产党第十八次全国代表大会于 2012 年 11 月 8 日在北京召开。大会选举了新一届的中共中央领导层，包括中央委员会委员、中央候补委员、中央纪律检查委员会委员。在随后举行的十八届一中全会上，习近平当选为中央委员会总书记。

### 股权分置改革

股权分置是指上市公司的一部分股份上市流通，即社会公众股；另一部分股份暂时不上市流通，称为非流通股，大多为国有股和法人股。股权分置改革，是通过协商安排，非流通股股东向流通股股东支付对价后，非流通股实现上市流通。

**QFII，RQFII**

QFII 是"合格境外机构投资者"的英文简称，英文全称为 Qualified
Foreign Institutional Investor。在该制度下，符合一定条件的境外投资机
构，经我国有关部门批准，将外汇兑换为人民币，通过专门账户投资我
国证券市场。

RQFII 是"人民币合格境外机构投资者"的英文简称，英文全称为
RMB Qualified Foreign Institutional Investor。在该制度下，符合一定条件
的境外投资机构，经我国有关部门批准，将人民币资金通过专门账户投
资我国证券市场。

**QDII，RQDII**

QDII 是"合格境内投资者"的英文简称，英文全称为 Qualified
Domestic Institutional Investor。在该制度下，经批准的境内机构投资者，
可以设立专门账户募集资金，投资境外证券市场。

RQDII 是"人民币合格境内机构投资者"的英文简称，英文全称
为 RMB Qualified Domestic Institutional Investor。在该制度下，经批准的
境内机构投资者，可以设立专门账户募集资金，投资境外人民币计价证
券产品。

**上海证券交易所**

1990 年 11 月 26 日成立，12 月 19 日开市。第一个所址原为浦江饭
店，位于上海外白渡桥畔，经改造后作为办公场所和交易大厅。1997
年，上交所亦迁入浦东现址。

**党的十四大**

中国共产党第十四次全国代表大会于 1992 年 10 月 12 日至 19 日
在北京举行。江泽民在会上作了题为《加快改革开放和现代化建设步

伐 夺取有中国特色社会主义事业的更大胜利》的报告。

**1997 年全国金融工作会议**

1997 年 11 月 17 日至 19 日在北京举行。这是首次全国金融工作会议。

**《关于进一步推进和规范证券市场发展若干政策的请示》("国六条")**

1999 年 3 月,证监会向国务院提交该文件。5 月,国务院正式批准这份文件,当时被称为"国六条"。随后爆发了著名的"5·19"跨年度行情。

**党的十六大**

中国共产党第十六次全国代表大会 2002 年 11 月 8 日至 14 日在北京举行。江泽民代表第十五届中央委员会作《全面建设小康社会 开创中国特色社会主义事业新局面》报告。在随后举行的党的十六届一中全会上,胡锦涛当选为总书记。

**《中共中央关于完善社会主义市场经济体制若干问题的决定》**

2003 年 10 月,党的十六届三中全会审议通过。

《国务院关于推进资本市场改革开放和稳定发展的若干意见》("国九条"),

2004 年 1 月 31 日,由国务院发布。

**创业板**

2009 年 10 月,经国务院同意,证监会批准深交所设立创业板。10 月 23 日,创业板开市,首批 28 家公司上市交易。

**1988 年"证券交易所研究设计小组"**

1988 年,在有关部门支持下,一批从美国华尔街回来的年轻人和部分国内金融人士,组建了"证券交易所研究设计小组",向中央提交关于发展中国证券市场的研究报告。该小组演变为"证券交易所研究设计联合办公室"，归国家经济体制改革委员会主管后，成为一家正式的事业单位。后更名为"中国证券市场研究设计中心"。

**《中华人民共和国证券投资基金法》**

2003 年 10 月 28 日第十届全国人民代表大会常务委员会第五次会议通过，2004 年 6 月 1 日起施行。2012 年 12 月 28 日第十一届全国人民代表大会常务委员会第三十次会议修订，根据 2015 年 4 月 24 日第十二届全国人民代表大会常务委员会第十四次会议《全国人民代表大会常务委员会关于修改〈中华人民共和国港口法〉等七部法律的决定》修正。

**中小企业板**

2004 年 5 月，作为创业板设立前的一个过渡性措施，深交所设立中小企业板块，为处于创业期，资本规模、销售规模还比较小的企业开辟了上市场所。2021 年 4 月 6 日，中小企业板与主板合并，中小企业板市场完成了历史使命。

**2017 年全国金融工作会议**

2017 年 7 月 14 日至 15 日在北京召开。习近平总书记在会上发表重要讲话，提出做好金融工作的四大原则，即回归本源、优化结构、强化监管、市场导向。还提出，要把发展直接融资放在重要位置，形成融资功能完备、基础制度扎实、市场监管有效、投资者合法权益得到有效保护的多层次资本市场体系。

**中证机构间报价系统股份有限公司**

2013 年成立，负责"证券公司柜台交易市场"的运营管理，该市场全部流程均通过电子化交易平台进行，主要服务于私募产品报价、发行、转让及相关服务。

**中国国际进口博览会（进博会）**

进博会是习近平主席亲自谋划、亲自提出、亲自部署、亲自推动的，是中国主动向世界开放市场的重大举措。进博会由商务部和上海市人民政府主办，为世界上第一个以进口为主题的国家级展会。2018 年 11 月 5 日，首届进口博览会在上海举行。

### 上市公司存量发行试点

2004 年，我国开展了上市公司存量发行试点。当时规定，持股达到 36 个月的老股东可以在公司公开发行新股时，按照平等协商的原则向公众发售老股。试点并不成功。

### IPO 超募

公司在首次发行新股（IPO）时，实际募集到的资金大规模超过计划募集金额。如 2021 年一家公司计划募集资金约 5.6 亿元，最终实际募集资金达到 56 亿元。实际募集资金大规模超出募集计划，容易造成资金浪费。

### SPAC 上市模式

SPAC 是"特殊目的收购公司"的英文缩写，英文全称为 Special Purpose Acquisition Company。这是借壳上市的一种创新融资方式。与传统的买壳上市不同，SPAC 模式是先设立一个特殊目的收购公司，募集资金并上市，相当于一个投资公司上市。其上市前没有实业和资产，上市后再收购实体企业。

### 2015 年股市异常波动

指 2015 年 6 月至 2016 年 2 月股市剧烈调整。2014 年 7 月初至 2015 年 6 月 12 日，上证综指、深证成指累计上涨 152% 和 186%。从 2015 年的 6 月 15 日至 2016 年 2 月，出现了三轮大幅下跌。这一轮异动反映了我国股市从交易者、交易制度到市场体系均存在不成熟，监管制度存在不适应。

### 2016 年熔断机制

2015 年 12 月 4 日，上交所、深交所、中金所发布指数熔断相关规定,2016年1月1日起实施。具体规定是：三家交易所指数触发涨跌5%的熔断阀值后，暂停交易15分钟；尾盘时间段触发涨跌5%熔断阀值或全天任何时间段内触发涨跌7%，暂停交易至收市；10%的涨跌停板制度继续保留。

该机制于2016年1月7日晚取消。

### 《区域全面经济伙伴关系协定》（RCEP）

《区域全面经济伙伴关系协定》（Regional Comprehensive Economic Partnership，RCEP）2012年由东盟发起，2020年11月15日正式签署。成员包括中国、日本、韩国、澳大利亚、新西兰和东盟十国共15个成员。

该协定签署，标志着当今世界上人口最多、经贸规模最大、最具发展潜力的自由贸易区正式启航。

### 全国证券期货投资者教育基地（国家级投教基地）

是为广大普通投资者提供法治教育、专业知识培训、维权沟通能力提升等的学习基地，由符合条件的证券行业机构、交易场所、行业协会、上市公司、高等院校等出资兴办。中国证监会依据相关规定组织申报和评定，由专家委员会参与评审。基地由中国证监会授牌。至2021年9月，已公布四批共有71家国家级投教基地。此外，还有128家省级投教基地。

### "两个毫不动摇"

2002年党的十六大首次提出"两个毫不动摇"，当时的表述是"毫不动摇巩固和发展公有制经济，毫不动摇鼓励、支持、引导非公有制经济发展，保证各种所有制经济依法平等使用生产要素、公平参与市场竞争、同等受到法律保护"。此后，"两个毫不动摇"内容不断完善和丰富。

2013年党的十八届三中全会指出，"必须毫不动摇巩固和发展公有制经济，坚持公有制主体地位，发挥国有经济主导作用，不断增强国有经济活力、控制力、影响力。必须毫不动摇鼓励、支持、引导非公有制经济发展，激发非公有制经济活力和创造力"。

**证券集体诉讼制度**

即众多投资者推选一个代表人，由该代表人向法院提起民事赔偿诉讼。一旦赔偿额确定，各个受害人都会按照比例得到赔偿额。投资者的取证、举证、质证等诉讼流程由代表人代劳，并且可获得公益性诉讼支持，特别代表人诉讼还不用预交案件受理费，可大大降低维权成本。2020年7月31日，最高人民法院发布《关于证券纠纷代表人诉讼若干问题的规定》，自公布之日起施行。这标志着中国版的证券集体诉讼制度正式落地实施。

**《证券期货投资者适当性管理办法》**

2016年12月12日，由中国证监会颁布，2017年7月1日起实施。按照该办法，证券期货经营机构必须准确了解把握投资者风险认知和承受能力，了解所出售产品的风险性，履行适当性各项义务，实现"将适当的产品销售给适当的投资者"。

**中国证券金融股份有限公司（中国证金公司）**

2011年10月28日成立，由上海证券交易所、深圳证券交易所和中国证券登记结算有限责任公司共同发起。主要职责是：为证券公司融资融券业务提供转融通服务，对融资融券业务进行监测，并运用市场化手段防控风险。承担中国证监会批准的其他职责。

**中国国际服务贸易交易会（服贸会）**

由商务部、北京市政府共同主办，2012年举办第一届，当时名称为"中国（北京）国际服务贸易交易会"，简称"京交会"。2019年更名为"中国国际服务贸易交易会"，简称"服贸会"。同时，北京文博会、北京国际旅游博览会、北京国际金融博览会纳入服贸会。

**《内地与香港关于建立更紧密经贸关系的安排》**

2003 年 6 月 29 日，由商务部和香港特别行政区财政司签署并实施。2018 年 12 月，内地与香港签署了《内地与香港关于建立更紧密经贸关系的安排》（CEPA）框架下的《货物贸易协议》。《货物贸易协议》是 CEPA 升级的重要组成部分，2019 年 1 月 1 日起正式实施。

**B 股**

是人民币特种股票的简称，是以人民币标明面值，以外币认购和买卖，在上交所、深交所上市交易的外资股。B 股公司的注册地和上市地都在中国境内。1992 年开始推出。由于我国整体市场和资本市场开放度显著提升，B 股市场不再具有吸纳外资的优势，处于淡出状态。

**H 股**

指注册地在内地、上市地在香港的中资企业股票。1993 年开始推出。

**沪伦通**

指上海证券交易所与伦敦证券交易所互联互通机制。符合条件的两地上市公司，可以发行存托凭证（DR）并在对方市场上市交易。

伦敦当地时间 2019 年 6 月 17 日，沪伦通在英国伦敦正式启动。

**中国企业 GDR**

GDR 是"全球存托凭证"的英文简称。在沪伦通机制下，以沪市股票为基础，在英国发行、代表中国境内基础证券权益的证券。英国投资者可在伦敦证券交易所购买基于中国沪市股票的存托凭证。

2022 年，中国企业 GDR 试点国别范围进一步拓宽，包括英国、瑞士、德国等。

**CDR**

中国存托凭证（Chinese Depository Receipt，CDR），是指由存托人

签发、以境外证券为基础在中国境内发行、代表境外基础证券权益的证券。

2020 年 9 月 22 日，中国证监会发布公告称，同意九号有限公司(即"九号公司")科创板公开发行存托凭证注册。2020 年 10 月 29 日，九号公司 CDR 在科创板上市。

**沪港通、深港通**

沪港通、深港通是内地股市与香港股市互联互通机制的具体项目，沪港通是指"沪股通 + 港股通"。深港通是指"深股通 + 港股通"。

沪股通，是指投资者委托香港经纪商，经由香港联合交易所在上海设立的证券交易服务公司，向上海证券交易所进行申报（买卖盘传递），买卖沪港通规定范围内的上海证券交易所上市的股票。

深股通，机制同上，但针对的是在深圳证券交易所上市的股票。

港股通，是指投资者委托内地证券公司，经由上海证券交易所或深圳证券交易所在香港设立的证券交易服务公司，向香港联合交易所进行申报(买卖盘传递)，买卖沪港通规定范围内的香港联合交易所上市的股票。

**内地与香港《监管合作谅解备忘录》**

1993 年 6 月 19 日，中国证监会、上交所、深交所、香港证监会、香港联交所共同签署了证券事务的《监管合作谅解备忘录》，成为中国证监会签署的第一份监管合作谅解备忘录。

**国际证监会组织《磋商、合作及信息交换多边谅解备忘录》**

2007 年 5 月，证监会成为国际证监会组织（IOSCO）的签署方，签署《磋商、合作及信息交换的多边谅解备忘录》，建立跨境执法合作机制。

**美国《萨班斯法》**

即《萨班斯·奥克斯利法案》，全称《2002 年公众公司会计改革和投资者保护法案》。由参议院银行委员会主席萨班斯（Paul Sarbanes）和众议院金融服务委员会主席奥克斯利（Mike Oxley）联合提出，又称《2002 年萨班斯—奥克斯利法案》。2002 年 7 月 25 日，经国会参众两院最终通过。

该法案对美国《1933 年证券法》《1934 年证券交易法》作出大幅修订，包括：建立独立的公众公司会计监管委员会（PCAOB），对上市公司审计进行监管；通过增加拨款和雇员等来提高美国证监会的执法能力；规定销毁审计档案最高可判 10 年监禁，在联邦调查及破产事件中销毁档案最高可判 20 年监禁；规定公司高管须对财务报告的真实性宣誓，提供不实财务报告将获 10 年或 20 年的刑事责任。规定管理层承担内部控制职责，要求上市公司必须在年报中提供内部控制报告和内部控制评价报告；公司管理层和注册会计师须对企业内部控制系统作出评价。

**美国公众公司会计监督委员会（PCAOB）**

美国公众公司会计监督委员会（Public Company Accounting Oversight Board，PCAOB）是根据 2002 年《萨班斯法》设立的。其第一个预算财年是 2004 年。该机构是会计行业的会员制自律性组织，由来自不同会员事务所的会计师组成。该负责对会员事务所进行年检。美国证券交易委员会对 PCAOB 进行监管。

任何为在美上市公司提供审计服务的会计师事务所，都要成为该机构的注册会员。据此，为中国在美上市公司提供审计服务的会计师事务所必须是 PCAOB 的会员。

**中国概念股（中概股）**

是外国投资者对所有在中国境外上市的中国公司股票的统称。中概股主要分为两种情况：（1）在中国大陆注册、在国外上市的公司；（2）在国外注册、但主体业务在中国大陆的公司。

### 美国《外国企业问责法》

2020 年，美国国会通过该法，并经总统签署生效。该法要求外国发行人连续三年不能满足美国公众公司会计监督委员会对会计师事务所检查要求的，其证券禁止在美交易。2021 年 12 月 2 日，美国证监会通过了该法案的修正案，并制定了实施细则。

### 自由贸易试验区

是指在贸易和投资等方面比世界贸易组织有关规定更加优惠的贸易安排，在主权国家或地区的关境以外，划出特定的区域，准许外国商品豁免关税自由进出。实质上是采取自由港政策的关税隔离区。

2013 年 9 月 29 日在上海建立第一家自由贸易试验区以来，经过六次扩容，至今已经有 21 个自由贸易试验区和一个自由贸易港。

### 环球银行金融电信协会（SWIFT）

英文全称 Society for Worldwide Interbank Financial Telecommunication，英文缩写 SWIFT，中文译为"环球银行金融电信协会"。该协会建立的系统，也就是 SWIFT 系统，是连接全球银行业的金融通信基础设施。

### 人民币跨境支付系统（CIPS）

人民币跨境支付系统（Cross—border Interbank Payment System，CIPS），2015 年 10 月建立，可全天候为会员提供跨境支付报文服务。

### 中国金融稳定保障基金

20203 月，政府工作报告提出"设立金融稳定保障基金"。该基金与存款保险基金、证券投资者保护基金、保险保障基金等定位不同，主要用于处置重大金融风险。

### 《中共中央关于全面深化改革若干重大问题的决定》

中共十八届中央委员会第三次全体会议 2013 年 11 月 12 日通过，发表于《人民日报》2013 年 11 月 16 日。

**《中华人民共和国公司法》**

1993 年 12 月 29 日，八届全国人大常委会第五次会议审议通过并颁布，1994 年 7 月 1 日正式施行。随后历经多次修改。

**《关于进一步促进资本市场健康发展的若干意见》**

2014 年 5 月 9 日由国务院发布。是新时期发展多层次资本市场的系统性指导文件。

**《"十三五"规划纲要》**

《中华人民共和国国民经济和社会发展第十三个五年规划纲要》，简称《"十三五"规划纲要》，2016 年 3 月 16 日由十二届全国人大四次会议通过，规划覆盖时间段为 2016 年至 2020 年。

**党的十九大**

中国共产党第十九次全国代表大会（简称"党的十九大"）于 2017 年 10 月 18 日至 10 月 24 日在北京召开。习近平代表第十八届中央委员会向大会作了题为《决胜全面建成小康社会 夺取新时代中国特色社会主义伟大胜利》的报告。

**科创板**

2018 年 11 月 5 日，习近平主席在首届中国国际进口博览会开幕式上宣布将在上海证券交易所设立科创板并试点注册制。科创板于 2019 年 7 月 22 日正式开市。

**北京证券交易所（北交所）**

2021 年 9 月 2 日，习近平总书记在 2021 年中国国际服务贸易交易会全球服务贸易峰会上宣布设立北京证券交易所（简称"北交所"）。11 月 15 日，北交所开市。

《中共中央关于加强坚持和完善中国特色社会主义制度　推进国家治理体系和治理能力现代化若干重大问题的决定》

2019 年 10 月，党的十九届四中全会审议通过。

《中共中央关于制定国民经济和社会发展第十四个五年规划和二〇三五年远景目标的建议》

2020 年 10 月，党的十九届五中全会审议通过。

**全国中小企业股份转让系统（新三板）**

2006 年年初，北京中关村科技园区建立"代办股份转让系统"，称为"新三板市场"。这是为了与 2001 年 6 月设立的，用于解决历史遗留问题的"代办股份转让系统"（"老三板市场"）相区别。2013 年 1 月，以新、老股份代办转让系统为基础，全国中小企业股份转让系统开始运营，"新三板"称谓继续保留。

# 我和我的股市
## （代后记）

作为一名股市人，回望来时的路，展望未来的路，我始终认为，股市发展离不开国家大局和国际大势，而必须吸收所有重大变化和随机波动。

我从小学三年级起，读着《参考消息》长大。最初，读父亲从单位拿回来的旧报纸。虽然这些报纸时效已过，但对我来说，里边的内容都是新的。由于着迷，之后索性花钱订了一份，父亲也很支持。透过这份文字密麻麻、图片很稀少的报纸，年少的我对主要国家的政局变化、地缘争夺等有了不少了解。

我后来成为股市记者，与美欧交易所、投行人士交流时，从心理感觉来说，对他们并不生疏。我很高兴和他们一起吃西式自助餐，并且赞赏这种方便、自由的方式。

我年纪更小的时候，父亲的工作单位就在北京建国门使馆区附近，我们可以经常见到外国使馆人员。不止一次，我遇到某国大使馆的那一辆小轿车快速驶出大门，并且迅疾来一个九十度转弯，扬长而去。我后来听大人们说，这位司机经常这样炫技。当时幼小的我和今天已然成熟的我，对这种艺高人胆大的"秀"，从心底里是欣赏的。同样，我们今天借鉴美欧的先进市场治理经验，我也是很赞成的。

我在初中二年级时加入了北京中学生通讯社。这是北京青年报主办的北京市中学生新闻社团组织。当时学通社成立了"文化部""体育部""文艺部"等部门，我负责"调查部"。我和伙伴们搞调查问卷，对食堂伙食、阅读兴趣、社交早恋、偏科、课余安排等进行调研，推出一系列靠数据和举例说话的报道。后来我被选为副社长，做一些管理工作，也配合大记者做调查报道。这一时期，我算是练就了做调查报道的"童子功"。

这段时间，我每周六都去北京青年报社"坐班"。除了接听电话、编辑稿件，也配合大编辑们干各种杂事。当时我迷上了北京青年报社编辑的"内部参考"，对国际政治动向有了更多掌握，并且有机会向负责国际新闻的老师请教学习。当时，还有机会收听境外广播节目，了解他们的动向。

在这一时期，我也开始关注主要来源于国内知识分子的那些自由派观点。我在很长的时间里，经常和几位好友对第二次世界大战历史进行学习讨论，正面和反面意见都有。我的一位初中同学的父亲是驻外商务参赞，虽然这位叔叔基本不和我们谈工作，但我可以感受到他带回来的境外经济文化气息。这对我理解中外政治差异和国际交往带来很大帮助。

我在读法律大专期间，一直参与《北京青年报》的有关报道工作，没有停止过。其中，参与了历史专版的编辑工作。21岁进入北京青年报社工作，在群众工作部当编辑，主要负责回复读者来信、培训和管理通讯员、做调查性报道。同时，继续投入大量精力跟踪国外政治资讯，思考国际风云对我国经济社会文化发展的影响，倾注大量心血研究国内政治制度。

从北京青年报社转入中国证券市场研究设计中心工作，是我人生的一次重要转折。当时我作为《证券市场周刊》的记者、编辑，把工作重点放在了政策报道和研究上，因为我觉得政策是连接市场和监管的最佳途径，不仅投资者需要及时了解，它也是反映改革进程的最佳抓手。为此，我经常和财经部委打交道，最熟悉的、也是感情最深的就是证监会了。那时中国股市也很年轻，很多官员都心怀改革激情，很乐意和我交流。

后来，我受上交所总经理、《上海证券报》总编辑尉文渊之邀，成为《上海证券报》的驻京记者和负责人。我采写的政策类报道几乎天天上头版，并且被到处转载。由此，结识的业界朋友越来越多，对行业的了解也越来越深入。

当时，很多证监会的人经常误把我当作证监会职员——因为他们总看见我在证监会大楼里"晃悠"，还在食堂吃饭。其实，我是去采访和学习。很多时候，我拿到材料后，就在证监会会议室、会客室写稿。

那时候，中国证监会、国家体改委所有可以开放的会议，我都参加了。其他部委涉及宏观经济的可以开放的会议，我也大多参加了。那时开会是真正研究问题、解决问题，不像现在开一些会走程序而已，所以，作为一名记者，能够深入参与其中，是非常受益的。现在，我应邀参加有关政策研究工作，是与这些积累和历练分不开的。

长期从事资本市场报道和研究工作，令我深切感受到，资本市场治理不是一个纯粹技术性的工作，而是政策性、政治性很强的工作。资本市场牵涉面太广，涉及国家和社会治理的程度很深，与国际经济社会的关联度很强。搞好中国资本市场，绝不是只要复制他国做法就可以万事大吉了。走适合中国实际情况的资本市场发展道路，制定、实施、完善、执行政策，是有一套规律可循的。

由于长期研究股市政策，我已"深陷其中"。对历届党的全国代表大会，历次中央全会，每年的中央经济工作会议、政府工作报告，每一份国民经济和社会发展五年规划，以及其他重要节点的会议文件、领导人讲话，我都会认真研究，用"财经眼""证券眼"来审视，找出亮点、难点、疑点。对于资本市场不同阶段的政策问题、制度问题、改革问题，我也习惯于进行政治考量，即每一个动作是否符合民心、是否符合国家长远利益、是否符合国际竞争长期规律。

近二十年来，我参与了大量的论证会、协调会、沟通会、研讨会，参与了有关政策性工作、评审评议工作，可谓与中国资本市场"同步运行"。这期间，中央领导、有关部委领导和业内众多专家给了我很多的支持和帮助。不少领导和专家希望"跨界"了解资本市场，也邀请我参加"跨界"活动，而我认为这根本不是什么"跨界"，而是"合力建设"，因为资本市场本身就根植于我们国家这个整体、我们社会这个整体之中。从与这些领导和专家的长期交流分享中，我也深刻领悟到资本市场具有不可忽略、不可淡化的政治属性，并愿意为国家建设贡献一些思考。

资本市场改革发展的核心问题，是利益平衡问题；而利益平衡既是市场问题，也是政治问题。我很赞成一位中国金融专家的话，金融是有颜色的，不存在没有颜色的金融技术、金融元素和金融操作。基于这一分析判断，我提出了股市双重晴雨表理论，即股市是经济运行和改革进程的双重晴雨表。

中国资本市场是基于东方文化、中华文明底蕴建立和发展起来的市场，无论怎么扩大开放和深化改革，它都将是一个不同于美欧市场的市场。在《读懂中国股市》一书中，我用两个专章分析论述"中国体制"和"中国文化"与股市的关系问题，明确提出"懂中国的真性情，才能懂股市的大逻辑"的论断。中国资本市场对外开放，并非简单复制某一个外国市场的模式，也不是要拿境外市场的尺子来量中国市场的每一个地方，关键是做到"可以对话""可以互通""可以竞争"。近两年监管部门提出"借鉴国际最佳实践"，是一个不小的进步。

目前，中国经济社会和资本市场都进入一个新的发展阶段，与四十多年前相比，我们对改革开放的认识有了质的飞跃。当年我们透过《参考消息》等了解国际风云，如今外界透过种种渠道和媒介了解我们的鲜活实践。同时，走出去的中国人和中国各类主体也成为近距离展示中国形象的载体。

在不同文明相互交融、不同利益主体互动交流的过程中，冲突矛盾是不可避免的，甚至有时冲突还会比较激烈，但和平发展、合作共赢是唯一正确的选择。没有一个主体可以单独应对所有挑战，没有一个主体可以脱离普遍联系的世界。坚持理性沟通、友好协商、求同存异，才能解决好自己的问题和世界的问题。无论是处理国与国之间的关系，还是处理一国内部经济发展和社会分配之间的矛盾，抑或是处理资本市场与其他领域的协同发展问题，都要讲政治、讲平衡、讲艺术、有斗争。这是不可能改变的大逻辑。

展望未来，中国股市必将更全面和更准确地反映经济运行状况和改革进程，必将展现更强的国际竞争力。

责任编辑：曹　春

**图书在版编目（CIP）数据**

中国股市新观察／董少鹏 著 .—北京：人民出版社，2022.11
ISBN 978－7－01－025011－3

I.①中…　II.①董…　III.①股票市场－研究－中国　IV.① F832.51

中国版本图书馆 CIP 数据核字（2022）第 153316 号

# 中国股市新观察
ZHONGGUO GUSHI XIN GUANCHA

董少鹏　著

人民出版社 出版发行
（100706　北京市东城区隆福寺街 99 号）

北京盛通印刷股份有限公司印刷　新华书店经销

2022 年 11 月第 1 版　2022 年 11 月北京第 1 次印刷
开本：710 毫米 ×1000 毫米 1/16　印张：17.5
字数：231 千字

ISBN 978－7－01－025011－3　定价：78.00 元

邮购地址 100706　北京市东城区隆福寺街 99 号
人民东方图书销售中心　电话（010）65250042　65289539